国家社会科学基金项目资助出版

杨军 著

宋代榜文研究

陕西师范大学出版总社

图书代号　SK23N1774

图书在版编目（CIP）数据

宋代榜文研究 / 杨军著 . — 西安：陕西师范大学出版总社有限公司，2023.10
ISBN 978-7-5695-3866-3

Ⅰ.①宋…　Ⅱ.①杨…　Ⅲ.①公告—研究—中国—宋代　Ⅳ.① D691.22

中国国家版本馆 CIP 数据核字（2023）第 179853 号

宋代榜文研究

SONGDAI BANGWEN YANJIU

杨　军　著

选题策划	曾学民	
责任编辑	杨　凯	
特约编辑	孟　颖	
责任校对	曾学民	
封面设计	鼎新设计	
出版发行	陕西师范大学出版总社	
	（西安市长安南路 199 号　邮编 710062）	
网　　址	http://www.snupg.com	
经　　销	新华书店	
印　　刷	西安报业传媒集团	
开　　本	787 mm × 1092 mm　1/16	
印　　张	14.5	
字　　数	270 千	
版　　次	2023 年 10 月第 1 版	
印　　次	2023 年 10 月第 1 次印刷	
书　　号	ISBN 978-7-5695-3866-3	
定　　价	65.00 元	

读者购书、书店添货或发现印刷装订问题，请与本社高教出版中心联系。
电　话：（029）85307864　85303622（传真）

前　言

我国宋代官方发布的榜文①属于公务文书。公务文书（简称公文）是各级机关与组织在其管理过程中所形成的具有法定效力和规范体式的文书②。公文产生于国家形成之后，是在国家政务活动中产生并使用的文字材料，是人类社会发展和国家治理经验的积累、政权组织形式由简到繁和日益完善等多种因素共同作用的结果。公文既是用以社会管理的工具，同时也是记录、传播社会信息的工具。就我国古代而言，皇帝、朝廷和各级地方官府之间的政务沟通，官府向百姓传播的各种政务信息都是通过公文来实现的，公文成为封建统治者施行统治和进行公务运作的重要辅助工具。古代封建帝王对国家政务的管理在很大程度上是一种依靠公文运作而进行的文书行政。也就是说，公文是行政系统的枢纽、关键，具有治理国家、调控社会的功能。

文书学按照行文方向，将公文分为上行公文、下行公文和平行公文。③我国古代公文同样可以分为这三种。公文基于统治者管理国家的需要而产生，所以由最高统治者给百官臣民发布的命令、文告等下行公文最早出现。榜文即属于下行公文的一种。总体而言，古代的榜文是帝王、中央机构及地方官府（军队将帅）发布指示（命令）、晓谕吏民及士卒的一种下行公文，是封建政权进行社会管理（军事指挥）、与民众士卒进行沟通交流的一种重要媒介。

与古代公文密切相关的概念是"官文书"。官文书是古代中央朝廷以及各级官府在日常工作中使用的一种文书。有学者认为："通常而言，官文书可以从广义和狭义两方面来理解。广义之官文书是官府为处理政治、军事、经济、财政、人事等各类事务

---

① "榜"，《古汉语常用字字典》解释为"告示，或特指公布应试录取名单的告示……'告示'义又写作'牓'。"（参见王力编、蒋绍愚修订《古汉语常用字字典》，商务印书馆2019年版，第10页）唐宋时期的文献中"告示"义的"牓"与"榜"二字混用，异形同义。本著行文及引文一律作"榜"。

② 饶士奇.文书学 [M].武汉：湖北科学技术出版社，1994：1.

③ 崔伯涛，白山.公文写作指南 [M].济南：济南出版社，2004：10.

而产生、形成的所有文书形式，可以包括通用公文、簿籍、账册、司法文书、律令文书等。狭义的官文书则仅指通用公文，它是官府在传达命令、请示、答复以及处理其他日常事务中形成和使用的书面文字材料；它具有成文性，有一定的程式要求，且经过了一定的处理程序；它包括上级给下级、下级呈送上级、同级之间、官府与民众之间相互往来的文书。"① 就此而言，榜文属于狭义的官文书。

也有学者提出"政务文书"概念："政务文书是笔者基于现代学术语境并结合中国古代国家体制特征而提出的一个研究术语，以涵盖皇帝和官府职权行使过程中所依托及所需要的各种文书。这里的政务，不是指近代西方三权分立背景下的行政事务，而是国家或官府事务的总称，政务等同于国家和官府事务。政务文书就是指皇帝和各级官府处理各种事务的文书以及围绕官府事务的处理而产生的百姓呈于官府的文书。"② 由此，"皇帝和各级官府处理各种事务"而使用的榜文也自然属于政务文书。

对公文进行研究离不开对"文种""文称"等概念的认识。公文文种是"同一历史时期中对社会上全部公文内在本质用途分工所作的理论概括的最基本单位"③。同一文种概括了具有独特名称、固定格式用语、独特用途并相对稳定结合的一部分文书。④ 因此，榜文属于官署的下行文种。文称即文书名称，是对一部分文书独特用途概括的固有称谓。⑤ 文种和文称是不同角度的概念，就同一部分文书独特用途概括而言，前者是其实，后者是其名。通常情况下，两者名实相符：一是名从其实，二是名状其实。⑥ 也就是说，如一篇公文是古代帝王、中央机构和地方官府公开发布指示、晓谕民众的下行公文，那么这篇公文因其特定用途而被称为榜文；同样，如果一篇公文名为榜文，那么该公文的本质用途必然是古代帝王、中央机构和地方官府用于向吏民、士卒广而告之的下行公文。

文种概念有助于对具有同样性质的一类公文进行整体观照。有学者将不同历史时期某一公文种别的发展演化周期分为前文种、准文种、规范文种、变易文种和文种子遗等五个阶段。某一公文的前文种阶段，该公文名称仅作为发出公文的动作，或指称

① 汪桂海.汉代官文书制度 [M].南宁：广西教育出版社，1999：1.
② 刘后滨.古文书学与唐宋政治史研究 [J].历史研究，2014（6）：56-59.
③ 王铭.告身文种钩沉 [J].浙江大学学报（人文社会科学版），2011（3）：104-111.
④ 王铭.文种钩沉 [M].北京：中国人民大学出版社，2007：3.
⑤ 王铭.文种钩沉 [M].北京：中国人民大学出版社，2007：3.
⑥ 王铭.文书学理论与文书工作 [M].武汉：武汉大学出版社，1988：63.

公文的形式特征；准文种阶段，这类公文虽有了独特的名称，但实质却是固定以某其他文种兼用于该特定用途；规范文种阶段，即某公文与前述文种定义相吻合的阶段；变易文种阶段，即公文名称虽然依旧，但由于用途发生根本改变，实质已变易为另一个文种；文种孑遗阶段，是指历史上早已消亡或现行法规业已取消的文种，在实际公务中仍按传统习惯偶加运用。①将文种概念运用到榜文文书的形成、发展和演化过程的分析将会有新的认识。

学界对宋代公文已有相关研究。有论者认为："唐宋公文的优秀之作，绝大多数为上行文；这也是历朝历代公文写作的一个共同特点。这说明，古人很重视上行文的写作，因为上行文在国家政治生活中发挥着积极而重要的作用……上行公文的作者大多为历代名臣名家和正直忠义之士，他们出于对社稷安危的关注和思考，其公文大多是有感而发，精心为之，所以具有较高的思想价值。"②相较而言，对于宋代下行的、面向官吏民众的榜文，关注的人并不多，也较少理论、实践方面的探讨。实际上，古代封建政府的上层设计及各级官府的政策、指令，最终要在广大民众中得以切实推行，为他们所接受乃至转化为行动，从而实现社会治理的目的。而这一过程非常复杂，涉及皇帝、中央机构、各级地方官府及普通民众。在诸多下行公文中，榜文的作用不容忽视。概而言之，宋代榜文是帝王、中央机构及地方官府发布指示、晓谕民众、官员的一种下行公文③，其所包含的内容十分广泛，涉及人们进行社会生产、生活的方方面面。宋代榜文的形制、载体随所需传播内容的不同而各异，其刊布空间从官方行政机构、地方乡里到商贸地区、交通要道等，涵盖吏民生活的所有场所。榜文一般具有文体简明、晓畅等特色，其形成是榜文文体自身发展与当时行政活动共同作用的结果。宋廷借助榜文所特有的政治传播架构及功能对政务运作自上而下进行掌控，实现中央政府与地方官府之间的政务信息沟通，并在民众对榜文内容信息反馈与互动的基础上推行其政令，履行其行政管理职能，榜文及其传播也成为封建统治行政运作乃至社会管理不可或缺的基本手段。同时，宋代榜文不仅包含了当时诸多社会现象和地方社会治理的情形，也体现了封建王朝的治国理念、行政思想及运作等。因此，作为下行公文，在信息传播不甚发达的宋代社会，体现官方意志并借以传布民间的榜文的拟制、形制、文体、

①王铭. 告身文种钩沉 [J]. 浙江大学学报（人文社会科学版），2011（3）：104-111.

②何庄. 唐宋公文的繁荣及原因初探 [J]. 档案学通讯，2000（4）：78-80.

③本著研究的重点放在宋代行政系统中的官府榜文，军队及军事活动中发布的榜文较少涉及。

发布以及行政功能、作用机理等就颇具探讨的价值。

目前学者对宋代榜文的研究主要集中在历史学、文书学、传播学等领域。就历史学研究领域而言，较早对榜文予以关注的是陈乐素，他发表于20世纪30年代的《〈三朝北盟会编〉考》一文，在"全书引用材料索引"中有"宋金等国文书及下行文书之部"，专门列出"榜"一类①，显示出其对作为史料的榜文文书的重视。有学者认为："传统中国中央集权政治体制的运作，围绕着对信息传递、政令颁行的控制而展开。"②基于信息沟通与传递这一问题，一些学者主要借助官方文书研究宋廷如何着力构筑国内外各类信息流通渠道以及取得的成效。高柯立的《宋代粉壁考述——以官府诏令的传布为中心》③《宋代州县官府的榜谕》④《宋代的粉壁与榜谕——以州县官府的政令传布为中心》⑤三篇文章，从州县官府政令传布的媒介——粉壁、榜谕出发，对州县官府粉壁的空间分布与政令传布网络、地方官府的榜谕与地方事务运作以及下层民众的反应进行探讨。戴建国的《宋代法律制定、公布的信息渠道》一文认为，宋代在法律制定和公布方面具有较为完备的信息渠道，榜文即是其中之一，但囿于论题而并未做深入分析。⑥李文以的硕士论文——《宋代公文传达与公布制度研究》中有一章"以出榜晓谕发布王命的形式"专论榜文，涉及出榜晓谕的政治目的、出榜晓谕形式的适用范围、榜示公告的不同方式以及朝廷对出榜晓谕公布形式的管理规范等。⑦马泓波的《宋代法律由中央到地方颁布方式探析》一文认为，宋代法律在由中央到地方的颁布过程中，大体可分为由中央官府到地方官府、地方官府到民间两个步骤。在官府之间，有雕印、手抄、雕印与手抄同时并行三种方式；而从地方官府到民间，则主要有宣读

① 见历史语言所集刊编委会《"国立中央研究院"历史语言研究所集刊》第六本第二、三分（商务印书馆1935年、1936年出版），收入氏著《求是集》，广东人民出版社1986年版，第228-230页。

② 邓小南.序言[M]//邓小南，曹家齐，平田茂树.文书·政令·信息沟通：以唐宋时期为主：上册.北京：北京大学出版社，2012：1.

③ 高柯立.宋代粉壁考述：以官府诏令的传布为中心[J].文史，2004（1）：126-135.

④ 高柯立.宋代州县官府的榜谕[M]//北京大学国学研究院中国传统文化研究中心.国学研究：第十七卷.北京：北京大学出版社，2006：77-108.

⑤ 高柯立.宋代的粉壁与榜谕：以州县官府的政令传布为中心[M]//邓小南.政绩考察与信息渠道：以宋代为重心.北京：北京大学出版社，2008：411-460.

⑥ 戴建国.宋代法律制定、公布的信息渠道[J].云南社会科学，2005（2）：102-109.

⑦ 李文以.宋代公文传达与公布制度研究[D].郑州：郑州大学硕士研究生学位论文，2006.

于民、粉壁晓示与张贴文榜、刻碑石等形式，并对榜文与粉壁的异同予以辨析。① 杨宇勋的《宋朝民间对救荒榜的正负反应》一文主要从民间百姓的角度出发，对富民群体和一般灾民两种群体对官府救荒榜可能产生的正负两方面的效应进行分析。② 邓小南、曹家齐、平田茂树主编的《文书·政令·信息沟通——以唐宋时期为主》一书，从政令文书及相关机制出发，以信息沟通为聚焦点，综合观察宋代的政治体制，主要内容集中于文书种类与相关行政运作、政治空间与信息沟通、官员选任中的文书制度与政令环节、军政信息的搜集与传递、文书体式与外交程序等五个方面，所涉及的文书有敕命、麻制、状、帖、批答等。③ 赵晓倩的硕士论文——《榜文与宋代地方社会治理研究》在对宋代榜文进行简单的梳理后，分别从榜文与技术推广、政府招标、招商和招募、打击违法和犯罪等方面，探究榜文在地方社会治理方面的重要作用。④ 徐燕斌的《唐宋粉壁考》⑤《榜文与宋廷地方治理考略》⑥《宋明榜文类别述考》⑦《唐宋榜文考》⑧ 等文章对榜文、粉壁做了初步探讨。连启元的《宋明以来官方讯息传播的演变》一文对宋代告示榜文、粉壁在官方讯息、政令传递的载体、场所及相关制度等进行了简要的分析。⑨ 杨芹的《宋代敕榜研究》一文对敕榜的概念、用途、相关制度、实际效应等问题进行了系统探究。⑩ 周世茂的硕士论文——《宋代榜文研究》从榜文的发布机构与程序、传播内容与传播方式、榜文在州县的执行、榜文的传播特点与繁荣原因等几方面进行梳理。⑪ 郝怡的博士论文——《社会治

①马泓波.宋代法律由中央到地方颁布方式探析[J].历史教学（高校版），2009（5）：12-16.

②杨宇勋.宋朝民间对救荒榜的正负反应[M]//邓小南，杨果，罗家祥.宋史研究论文集（2010）.武汉：湖北人民出版社，2011：155-176.

③邓小南，曹家齐，平田茂树.文书·政令·信息沟通：以唐宋时期为主[M].北京：北京大学出版社，2012：1.

④赵晓倩.榜文与宋代地方社会治理研究[D].保定：河北大学硕士研究生学位论文，2013：1-2.

⑤徐燕斌.唐宋粉壁考[J].华东政法大学学报，2014（5）：145-153.

⑥徐燕斌.榜文与宋廷地方治理考略[J].云南大学学报（法学版），2015（1）：19-25.

⑦徐燕斌.宋明榜文类别述考[J].兴义民族师范学院学报，2015（1）：27-32.

⑧徐燕斌.唐宋榜文考[J].长江大学学报（社会科学版），2015（4）：15-20.

⑨连启元.宋明以来官方讯息传播的演变[M]//杭州市社会科学院，浙江大学历史系.第三届海峡两岸"宋代社会文化"学术研讨会论文集.杭州：浙江大学出版社，2013：169-180.

⑩杨芹.宋代敕榜研究[J].中华文史论丛，2017（3）：285-310.

⑪周世茂.宋代榜文研究[D].南昌：南昌大学硕士研究生学位论文，2018：8-9.

理视域下的宋代榜文研究》认为，宋代榜文可分为榜示与榜谕两种类型，其对应的行政效果是官方的信息公开与政令教化，二者相互结合，共同服务于社会治理运作机制。①此外，有关宋代劝农、劝学、谕俗以及法律等方面的研究成果，多从社会政治、经济、文化等角度切入，内容丰赡，均不同程度涉及榜文的内容。但因其研究着重点不同，榜文仅作为其所论问题而引证的文献资料，对榜文文本本身整体关注不多，在此从略。

就文书学研究领域而言，一般的古代公文史著作中对榜文多为只言片语的介绍。如，丁晓昌、冒志祥的《古代公文研究》一书以古代封建王朝的先后为序，从公文撰制机构及人员、种类、制度、内容和撰制技巧等方面对古代公文进行研究。因体例所限，其"宋元公文种类"部分仅对敕榜、榜文做简单解释。②胡元德在其博士论文基础上修订出版的《古代公文文体流变》一书，据作者所言，是"对古代公文文体进行了较全面系统的研究"，在论及下行公文演变的"榜族文体"中，简略涉及布政榜、榜帖、安民榜、晓示、进士榜和黄榜等，但并未做进一步的讨论。③

从传播学视角解读宋代榜文，较早有20世纪60年代我国台湾学者朱传誉的著作《宋代新闻史》，其中《榜文》一章涉及榜示对象、范围、出榜地点、榜的约束力、匿名榜以及榜文的功能和影响等方面，其优长在于相关史料的发掘。④现行的一般新闻传播史著作对宋代榜文只是简略提及。就单篇论文而言，邓涛的《欧公时代的新闻事业论略》一文对欧阳修所处时代的新闻媒介之一"政府发布的榜"做简单介绍。⑤徐燕斌的《中国古代的政治传播与社会控制述略——基于媒介史的视角》一文认为，中国多数王朝都重视通过多种媒介形式进行政治传播，从殷周时期的诰、悬书，到两汉时期的刻石、粉壁，直至明清时期的各类榜文告示，这些数量众多的传播媒介在古代的社会控制中发挥着重要作用。⑥《中国古代法律传播史稿》一书从时间偏向型媒介与空间偏向型媒介的视角探讨中国古代的法律传播问题，其中有从榜文考察宋代法律传播的内容。⑦

①郝怡.社会治理视域下的宋代榜文研究［D］.上海：上海师范大学博士研究生学位论文，2019：1.

②丁晓昌，冒志祥.古代公文研究［M］.合肥：安徽文艺出版社，2000：348.

③胡元德.古代公文文体流变［M］.扬州：广陵书社，2012：40.

④朱传誉.宋代新闻史［M］.台北：中国学术著作奖助委员会，1967：127-153.

⑤邓涛.欧公时代的新闻事业论略［J］.阜阳师范学院学报（社会科学版），2009（4）：161-163.

⑥徐燕斌.中国古代的政治传播与社会控制述略：基于媒介史的视角［J］.现代传播，2017（10）：51-56.

⑦徐燕斌.中国古代法律传播史稿［M］.北京：中国社会科学出版社，2019：137-193.

马国钧的硕士论文——《宋代粉壁研究》对宋代官方以粉壁为法律政令的传播媒介进行梳理，揭示其明示法律义务、禁人为非以及维持社会秩序的功能。①

国外学者对于宋代榜文关注较早，如从20世纪80年代起日本学者小林义广有关劝谕文的研究成果丰富，但其重心多在于其对地方官在社会治理实际运作中所起的作用。对榜文本体进行研究，目力所及，韩国学者朴英绿的《〈三朝北盟会编〉榜文辑录——以及其语言特征研究》一文，从《三朝北盟会编》中辑录出53条比较完整的榜文，并对其语言特征进行分析。②他的专著「大宋의 백성들에게告함」(《宋代榜文告示》)，分为理论篇与榜文原文和注释两部分。理论篇对揭示类公文、榜的构成与语言表达，以及榜文所体现的民事诉讼、劝农文、荒政、社会不正之风等进行分析；榜文原文和注释部分对朱熹、黄榦、真德秀、马光祖和黄震等人的榜文给予注释。③日本学者久保田和男的《关于宋朝地方赦书的传达——以出迎和宣读为中心》一文，对赦书的宣读与榜示进行了分析。④美国学者伊沛霞（Patricia Ebrey）在2016年11月于北京大学所做的一场题为"宋代的榜谕告示"的讲座中，对宋代的榜谕告示的产生、古代榜谕告示形式的演变进行探讨，并认为，无论是在治国之道，还是在扫盲、提高识字率，或者是在印刷术的使用方面，榜谕告示都是宋代社会进步的一个标志。⑤

本著是在作者2014年申报并获批（批准号：14XTQ006）、2019年结项（证书号：20201034）的国家社会科学基金西部项目《宋代榜文研究》成果的基础上修订而成，试图从文书学、历史学、传播学的视角切入，对宋代榜文做一较为宏观的考察。书中部分内容已在《新闻与传播研究》《档案学研究》《档案学通讯》以及《思想战线》等刊物上发表。

杨军
2023年9月

---

① 马国钧. 宋代粉壁研究 [D]. 石家庄：河北经贸大学硕士学位论文，2021：1.

② 朴英绿.《三朝北盟会编》榜文辑录：以及其语言特征研究 [M]// 第二届中国俗文化国际学术研讨会论文集，2007：284-304.

③ 박영록. 大宋의 백성들에게告함 [M]. 차이나하우스，서울특별시，2010.

④ 邓小南，曹家齐，平田茂树. 文书·政令·信息沟通：以唐宋时期为主：下 [M]. 北京：北京大学出版社，2012：585-601.

⑤ 郑豪. 伊佩霞：榜谕告示是宋代社会进步的标志 [EB/OL]. 澎湃新闻网，2016-11-19. https://www.thepaper.cn/newsDetail_forward_1564136

目 录

第一章

榜文、告示：古代官府公之于众的公文

宋代皇帝、中央机构及地方官府在政务运作中使用榜文的数量、频次及范围度越前代，这与统治者对公务文书的效用、价值的认识是分不开的。宋廷重视公文在治国理政中过程中的作用。与某些官方文书仅限于一定范围内的民众知晓不同，对于事关民生、需要民众周知的事宜，皇帝常在诏敕中言明要"出榜晓谕""揭榜谕民"等，希冀通过榜文将诏敕传至天下；中央机构、各级地方官府或转发皇帝的诏敕制书（敕榜），或根据实际政务运作自行颁发旨在吏民周知的榜文。因此，与前朝相比，榜文是宋代官府常用的下行公文，举凡助推政务实施、维护封建礼法、散播商业信息、应对突发事件以及传递战况军情等，均是通过榜文晓谕、告示吏民，并在一定程度上重视吏民对榜文内容的反馈，及时调整施政措施，以便做到上情下达、下情上达，维持政府的日常政务运转。

第一节　宋代榜文、告示概念的内涵、外延

一、宋代榜文、告示的内涵

（一）榜文的内涵

"榜"，在唐宋文献中又写作"牓"。许慎《说文解字》释"榜"："所以辅弓弩。从木，旁声。"徐玄引李舟《切韵》云："木片也。今俗作牓，非。"①可见，最早所说的榜就是用来辅助弓弩的衬板，后来也泛指木片。如，司马光《资治通鉴》："仲玉至

---

① 许慎.说文解字［M］.杭州：浙江古籍出版社，2016：191.

南陵，载米三十万斛，钱布数十舫，竖榜为城，规欲突过。"胡三省注："榜，补襄翻，木片也。"①官府榜文最初就是指写在木板（版）、木片上、公之于众的官方文告。因此，作为公文名称，榜（文）得名于其内容所依附的载体。

有学者认为，"榜"与公文发生联系源于书写、公布方式："榜的初始含义，指悬挂的匾额、木牌。由此，将所书额、联称为榜书、壁书。榜与公文发生的最初联系，是将公文内容大字书写而张贴于壁以公诸于众"。②并以东汉"灵帝时，开鸿都门榜卖官爵"为例，认为此时"'榜'是大书于壁的公布方式，不是文书名称"。③也有人认为作为公文的榜最早出现于魏晋南北朝④，其所据材料为《北齐书·马嗣明传》："从驾往晋阳，至辽阳山中，数处见榜，云有人家女病，若有能治差者，购钱十万"⑤。作为公文的榜文出自朝廷及各级地方官府，但持论者所举例证属于民间社会用于私人信息扩散的"私榜"，因而不宜作为公文的榜的最早出现的佐证。还有人将榜的最早记载归之于春秋时期⑥，并举出《太平御览》的记载"《史记》曰：吕不韦撰《春秋》成，榜于秦市曰：'有人能治改一字者，赐金三十斤'"⑦为证。《太平御览》为宋人所编类书，叙述史实带有时人的用语习惯，难免改写、附会。有学者研究《太平御览》后认为："编者对于古书的引文常常按照自己的理解进行删改，虽然不伤原意，但已经不是古书原貌。"⑧实际上，相关记载在司马迁《史记·吕不韦列传》为："吕不韦乃使其客人人著所闻，集论以为八览、六论、十二纪，二十余万言。以为备天地万物古今之事，号曰《吕氏春秋》。布咸阳市门，悬千金其上，延诸侯游士宾客有能增损一字者予千金"⑨，其中并未出现"榜（牓）"字。《太平御览》中的"榜于秦市"是《史记》中"布咸阳市门"的改写，意义却有差异：《史记》并未言明以何物而"布"，《太平御览》却直言为"榜"，这倒从一个侧面也说明榜文在宋代社会生活中较为常见。但若以此作为春秋时期已出

①司马光.资治通鉴：第五册［M］.北京：中华书局，1956：4119.

②王铭.公文选读［M］.沈阳：辽宁大学出版社，2000：272.

③王铭.公文选读［M］.沈阳：辽宁大学出版社，2000：273.

④梁清海.历代公文文种大全［M］.成都：巴蜀书社，2011：14-15.

⑤李百药.北齐书：第一册［M］.北京：中华书局，1972：681.

⑥徐燕斌.唐宋榜文考［J］.长江大学学报（社会科学版），2015（4）：15.

⑦李昉等.太平御览：一［M］.上海：上海古籍出版社，2008：801.

⑧周生杰.《太平御览》研究［M］.成都：巴蜀书社，2008：454.

⑨司马迁.史记：第八册［M］.北京：中华书局，1959：2510.

现公务文书性质的榜文的例证，则难以摆脱宋人"以今拟古"之弊。也有人认为，"榜文是古代重要政令传播的方式，最早可追溯到《尚书》中的'诰'，在西汉末期时榜已作为信息传播之用"[①]。毫无疑问，榜文文书的产生是一个漫长的演化过程，《尚书》中的"诰"以及西周时期的宪刑、"悬法象魏"等都从不同角度对榜文文书的萌生起到推动作用。

研讨宋代榜文，明晰榜文概念的内涵和外延是基础。目前涉及对宋代榜文概念的界定主要有以下说法：

"所谓'榜'，类似今天的布告"。[②] 这是一般性描述，而并未对榜进行严格而精确的界定。

榜是"由政府部门发布的，以张贴单状的方式公布信息的新闻传播手段"[③]。撰诸史实可以发现，榜文的传播并非只有"张贴单状"一种方式，除常用的纸张之外，榜文的传播载体尚有木板（版）、碑石、粉（墙）壁等不同材质，其复制方式则有书写、雕印和刻石等形式区别（第三章第一节有详细论述），因此榜不仅是"张贴"的，也即古人所说的"揭榜"，同时也有"悬挂""置立"及"散出"等传播形式。

"地方官府公开向百姓张贴宣布政令及劝课农桑的榜文，俗称告示、露布"[④]。榜文不仅有地方官府发布的，还有皇帝、中央机构及将帅颁布的；榜文作为地方官府处理行政事务的一种下行公文，所涉及内容非常丰富，"劝课农桑"只是其中之一，榜文也不仅仅是"张贴"的；榜文或可称为告示，但并非俗称"露布"。

"榜文、告示都是官府针对时弊或某种具体事项向百姓或特定的社会群体公开发布的文书，二者虽叫法相异，实际是同一性质的官方布告。"[⑤] 榜文的发布者不仅有各级官府，还有皇帝、军队的将帅；榜示对象不仅有百姓，还有官吏、士卒以及一些小众的特殊人群。

"榜是古代帝王、官府、将帅公开张贴，晓谕军民的公文文种。""榜文即文告、告

---

① 徐燕斌．宋明榜文类别述考［J］．兴义民族师范学院学报，2015（1）：27.

② 朱传誉．宋代新闻史［M］．台北：中国学术著作奖助委员会，1967：127.

③ 方汉奇．中国新闻事业通史：第2卷［M］．北京：中国人民大学出版社，1996：95.

④ 李治安，杜家骥．官员奏疏和官府行移：我国古代重要的公文样式［J］．秘书工作，2005（8）：55.

⑤ 杨一凡，王旭．古代榜文告示汇存：第一册［M］．北京：社会科学文献出版社，2006：1.

示，是朝廷或政府向官民大众公布政令、传播信息的重要载体。"① 与此类似的还有："在我国古代，榜是官府公开张贴、晓谕军民的公文文种。"② 这一界定虽较为全面地概括了榜文发布者、榜示对象，但对榜文因传播载体除纸张外尚有木版、碑石、墙壁等不同形式，因此榜文也就不止于张贴一种传播方式。

榜文是"宋代地方州县官府劝诫部民的布告"。③ 宋代史料显示，不仅地方官府政务运作离不开榜文，皇帝、中央机构以及军队也都会在政务、军事活动中使用榜文。

榜是"公开张贴文告或名单时的下行文种。古代官府用于发布告示、晓谕官民，类似现代的'布告'"④。这一定义仍将榜文的传播方式局限于张贴，且在公文的范畴中，将"文告"与"名单"并列也不合理，名单也属于文告的内容之一。

至于"榜在中国亦称布政榜"⑤，这一表述极不严谨。布政榜是我国唐宋时期节度使发布的榜文，只是因其功能、使用对象等常用而细分出的诸多榜文中的一种。

榜是"公开张贴的手写或雕印的文告，系传播政令的媒介，也是推行政令的工具，具有行政约束力"⑥。这一解释对榜文所具有的传播及推行政令的媒介、工具性质均予以高度且较为全面的概括，但在榜文的复制方式上仅注意到手写、雕印，而对碑石、木板（版）载体及勒石、刻木等的复制方式有所忽略。

"宋代榜文是朝廷、官府发布的官方文书，是一种通过雕印或手写并广泛散发或张贴在相关场所的下行文，是官方下达政令的一种传播手段和方式。"⑦ 不仅朝廷、各级官府发布榜文，皇帝也会发布榜文（又称敕榜、皇榜、黄榜等）；因载体不同，榜文的复制不仅是雕印、手写而成的，也会雕刻于木板（版）、石碑；不仅可以采取散发、张贴的传播形式，也有张挂、置立的传播形式。

结合以上对榜文的认识，经过比较、分析，我们对宋代榜文给出如下定义，即榜文，或称为布告、告示、粉壁等，是宋代帝王、中央机构及地方官府在政务运作中，经过一定处理程序，形成并使用的具有法定效力或告谕、教化功能和规范体式，且以张贴、

---

① 赵晓倩.榜文与宋代地方社会治理研究［D］.保定：河北大学硕士研究生学位论文，2013：7.

② 王铭.文种钩沉［M］.北京：中国档案出版社，2007：417.

③ 丁晓昌，冒志祥.古代公文研究［M］.合肥：安徽文艺出版社，2000：348.

④ 梁清海.历代公文文种大全［M］.成都：巴蜀书社，2011：14.

⑤ 刘晓飞.排行榜经济价值探寻［J］.经济研究导刊，2011（32）：279.

⑥ 龚延明.宋代官制辞典［M］.上海：上海古籍出版社，2014：624.

⑦ 周世茂.宋代榜文研究［D］.南昌：南昌大学硕士研究生学位论文，2018：1.

散发、张挂和置立等多种形式公开发布的一种下行公文。这一概念的内涵包括以下7个方面的内容。

（1）榜文系宋朝官方发布。榜文的发布者是官方，包括皇帝、中央机构及地方官府。因此，非官方的民众（或虽为官员但并非职务行为的出榜者）出于自身目的，以榜文的形式广泛散发的单状（即"私榜"[①]，民间榜文）并不属于本著讨论的范畴。

（2）榜文是宋代皇帝、中央机构及地方官府在政务实施过程中经过一定的处理程序形成并使用的公文。也就是说，榜文的形成和使用首先是出于政务的需要（在这一点上也和私人发布的多基于个人目的和需求的私榜区别开来）。宋代的政务活动非常广泛，举凡赋税、医疗、救荒和吏治等均属此列。再就是，榜文的形成、发布须经过一定的处理程序，包括草拟、审核、签批、书写（印制）和用印等。

（3）榜文是宋代具有法定效力或告谕、教化功能的文书。就法定效力而言，由于榜文的制作、发布者的官方身份，拥有一定行政权力，因此其制作、发布的榜文就内含官方赋予的相应的法定效力，对受文对象而言具有权威性和约束性。告谕、教化功能是指榜文"指陈时弊，申明纲常礼教和治国之道，意在使人知所警觉，趋善避恶"的功能。[②]

（4）榜文是具有规范体式的文书。就宋代榜文外在形式来看，包括榜文的使用、程式的规定以及语言的表达等，均要符合榜文所规定的规范性要求。这些要求是榜文的法定效力在形式上的表现，也是保证榜文规范性和提高行政运转效率所必须具备的外在因素。但在实际应用中也有灵活变通的情况存在。

（5）榜文公开发布。宋代皇帝、中央机构及各级官府之间的公文往来并非都需要公开，而榜文必需通过张贴、悬挂、置立乃至宣读（讲）等方式面向吏民告知、公开传播环节才能发挥作用。这一点就将榜文与其他非公开传播的公文区别开来。

（6）榜文形式多样。宋代榜文的内容是其制作、发布者在从事政务管理、军事活动中所表达的主观意愿的体现，而这是借助一定的物质载体而传播至对象群体的。这一载体除了最为基本的语言文字外，因公之于众的政（军）务需要及榜文内容、榜示对象

---

① "私榜"一词见于天一阁藏《捕亡令》唐3条："若奴婢不识主，榜召周年无人识认者，判入官，送尚书省，不得外给，其赏直官酬。若有主识认，追赏直还之。私榜者，任依私契。"详见天一阁博物馆、中国社会科学院历史研究所天圣令整理课题组的《天一阁藏明钞本天圣令校证（附唐令复原研究）》（下册）一书（中华书局2006年版）第407页。

② 杨一凡，王旭. 古代榜文告示汇存：第一册［M］. 北京：社会科学文献出版社，2006：1.

和空间场所等因素，榜文复制的载体有纸张、木板（版）、墙（粉）壁和碑石，复制手段则有书写、雕印、勒石和刻木，称谓则有榜文、布告、告示、粉壁。

（7）榜文的种属关系。种属关系是指一个概念的全部外延与另一个概念的部分外延重合的关系，外延大的概念叫属概念或上位概念，外延小的概念叫做种概念或下位概念。[①] 由此可见，宋代榜文是一种下行公文，公文是榜文的属概念，榜文是公文的种概念。

（二）告示的内涵

与榜文含义、功能相近的还有告示、布（文）告。告示是古代官府昭示民众的一种下行公文。从本源上讲，告示的含义指官府为行使管理职权、推行政务运作而将法律政令向民众广而告之，侧重强调法律政令传播的公开行为，而对载体并无特别明示，因此告示可以是以纸张、木板（版）或碑石等材质为载体，内容为官方法律政令的公开宣示。

在告示的前文种时期，昭告民众的行为被称为诰、告、谕，只是在当时是用口头陈述的。此后告示常用于晓谕、示知这一意涵。如，《荀子·荣辱》："仁者好告示人"[②]。官方书面形式的告示，最早大约可以追溯至商周时期。《礼记·中庸》记载："哀公问政。子曰：'文武之政，布在方策。其人存则政举，其人亡则政息。'"[③] 这里，"方"的含义是木牍，"策"是竹简之册，而"布"则有公布、宣示之意。齐湣王四十年（前284），燕、楚、秦、三晋一同伐齐，湣王出逃至莒地。楚使淖齿率兵救齐，湣王遂以淖齿为相。不久淖齿杀湣王，并与燕国共分齐地。湣王之子法章更名改姓去莒太史敫的家中当佣人。淖齿离开莒城之后，莒城里的人和齐亡臣子一起寻找湣王之子，遂立法章为齐王（是为襄王），并"布告齐国中"："王已立在莒矣"。[④] 此处的"布告"，当是以书面的形式——布告告知齐国襄王在莒地已立的重大消息。口头的晓谕、示知落实于书面，即是告示文种的雏形。

榜文、告示所具有的近似的功能，在一些学者看来"虽叫法相异，实际是同一性质的官方布告"。杨一凡、王旭在其所汇编《古代榜文告示汇存》的"序言"中说：

① 王跃平，朱作俊. 形式逻辑 [M]. 徐州：中国矿业大学出版社，2000：29-30.

② 荀况. 荀子 [M]. 杨倞，注；耿芸，标校. 上海：上海古籍出版社，1996：30.

③ 朱熹. 四书集注 [M]. 长沙：岳麓书社，1987：40.

④ 司马迁. 史记：第六册 [M]. 北京：中华书局，1959：1901.

中国古代在信息传播技术不够发达的情况下，榜文、告示成为官府向民众公布政令、法令和上情下达的重要载体。历史上告示的称谓有布告、榜文、文告等多种，不同历史时期的称谓也有变化……明代前期及以前各代，"榜文""告示""布告"等名称混相使用。明代中叶以后，为了体现"上下有别"并区分其适用地域的范围，皇帝和中央机构及其长官的布告通常称榜文，地方各级政府和长官的布告则称为告示。榜文、告示都是官府针对时弊或某种具体事项，向百姓或特定的社会群体公开发布的文书，二者虽叫法相异，实际是同一性质的官方布告。①

值得注意的是，对于告示公文的起源，目前学界有不同看法。徐望之认为，告示之制始于明代："告示：上以事告下曰示，官厅对于人民之宣示，张贴于道路者曰告示，明始其制，清因之，民国成立，改称布告"②。尹韵公认为："从一些古籍和史料看，告示最早产生于战国和秦汉时代。当时由于各国交往增多，战事频繁，商业交流增强以及国家政治生活的需要，促成了告示的诞生和发展。"③但并未提供相应的史实佐证。还有人在论及告示公文时认为"告示，又称布告，由古代的檄和露布演变而来"，并认为"最早出现和现代意义一致的告示名称是在元代"，其依据是，元朝杨显之古杂剧《临江驿·潇湘夜雨一》有："如今沿途出起告示，如有收留小女翠鸾的，赏他花银十两"。④作者所论太平天国告示属于官府文告，当属公文范畴；但所举例证为文学作品中民间为散播信息而使用告示的情形，以此证明"最早出现和现代意义一致的告示名称是在元代"，是以私人（民间）文书的使用情形论证官府告示的最早出现，在逻辑上行不通。

古代的告示、晓示属于"示"文种。王铭认为，"'示'文种的来源系经长期演化，从榜文中派生出的独立文种"，并认为至唐代"'示'最终从榜中分离出来，成为古代官府对属吏、民众有所告诫、劝谕、禁约时明白昭示的下行文种，多由州、县亲民之

① 杨一凡，王旭. 古代榜文告示汇存：第一册 [M]. 北京：社会科学文献出版社，2006：1.

② 徐望之. 公牍通论 [M]. 北京：档案出版社，1988：25.

③ 尹韵公. 论明代告示 [J]. 新闻与传播研究，1989（3）：52-53.

④ 朱从兵. 试论太平天国告示的起源 [J]. 广西师范大学学报（哲学社会科学版），1994（3）：88.

官使用"。① 胡元德则认为，"告示从'榜文'中演化而来，至宋代成为独立文种，称'晓示'"。② 揆诸史实，告示与榜在汉代官府的政务活动中已出现。据学者研究，汉代的布告（告示）是"汉帝国中央向百姓传播和发布朝政消息的一种重要媒介"③。布告多来自需要吏民、士卒周知、文末常有"布告天下""告示天下"之辞的诏书的刊布，"布告天下""告示天下"的程式用语频繁出现，使得告示作为一种特殊的公文文种类型逐渐萌芽。从史料来看，"布告""告示"等表达公文广布天下的传播方式的用语要早于"榜（文）"的出现，也就是说，榜（文）较之于布告、告示是一晚出的概念。相较而言，前文种时期的"布告""告示"多指公文面向吏民公开发布的方式。大约从隋唐时期开始，作为文体渐趋完善的榜（文）在政务活动中的使用逐渐增多且占据主导地位；至宋代，榜文基本成熟并得以广泛运用，成为皇帝、中央机构及地方官府用于发布政令、戒谕吏民等政务运作的重要的下行公文文体。

二、宋代榜文、告示的外延

从广义上而言，宋代榜文的外延不仅包括皇帝发布的敕榜、皇（黄）榜、赏榜等，中央机构、各级地方官府发布的榜文以及榜文的特殊形式——粉壁④，还包括官府发布的告示、布告等。

（一）榜示、榜谕

榜文根据内容的性质、功能的不同，有榜示和榜谕的区别。"所谓'榜示'，类似今日的官方公告，政府以榜示来晓谕政令，是当时主要的传播媒介之一"⑤。也即是说，榜示主要用于公告天下周知的内容，其侧重点在"示"。这一用法在唐代既已出现。《咸通七年大赦》云："敕书到后，各委本道全写录于县门榜示，但缘事理烦细，纸数颇多，

---

① 王铭.清代苏州地区打假维权档案一件：试析《元和县禁假冒沈丹桂堂图记示》[J].档案与建设，2001（5）：34-35.

② 胡元德.从《福惠全书》看清代衙门来往文书：秦国经先生《清代文书简介：各衙门的来往文书》续貂[J].办公室业务，2013（17）：224.

③ 黄春平.汉代朝政消息的发布：布告[J].新闻与传播研究，2010（3）：54.

④ 粉壁作为宋代榜文的特有形式，在后文相关部分有较为细致的论证，为避免行文重复，这里暂不论及。

⑤ 杨宇勋.宋朝民间对救荒榜的正负反应[M]//邓小南，杨果，罗家祥.宋史研究论文集2010.武汉：湖北人民出版社，2011：155.

减放矜蠲，头项埋没，乡村百姓，无因得知"。[①] 由"纸数颇多"可知，这里的"榜示"当是在纸上录写，而张贴于州县门。迨至宋代，榜示亦可指代榜文。宋代兴修圩田的方式之一是采取请佃的方式集资，即由地方官府在适合修圩田的地方，"逐处官司散出榜示，告谕人户送纳投状，理定名次。至兴修有日，令人户送纳兴修钱粮，成田日，依次给佃"[②]。

榜谕的内容一般是褒扬善举与揭露恶行并用，而重在戒谕。相较于榜示单纯的告知功能，榜谕的劝谕、晓谕作用更为官府所刻意强调，因此政府在制定法律之时便有榜谕民众的做法。如，"诸大礼御札已到，提点刑狱司具录于法不以大礼赦原事，谓翻论公事不实及强盗之类。遍下州县乡村榜谕"[③]。"遍下州县乡村榜谕"即需要民众知悉法令内容，减少民众误触法网的机会，从而达到实现地方社会治理的目的。朱熹可谓是宋代地方官员中善于利用榜文与民众沟通的官员之一。在其任职地方期间发布《补试榜谕》《策试榜谕》等，奉劝父兄为子弟求"明师良友"，以便使他们"究义理之指归，而习为孝弟驯谨之行"。[④]

（二）晓示

宋代与榜文功能相似的下行公文文体还有晓示。晓示又称示，是官府布告百姓时使用的一种文种。"凡官府（不论京师或诸路州县）须将公事公布于众、人当所共知者，则用晓示。"[⑤] 谢深甫《庆元条法事类》所列"晓示"的公文程式如下。

　　某司某事云云。

　　　右云，晓示云云者。（前列数事，则云"右件"。）

　　年月日书字

---

①宋敏求.唐大诏令集［M］.北京：中华书局，2008：490.

②徐松.宋会要辑稿：10［M］.刘琳，刁忠民，舒大刚，等校点.上海：上海古籍出版社，2014：6133.

③谢深甫.庆元条法事类［M］//杨一凡，田涛.中国珍稀法律典籍续编：第1册.哈尔滨：黑龙江人民出版社，2002：340.

④朱熹.晦庵先生朱文公文集［M］//朱熹.朱子全书：第24册.朱杰人，严佐之，刘永翔，主编.上海：上海古籍出版社；合肥：安徽教育出版社，2002：3569.

⑤龚延明.宋代官制辞典［M］.上海：上海古籍出版社，2014：625.

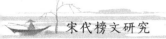

内外官司事应众知者，用此式。用榜者准此。唯年月日下书"榜"字。友列位依牒式。①

"用榜者准此。唯年月日下书'榜'字"，显示其形式与榜文的密切关系。

宋代官府文书中的"告示"一词有两种含义：一是用作动词，指官府文书之于民众、官僚公开晓谕、示知的行为。二是指官府须向吏（军）民广而告之的文书。如，两税征收一般分三限催征，即将征税时间从起征之日起均分为上、中、末三限，如到中限民户仍未缴纳，知县则交付耆长一道榜文。李元弼《作邑自箴》中《知县事榜》云：

勘会先行告示，更不差人下乡催税，恐生搔扰。今来已及中限，全未见大段纳及分数，须至别有告示者。

右散行告示乡村人户，仰火急前来了纳户下税物。县司已指定某月某日，先勾第一等至第三等欠户勘决。其第四等、第五等欠户，于某月某日勾追施行，的不虚示。

年月日。②

徐梦莘《三朝北盟会编》："仰指挥到日，即速遍牌（榜）晓谕，随处官吏、军民、僧道、耆老人等，仍于坊巷村寨多行粉壁告示，咸使体悉圣恩普浃之意。"③在广而告之的公文意义上，告示与榜文同义。

（三）揭示

揭示是"列举事由，布告大众"。④在公文语境中，"揭示"多作为动词，意为公文的张贴、告示。钦宗靖康元年（1126）十二月，"城陷日军兵抛掷军器，士庶之家往往藏匿。金人知之，乃移文开封府索军器。开封府揭示，许人告收藏军器者，悉纳赴

①谢深甫.庆元条法事类［M］//杨一凡，田涛.中国珍稀法律典籍续编：第1册.哈尔滨：黑龙江人民出版社，2002：350.

②李元弼.作邑自箴［M］//杨一凡.历代珍稀司法文献：第一册.北京：社会科学文献出版社，2012：63.

③徐梦莘.三朝北盟会编：下［M］.上海：上海古籍出版社，1987：1318.

④商务印书馆编辑部.辞源：第2册［M］.北京：商务印书馆，1980：1292.

官，限满不纳，依军法。凡甲仗库军器，以车辇去，或用夫般担，数日方尽"①。揭示的张贴告示公文之义频繁使用，使其也逐渐形成揭示文种。有人认为，宋朝的揭示"用于征赋徭役"②。但也不尽如此，揭示还用于其他方面，如，陈文蔚有《双溪书院揭示》《克斋揭示》，朱熹有《白鹿洞书院揭示》等，内容并非仅限于征赋徭役。

（四）敕（诏）榜、皇（黄）榜

我国古代将青、赤、黄、白和黑等五种颜色视为正色，而视其他如红、绿和紫等颜色为间色。古人有重正色、轻间色的观念，因而官府常以属于正色的黄色染成的纸作公文用纸。皇榜是皇帝公开告谕臣民的文书，因其以黄纸书写、印刷，也称黄榜。苏轼《与潘彦明书》中有："不见黄榜，未敢驰贺，想必高捷也。"③"黄榜"指皇帝发布的科举高中士子的公告。叶适《叶路分居思堂》中有"白袍虽屡捷，黄榜未沾恩"④之句，是说他虽然屡建武功，但在科举功名方面却没有成就。

敕榜就是将皇帝诏敕等公诸吏民的榜文。敕榜是宋代七大"命令之体"⑤之一。由《宋史》等所述可见，敕榜常用于以下三种情形。

一是赐酺。赐酺是指皇帝特许百姓聚会饮酒。宋代的赐酺制度自太宗雍熙元年（984）恢复后频繁举行。王应麟《玉海》中记载了雍熙、大中祥符及天禧年间皇帝赐酺的情景。如，雍熙元年（984）十二月，太宗"诏赐大酺三日。二十一日丙申，御丹凤楼观酺"；大中祥符元年（1008）二月，真宗"御乾元门观酺，召从臣与坐"⑥；天禧元年（1017）二月，真宗"御正阳门观酺，大合乐"⑦，等等。京城之外的赐酺也以书诏告天下。如，大中祥符元年（1008）十月，真宗颁下《赐酺诏》，"兖州特赐酺三日"⑧。同时，为做到尽人皆知，诏书中还要求乡中父老根据民众居住的远近有序通知赐酺日期。如，大中祥符六年（1013）正月，真宗"诏东京赐酺宜以二月六日为始，百官放朝参，畿

①徐梦莘.三朝北盟会编：上［M］.上海：上海古籍出版社，1987：541.

②胡元德.古代公文文体流变［M］.扬州：广陵书社，2012：134.

③苏轼.苏轼文集：上［M］.顾之川，校点.长沙：岳麓书社，2000：480.

④叶适.叶适集：上［M］.刘公纯，王孝鱼，李哲夫，点校.北京：中华书局，2010：109.

⑤脱脱，等.宋史：第一二册［M］.北京：中华书局，1977：3783.

⑥王应麟.玉海：2［M］.扬州：广陵书社，2007：1365-1366.

⑦王应麟.玉海：1［M］.扬州：广陵书社，2007：587.

⑧佚名.宋大诏令集［M］.司义祖，整理.北京：中华书局，1962：530.

县父老委开封府量地远近，取二月五日毕集，毋先期呼扰"①。面对数量如此庞大的群体活动，皇帝以降诏告知天下似为必需，但《宋大诏令集》《宋会要辑稿》中所见赐酺诏书中并未见有出榜告示之语，想必颁降敕榜已是约定俗成、不言自明的惯例。值得注意的是，《宋史·学士院》谈及学士院的执掌如下。

> 掌制、诰、诏、令撰述之事。凡立后妃，封亲王，拜宰相、枢密使、三公、三少，除开府仪同三司、节度使，加封，加检校官，并用制；赐大臣太中大夫、观察使以上，用批答及诏书；余官用敕书；布大号令用御札；戒励百官、晓谕军民用敕榜；遣使劳问臣下，口宣。②

其中，敕榜职能仅列"戒励百官、晓谕军民"，赐酺一项则已不存。

二是"戒励百官"。宋代文献中多见"敕榜朝堂""诏榜朝堂"之语，可见敕榜出榜地多在朝堂，而"诏榜朝堂"对常聚集于此的文武百官是一个建言献策的有效方式。同时，皇帝也常以敕榜的形式对当事的官吏不当或失职等行为予以劝诫，进而警示他人以免重蹈覆辙。此时，敕榜又分为两类：一类是针对具体的人、事而发。如，真宗《寇准贬道州司马诏》《责曹玮等谕中外敕》、仁宗《责孔道辅等令御史台敕榜朝堂敕》等。景祐三年（1036）五月，范仲淹因上书"言事无所避，大臣权倖多忌恶之"。仁宗批准的侍御史韩渎奏言称："请以仲淹朋党榜朝堂，戒百官越职言事者"③。崇宁元年（1102）正月，因党祸再起，徽宗"诏三省籍记苏辙而下五十有四人，不得与在京差遣。仍敕榜朝堂"④。

---

① 徐松. 宋会要辑稿：4［M］. 刘琳，刁忠民，舒大刚，等校点. 上海：上海古籍出版社，2014：2099.

② 见脱脱等所著《宋史：第一二册》一书（中华书局1977年版）第3811页。有学者对此进行考证，徽宗政和二年（1112）九月才设少师、少傅、少保（"三少"），并为宰相之任；宣和七年（1125）复为阶官，则这段文字至早形成于政和二年之后。再者，史料中列枢密使，按神宗元丰五年（1082）废枢密使、副，只称知枢密院事、同知枢密院事，直到高宗绍兴七年（1137）复置使、副，直至南宋亡。若严格按此，则或可推知其成文于南宋高宗绍兴七年以后。见杨芹《宋代制诰文书研究》一书，上海古籍出版社2014年版，第18—19页。

③ 苏舜钦. 上仁宗乞追寝戒越职言事诏书［M］// 赵汝愚. 宋朝诸臣奏议：上. 北京大学中国中古史研究中心，校点整理. 上海：上海古籍出版社，1999：167.

④ 徐自明，撰；王瑞来，校补. 宋宰辅编年录校补［M］. 北京：中华书局，1986：691—692.

　　另一类敕榜是就官僚为政中出现的带有普遍性的一些不合规现象给予戒谕。如，景祐三年（1036）六月，御史知杂司马池上奏，建议"文武臣僚年及七十者，并令自乞致仕"，对于"限满不陈乞者，亦许御史台纠举"。此奏言"诏榜朝堂"。[①] 庆历二年（1042）五月，仁宗下诏："自今应臣僚入见及辞谢，如值假故，不御前殿，即依旧制并放外。若事急速，许令后殿见谢辞，及放正衙，并系临时特降朝旨，即不得辄自上章陈乞"。诏书"仍榜朝堂"。[②] 政和二年（1112）正月，徽宗下诏"戒谕士子勿倾摇国是"："商英昨以颇僻之学，肤险之论，鼓惑众听，呼吸群邪，天下之士汩于流俗者，咸仰之为宗。近来敕榜戒告，庶几士知所向矣"。[③]

　　三是"晓谕军民"。相较于"赐酺""戒励百官"而言，晓谕军民具有宽泛的内涵。可以说，除却赐酺、戒励百官内容之外的敕榜均可纳入。敕榜具有至高无上的权威性，因此敕榜、皇（黄）榜多用于与国家息息相关的大事，如：

　　其一，用于劝降、招抚及外交等事宜。这类记载在史籍中有很多。如，庆历七年（1047）十二月，仁宗"遣内侍以敕榜招安贝贼"。[④] 淳祐二年（1242）六月，理宗下诏任命余玠为四川宣谕使，且因"事干机速，许同制臣共议措置，先行后奏，仍给金字符、黄榜各十，以备招抚"。[⑤] 诏书以敕榜形式发布，影响面广且有威慑作用。敕榜也用于招抚边远地区夷人的叛乱。庆历四年（1044）六月，仁宗"降敕榜下知潭州刘沆招谕桂阳监蛮贼，有来首身者，并与等第推恩"。[⑥] 十月，刘沆"大发兵，以敕榜至桂阳监招降蛮二千余人，使散居所部"。[⑦] 敕榜在非常时期也用于外交，如，熙宁八年（1075）十一月，交趾进犯宋朝的钦、廉、邕三州，朝廷除派兵外，"敕榜下交趾管内州峒官吏军民等"。[⑧]

　　其二，用于关乎民众切身的赋税、医药等问题。如，朝廷常以发布敕榜的形式告

　　① 徐松.宋会要辑稿：9［M］.刘琳，习忠民，舒大刚，等校点.上海：上海古籍出版社，2014：5161.

　　② 李焘.续资治通鉴长编：第六册［M］.北京：中华书局，2004：3259-3260.

　　③ 徐自明，撰；王瑞来，校补.宋宰辅编年录校补［M］.北京：中华书局，1986：761.

　　④ 脱脱，等.宋史：第二册［M］.北京：中华书局，1977：224.

　　⑤ 脱脱，等.宋史：第三册［M］.北京：中华书局，1977：823-824.

　　⑥ 李焘.续资治通鉴长编：第六册［M］.北京：中华书局，2004：3625.

　　⑦ 李焘.续资治通鉴长编：第六册［M］.北京：中华书局，2004：3710.

　　⑧ 司马光.涑水记闻［M］.邓广铭，张希清，点校.北京：中华书局，1989：271-272.

知民众减免地方租赋的政策。如，元丰元年（1078）八月，太原知府赵卨曾给神宗提出安抚降民的措施，其中有："降附之众，皆依敕榜免五年租赋，群情翕然顺向"①。民间常用的医方也时有用黄榜征集。民间治疗风痰、惊吓的良方白丸子，即是"太宗以黄榜召天下方士，一医家进此方"②。宝祐五年（1257）十一月，理宗御批为军民办的五件事，官药局就是其中之一："令台阃严督所部，恪共奉行，剂料必真，修合必精，使民被实惠。仍揭黄榜于诸州军"③。

其三，地方性具体事务有时也须用敕榜协调。如，太祖开宝年间的《开封府管内许人户从便输纳敕榜》，告谕对象是"开封府管内乡村人户等"，涉及的是"宜依所奏，取人户稳便，依仓式例折纳诸色斛斗并绵紬绢见钱"的税赋新举措，且"故兹榜示，各令知悉"④。开宝八年（975）四月颁布《常州敕榜》，安抚"常州管内百姓人户等""所宜速安家业，各著农桑，被予临照之恩，共乐混同之化"⑤。在宋夏交战期间，神宗以"敕榜晓谕陕西百姓等：'访闻昨经西讨调发丁夫，随军极为不易，尔后边事更不差夫出界，令各安农业'"⑥。

（五）赏榜

赏榜就是朝廷及地方官府对民众举报禁止的活动给予奖赏的榜文。赏榜的存在，与宋廷给予吏民对违法犯罪的举告与奖励的政策是分不开的。绍熙四年（1193）十月，有臣僚针对民间非法流传的"日书一纸""撰造命令，妄传事端"的小报向朝廷进言："欲乞在内令临安府重立赏榜，缉捉根勘，重作施行。其进奏官，令院官以五人为甲，递相委保觉察，不得仍前小报于外。如违，重置典宪"⑦。

宋代有些富豪及地方官员为了自己和本地区利益，当其他地方出现自然灾害后，常采取遏籴也就是人为限制粮食流通的行为，从而加重灾情。南宋时期，相邻的浙东、

①李焘.续资治通鉴长编：第十二册［M］.北京：中华书局，2004：7118.

②朱橚.普济方［M］//景印文渊阁四库全书：第750册.台北：台湾商务印书馆，1986：736.

③梅应发，刘锡.开庆四明续志［M］//宁波市地方志编纂委员会.宋元四明六志：四.宁波：宁波出版社，2011：87.

④佚名.宋大诏令集［M］.司义祖，整理.北京：中华书局1962：662.

⑤曾枣庄，刘琳.全宋文.第一册［M］.成都：巴蜀书社，1988：169.

⑥李焘.续资治通鉴长编：第十三册［M］.北京：中华书局，2004：7781.

⑦徐松.宋会要辑稿：14［M］.刘琳，刁忠民，舒大刚，等校点.上海：上海古籍出版社，2014：8354.

浙西两路本来经济联系非常紧密，但遏籴的情况依然存在。孝宗乾道九年（1173）十月，臣僚"欲望特降指挥，下两浙转运司并平江府、秀州，严行禁戢，仍令重立赏榜，许人陈告，如有违犯，将官员奏劾，公吏断配施行"①。孝宗批准了奏言，以期实现浙西商品粮向浙东的流通。此外，政府禁止私铸及使用砂毛钱。朱熹在《约束榜》中提及对私铸铜钱悬赏惩处措施的落实："乞降赏榜于管下浏阳、湘潭、醴陵、衡山并下摄楮州等处约束。使司已立赏钱五十贯文，印给小榜，发下长沙等一十二县下张挂晓示外，仍出榜都市并浏阳、湘潭、醴陵、衡山县及下摄楮州等处，张挂晓谕"②。

（六）榜帖（贴）

帖是唐代《公式令》之外一种非常重要的下行公文，以发文机构区分，帖有堂帖、使帖、州帖、县帖等诸多形式。③这种与榜混用的帖类似于布告，具有广泛晓谕百姓或僧众的功能。因此，有人认为榜帖就是"古代官府晓谕民众之告示"④。宋代榜帖作为官府告示这一义项，尚有许多用例。如，地方官员多具教化观念，时常"宣明教化，以厚人伦而美习俗也。故自交事以来，凡布之于榜帖，形之于书判，施之于政事，莫不拳拳然以人事其父兄，出事其长上者，为吾民训"⑤。

总体看来，宋代的榜文、告示属于性质、功能相近的两种公文，相比之下，榜（文）文书的使用数量、范围要远甚于告示。有鉴于此，本著将宋代榜文分为广义和狭义两种情形。狭义的榜文，指皇帝、中央机构及地方官府颁行的，以纸张、木板（版）、碑石和粉（墙）壁为载体，以书写、雕印、勒石及刻木等为复制手段，需要以张贴（挂）、置立等方式公示吏民及士卒的下行文书。这类文书或在标题中出现"榜（文）"字样，或在文内言明需出榜公之于众。广义的榜文，不仅包括上述内涵，还包括各类告示，即标题以"告示""示"为名，或标题虽未出现"告示""示"字样，但在文内说明需布告（告）于吏民、士卒的公文。本著所论主要为狭义的榜文。

①佚名.皇宋中兴两朝圣政辑校［M］.孔学，辑校.北京：中华书局，2019：1180.

②朱熹.晦庵先生朱文公文集［M］//朱熹.朱子全书：第25册.朱杰人，严佐之，刘永翔，主编.上海：上海古籍出版社；合肥：安徽教育出版社，2002：4635.

③雷闻.唐代帖文的形态与运作［J］.中国史研究，2010（3）：89-115.

④华夫.中国古代名物大典：上［M］.济南：济南出版社，1993：1264.

⑤名公书判清明集：下［M］.中国社会科学院历史研究所宋辽金元史研究室，点校.北京：中华书局，1987：395.

第二节　宋前榜文、告示的发展

以社会发展为背景，考察榜文、告示文种的产生及流变，可以看出，宋代之前榜文、告示大致经过先秦至魏晋南北朝萌芽、发展，到隋唐五代渐趋规范化，至宋代日臻成熟且广泛应用于皇帝、中央机构及各级官府的政务活动中，并被官方列为一种专门的公文种类。

一、先秦时期法规、政令的宣示

先秦时期的文字发展尚不成熟，书写工具落后，朝廷及地方政务活动较为简单，因此这一时期政令的篇幅简短且多为口头形式宣告。如果对榜文、告示追根溯源，西周的誓、诰以及"宪刑""悬法象魏"之制，春秋末期"铸刑书""铸刑鼎"之举等，都从不同层面滋养、催生着榜文、告示公文的萌生，可谓是后世榜文、告示产生的始源。

（一）西周时期

20世纪30年代，杨鸿烈提出中国古代法律公布始于郑国"铸刑书"，此前"法律仅为极少数人所掌握，绝不令一般人民识其内容"。[①]这一观点直到80年代引起质疑，至今尚无定论。有学者从西周时期与"法"密切相关的金文文字如"刑"字，与"法"同训的"则"字，与"法"含义相同的"律"字的分析，对西周晚期的毛公鼎记载当时法令公布的情况，以及《尚书》中的《酒诰》《康诰》《吕刑》等篇的分析，说明西周时期已存在将法律条文制定后布告天下的史实存在。[②]

1. 誓、诰

《尚书》中的誓、诰是历史悠久的官方文告。许慎《说文解字》："誓，以言约束也。"段玉裁注："凡自表不食言之辞皆曰誓，亦约束之意也。"[③]有学者认为："《尚书》所见的誓，除了一篇战后自悔誓辞外，绝大部分是备战誓辞，或战地誓辞。这些备战誓辞或战地誓辞显然是有关战争的赏罚性文告，由国王或诸侯颁布，起临时性军事法规

---

① 杨鸿烈.中国法律发达史［M］.范忠信，郑智，李可，校勘.北京：中国政法大学出版社，2009：34.

② 徐燕斌.周秦两汉法律"布之于民"考论［J］.法学研究，2017（6）：193.

③ 段玉裁.说文解字注［M］.上海：上海古籍出版社，1981：92.

的作用，适用的时间、范围、事项，在文告中确定。由于颁布者身份的不同，其内容有重大的区别。国王颁布的誓强调对战争的另一方实行天罚，而诸侯颁布的誓则没有天罚的表述。"①

《尚书》中的诰即是口头告示。段玉裁《说文解字注》释"诰"为"上告下之字"②。现存最早的诰为《汤诰》，是商汤劝诫众官僚勤于政事、若有懈怠将予以惩罚的告示；其他如《召诰》有召公告诫成王反思历史、以史为鉴的言辞等。有学者认为："《尚书》诰的发布者是商王、周王或其辅政大臣。诰发布的对象皆为诸侯。""诰最重要的作用在于宣告发布者统治的合法性，并且将代天行罚延伸到对内的赏罚。"作为文告的誓、诰的性质不同："誓是临时性的，而诰是长久性的"。③

2.宪刑

《周礼》中所说的"宪邦之刑禁"，即"宪刑"，意为向民众公布法律。《周礼·秋官·布宪》载："布宪，掌宪邦之刑禁。正月之吉，执旌节以宣布于四方，而宪邦之刑禁，以诘四方邦国及其都鄙，达于四海。"④郑玄注："宪，表也，谓县之也"⑤。贾公彦疏云："明宪为表悬，示人使知者也。"⑥《周礼·天官·大宰》："乃退，以宫刑宪禁于王宫。"郑玄注云："宪谓表悬之，若今新有法令云。"⑦孙诒让亦云："此宪刑亦谓书其犯罪之状，表县于肆门，宣播其罚，与表县法令同。"⑧刘彝勾勒了"刑禁之宪于民"的过程，强调"布宪则执旌节以巡行四方，诘其违于禁令者，庶乎其无所不及也"。⑨现代学者对"宪"字也有解释。徐中舒认为，宪指的是"公布政令教令也。古代政教合一，政令教

---

①尤韶华.《尚书》所见的法律形式:《周书·吕刑》辨析[M]//杨一凡.中国古代法律形式研究.北京:社会科学文献出版社,2011:79.

②段玉裁.说文解字注[M].上海:上海古籍出版社,1981:93.

③尤韶华.《尚书》所见的法律形式:《周书·吕刑》辨析[M]//杨一凡.中国古代法律形式研究.北京:社会科学文献出版社,2011:82.

④孙诒让.周礼正义:第六册[M].王文锦,陈玉霞,点校.北京:中华书局,1987:2889-2890.

⑤孙诒让.周礼正义:第六册[M].王文锦,陈玉霞,点校.北京:中华书局,1987:2889.

⑥郑玄注,贾公彦疏.周礼注疏[M].上海:上海古籍出版社,1990:511.

⑦孙诒让.周礼正义:第一册[M].王文锦,陈玉霞,点校.北京:中华书局,1987:187.

⑧孙诒让.周礼正义:第二册[M].王文锦,陈玉霞,点校.北京:中华书局,1987:1073.

⑨丘濬.大学衍义补[M].金良年,整理;朱维铮,审阅.上海:上海书店,2012:196.

令皆公布之，是为宪"①。"宪的名词义项从动词义项衍生而来，强调的是公开、公布，可悬挂。宪在古文字中从目，也是突出观看的意思"②。可见，西周在制定"刑禁"后还要宣布四方，以使众庶周知且远离犯罪。

3．"悬法象魏"

象魏是周王和诸侯的朝宫雉门外所筑门阙③，同时也是"示民礼法"之地。"悬法象魏"也就是将法令刻于简牍，悬挂于宫殿外朝门的门阙。《周礼》中有诸多"悬法象魏"的记载。如，《天官·大宰》："正月之吉，始和布治于邦国都鄙，乃县治象之法于象魏，使万民观治象，挟日而敛之"④。其中的"挟日而敛之"，即指法令张挂十日后由官府收回。《左传》中也有"悬法象魏"的相关记载。《左传·哀公三年》记载，鲁国发生火灾，"季桓子至，御公立于象魏之外，命救火者伤人则止，财可为也。命藏《象魏》，曰：'旧章不可亡也。'"杨伯峻认为，"此《象魏》可以藏，非指门阙……当时象魏悬挂法令使万民知晓之处，因名法令亦曰《象魏》，即旧章也"⑤。"旧章"即是国家既有的、公之于众的法律、政令等。值得注意的是，邱濬认为："象魏即雉门两观也，以秋官刑法画之为象而悬于象魏，即后世于国门张挂榜文之制也"⑥，也就是"悬法象魏"之制与后世的榜文文书在性质上有递嬗关系。

此外，《周礼》中也有将法律"县于门闾""县法于宫门"的记载。如，《秋官·士师》："士师之职，掌国之五禁之法……皆以木铎徇之于朝，书而县于门闾"⑦。即是说，士师的职责是掌管有关"五禁之法"，这些"五禁之法"都由士师摇响木铎宣示于外朝，并书写出来悬挂在各处的闾巷门前。太仆掌王车，也可悬法。《夏官·大仆》："大仆掌正王之服位……县丧首服之法于宫门，掌三公孤卿之吊劳。"⑧贾公彦疏："云'县

---

①徐中舒.西周墙盘铭文笺释［J］.考古学报，1978（2）：141.

②王沛.《尔雅·释诂》与上古法律形式：结合金文资料的研究［M］//杨一凡.中国古代法律形式研究.北京：中国社会科学文献出版社，2011：46.

③何本方，等.中国古代生活辞典［M］.沈阳：沈阳出版社，2003：4.

④孙诒让.周礼正义：第一册［M］.王文锦，陈玉霞，点校.北京：中华书局，1987：117.

⑤杨伯峻.春秋左传注：四［M］.北京：中华书局，1995：1622.

⑥丘濬.大学衍义补［M］.金良年，整理；朱维铮，审阅.上海：上海书店，2012：195.

⑦孙诒让.周礼正义：第六册［M］.王文锦，陈玉霞，点校.北京：中华书局，1987：2782.

⑧孙诒让.周礼正义：第五册［M］.王文锦，陈玉霞，点校.北京：中华书局，1987：2496-2506.

其书于宫门，示四方'者，谓书其品式于方版，县之宫门外也。"①

不局限于法律、政令、礼法等的公布，掌管稼穑的司稼也会悬稼穑之法于邑间。《周礼·地官·司稼》："司稼掌巡邦野之稼，而辨穜稑之种，周知其名与其所宜地，以为法，而县于邑间。"②即将农业生产方案和操作方法悬挂于邑中大门，使农民可以看到、遵循。有研究者指出："以目前资料所及，西周悬法的内容涵盖了刑事、民事、经济、教育、农稼及礼仪等诸多方面，可见中国早期法令'布之于民'的范围之广。"③

4.木铎宣法

古代官吏常用木铎摇铃振声，召集民众宣布政教法令或巡行等，这一做法历史久远。《周礼》中以木铎宣传政令的记载较为丰富。如，《地官·小司徒》："小司徒之职，掌建邦之教法……正岁，则帅其属而观教法之象，徇以木铎曰：'不用法者，国有常刑。'令群吏宪禁令，修法纠职以待邦治"④。《地官·乡师》："乡师之职，各掌其所治乡之教，而听其治……凡四时之征令有常者，以木铎徇于市朝。"⑤此外，小司寇、士师、司烜氏等官员的执掌中均有用木铎宣传政令的要求。如，《左传·襄公十四年》记载，师旷引《夏书》曰："遒人以木铎徇于路，官师相规，工执艺事以谏"⑥。古文《尚书》将"遒人"释为"宣令之官"，孔颖达疏："以执木铎徇于路，是宣令之事，故言'宣令之官'"。⑦由此可见，"以木铎徇于路"向民众宣传政令为殷商时期早已存在的古制。

（二）春秋战国时期

1."铸刑书""铸刑鼎"

刑书即古代的刑法条文，它是国家权力的象征。将刑法铸于青铜鼎上向百姓公布，始于郑国子产的"铸刑书"。《左传·昭公六年》记载，郑简公三十年（前536），郑国执政子产"铸刑书于鼎，以为国之常法"⑧，即将郑国的法律条文铸在青铜鼎上，向全

①孙诒让.周礼正义：第五册［M］.王文锦，陈玉霞，点校.北京：中华书局，1987：2506.

②孙诒让.周礼正义：第二册［M］.王文锦，陈玉霞，点校.北京：中华书局，1987：1236-1238.

③徐燕斌.周秦两汉法律"布之于民"考论［J］.法学研究，2017（6）：197.

④孙诒让.周礼正义：第二册［M］.王文锦，陈玉霞，点校.北京：中华书局，1987：772-815.

⑤孙诒让.周礼正义：第二册［M］.王文锦，陈玉霞，点校.北京：中华书局，1987：819-834.

⑥杨伯峻，春秋左传注［M］.北京：中华书局，1995：1017-1018.

⑦孔安国，传；孔颖达，等正义.尚书正义［M］.上海：上海古籍出版社，1990：100.

⑧杨伯峻.春秋左传注：四［M］.北京：中华书局，1990：1274.

社会公布，令国民周知，史称"铸刑书"。在青铜鼎上刻铸刑书，其目的在于使百姓明确了解刑法的威严可畏、不可轻易触犯，以达到防患于未然的目的。此后则有晋国赵鞅、荀寅"铸刑鼎"之举。降至战国，各国纷纷制定、公布刑法。之所以将刑法铸于鼎，是因为："在中国青铜时代，鼎被赋予了多重涵义和功能：它是权力的象征，是西周宗庙祭祀中礼器之至尊，是礼治和宗法等级秩序的象征……鼎的这种权力等级标志属性，是人们选择它铭刻法律规范的重要理由"。另外，"鼎的体积一般较大，壁腹面适于刻'刑书'等长篇铭文"，"鼎庄严的器型和沉稳的身躯，也适于体现法律的庄严稳定"。①

2. 权量布法

春秋时期，随着商品经济的活跃，度量衡器逐渐向民众普及。为规范新的社会经济秩序，官方将许多涉及经济的法律条文都铭刻于权量之类的器物上。如，秦国多数权量上都刻有始皇四十字诏书与二世诏书。秦国的《商鞅方升》器身刻有 32 字铭文，底部有后来加刻的秦始皇二十六年（前 221）统一度量衡的诏书。"将诏书铸刻于不同的权量器上，表明每一种器物所代表的度量衡容积都得到了最高权力的认可，既彰显了国家的权威，又有利于度量衡标准在社会生活中的贯彻执行。"②

总体看来，"法令在制定后予以公布是周秦之际的惯常做法，从'宪刑''悬法'到春秋时期的铸刑书与权量布法，都是这一做法在不同时期的具体表现形式"。③这一法律、政令告知天下的形式也为后世所采用。但总的来说，先秦时期诸侯、邦国的政务活动中需要告知民众而使用告示的情形见于史书记载的史实稀见，告示民众的形式单一。

二、秦汉时期的榜文、告示

（一）秦代的告示

20 世纪 70 年代，在湖北睡虎地发现大量秦简，经过整理后名为《语书》，即是秦始皇二十年（前 227）四月初二日南郡守腾颁发给所属各县、道官吏的一篇告示。从告示内容可以看出，南郡守腾将"以教道（导）民，去其淫避（僻），除其恶俗，而使之之于为善殹（也）"的"法律令"以文告形式发给县、道啬夫，要求各县、道将文告"以

---

① 李雪梅. 古代中国"铭金纪法"传统初探［J］. 天津师范大学学报（社会科学版），2010（1）：29.

② 徐燕斌. 周秦两汉法律"布之于民"考论［J］. 法学研究，2017（6）：201.

③ 徐燕斌. 周秦两汉法律"布之于民"考论［J］. 法学研究，2017（6）：192.

次传"，即依次传阅；对于江陵这个地方则是"别书江陵布，以邮行"。①当时是利用政府的邮驿将告示传布各地，此即《孟子·公孙丑上》中所谓"德之流行，速于置邮而传命"②的"置邮传命"，就是利用邮驿来传递政务信息。

（二）汉代的榜文

有人认为："榜与公文发生联系的最初记载，是东汉时将公文内容大字书写而张贴于壁，以公诸于众。"③其据以立论的例证是《后汉书·崔骃列传》所记载的灵帝时"开鸿都门榜卖官爵，公卿州郡下至黄绶各有差"④。作为官府公文而"张贴"的"榜"的最初记载出现在东汉的观点，已为考古新材料所否定。从出土文献史料看，"榜"在居延汉简中已出现。汉简有云："……破烽一，马矢二石，沙二石，枪卅，传榜书一，表二……"⑤"传榜书"，有学者解释为"张贴告示的宣传栏，简曰大扁"。⑥居延新简纪年简最早为天汉二年（前99），最晚至建武七年（31）⑦。如此，这一用于官府记载器簿等信息的榜最早或在西汉末即有使用。再者，认为榜是"东汉时将公文内容大字书写而张贴于壁，以公诸于众"，虽未言明榜文载体所用的材料，却也让人有"非纸莫属"之感——因为当时缣帛贵重，不可能"张贴于壁"，且于史无证；而若用版牍或简册之类，就更不能说"张贴于壁"。但据相关研究，我国古代官文书"以纸代简"的过程大致始于三国，完成于西晋。⑧现有汉代史料尚不能支持当时榜文用纸之说。以《汉书》《后汉书》为例，《汉书》中没有关于"纸"的记载；《后汉书》出现"纸"的地方有8处，但均无公文用纸的记载。⑨

纸张用于公务文书的记载始见于三国。有研究者认为："就纸书章表而言，大概在曹操'求言令'规定'纸书函封'之前，尚不可能存在；或许是在'求言令'的建安

---

①语书释文注释［M］//睡虎地秦简整理小组.睡虎地秦墓竹简.北京：文物出版社，1990：13.

②金良年.孟子译注［M］.上海：上海古籍出版社，2010：52.

③王铭.文种钩沉［M］.北京：中国档案出版社，2007：418.

④范晔.后汉书：第六册［M］.北京：中华书局，1965：1731.

⑤甘肃省文物考古研究所.居延新简释粹［M］.兰州：兰州大学出版社，1988：85.

⑥甘肃省文物考古研究所.居延新简释粹［M］.兰州：兰州大学出版社，1988：85.

⑦甘肃省文物考古研究所.居延新简释粹［M］.兰州：兰州大学出版社，1988：18.

⑧王天泉.魏晋官文书以纸代简及其启示［J］.档案学研究，2009（4）：19.

⑨王天泉.魏晋官文书以纸代简及其启示［J］.档案学研究，2009（4）：18-19.

十年（205）以后逐渐兴起的。"①《三国志·武帝纪》裴注引《魏书》建安十年的曹操"十月令"："吾充重任，每惧失中，频年已来，不闻嘉谋，岂吾开延不勤咨邪？自今以后，诸掾属治中、别驾，常以月旦，各言其失，吾将览焉。"②曹操的"十月令"，史家又称"求言令"。今与《初学记》引文相校，发现"自今"后一段异文如下："自今诸掾属、侍中、别驾，常以月朔各进得失，纸书函封，主者朝，常给纸函各一"。③其中特别规定"各进得失"用纸书写，即所谓"纸书函封"。也就是说，曹操向他的部下咨询、部下向他上书言事，所用的书写材料都是纸。《三国志·刘放传》记载，魏明帝病重，刘放、孙资在一旁伺候，"又深陈宜速召太尉司马宣王，以纲维皇室。帝纳其言，即以黄纸授放作诏"④。即魏明帝接受了刘放、孙资的建议，要求用黄纸来起草诏书。因此，认为东汉榜文"张贴于壁"的观点与史实相悖。

汉代官府常用榜来传布政务信息。东汉政府买卖官爵之风盛行。据《后汉书》记载，汉灵帝光和元年（178），"初开西邸卖官，自关内侯、虎贲、羽林，入钱各有差。私令左右卖公卿，公千万，卿五百万"⑤。灵帝设"鸿都门学"，并于中平二年（185）"开鸿都门榜卖官爵，公卿州郡下至黄绶各有差"⑥，表明鸿都学士也可以花钱买。此处的"榜"用作动词，就是指用写在木板上、钉挂在门户上的朝廷的官府文书来传布售卖官职的信息。官府也在道路旁置榜寻人。《三国志·吴书》载，永兴二年（305），东海王越起兵，孙惠"诡其姓名"上书王越，"勉以勤王匡世之略，辞义甚美"。而王越则"省其书，榜题道衢，招求其人"。⑦此外，汉代还有将罪犯的罪状书写于木板（牌）后悬挂示众的做法。《后汉书·酷吏列传》记载，阳球杀死王甫，将其尸首肢解后扔到夏城门，"大署榜曰'贼臣王甫'。尽没入财产，妻子皆徙比景"⑧。"大署榜"就是在木牌上写上大字。

①刘光裕.先秦两汉出版史论［M］.济南：齐鲁书社，2016：505-506.

②陈寿.三国志：第一册［M］.北京：中华书局，1959：28.

③徐坚，等.初学记：第三册［M］.北京：中华书局，1985：517.（引文标点有改动。）

④陈寿.三国志：第二册［M］.北京：中华书局，1959：459.

⑤范晔.后汉书：第二册［M］.北京：中华书局，1965：342.

⑥范晔.后汉书：第六册［M］.北京：中华书局，1965：1731.

⑦陈寿.三国志：第五册［M］.北京：中华书局，1959：1211.

⑧范晔.后汉书：第九册［M］.北京：中华书局，1965：2500.

（三）汉代的告示

汉代的告示多来自需要吏民周知、文末常有"布告天下""告示天下"之辞的诏书的刊布。如，汉高祖十二年（前195）三月发布的诏书云："其有不义背天子擅起兵者，与天下共伐诛之。布告天下，使明知朕意"①。汉武帝时，河南人卜式上书，"愿输家之半县官助边"，即愿意捐助一半家产，以协助朝廷抗击匈奴。武帝"召拜式为中郎，爵左庶长，赐田十顷，布告天下，使明知之"。②此外，在汉元帝初元元年（前48）"遣使循行天下"③、永光四年（前40）十月"初陵勿置县邑"④、汉章帝建初元年（76）"二千石勉劝农桑"⑤、汉和帝章和二年（88）"遣戒郡国罢盐铁之禁"⑥等诏书中，文末均有"布告天下"之语。

还有诏书是由皇帝对臣下或政府部门奏请文书末尾批示以"可"或"下某官"而形成的，并将批示连同奏章作为诏令下有司颁发执行。如，文帝前元六年（前174），平叛淮南王谋反后，丞相张苍曾就处理善后事宜向文帝提出建议，并上奏"请布告天下"⑦；景帝前元元年（前156），丞相申屠嘉曾建议"为孝文皇帝立太宗之庙"，并"请宣布天下"⑧，均得到皇帝准许。

由此可见，汉代诏书如需"布告天下"或"告示天下"，那就成为面向天下吏民公开传布、务必周知的"告示"——虽然此时"告示"一词仅表示的是公文传布的方式，而告示这一公文文种尚未形成。

地方官府处理政务时也会将相关政令公之于众。如，中平元年（184），灵帝下诏，任命贾琮为刺史去镇压交阯的叛乱。贾琮到任后，没有立即出兵，而是"即移书告示，各使安其资业，招抚荒散，蠲复徭役"⑨，即贾琮张贴安民告示，减免徭役，招揽散民，让老百姓安居乐业。"移书"，春秋时的官吏互通书函往来，称为遗书，又称为贻书，

①班固．汉书：第一册［M］．北京：中华书局，1962：78.

②司马迁．史记：第四册［M］．北京：中华书局，1959：1431.

③班固．汉书：第一册［M］．北京：中华书局，1962：279.

④班固．汉书：第一册［M］．北京：中华书局，1962：292.

⑤范晔．后汉书：第一册［M］．北京：中华书局，1965：132-133.

⑥范晔．后汉书：第一册［M］．北京：中华书局，1965：167.

⑦司马迁．史记：第十册［M］．北京：中华书局，1959：3079.

⑧班固．汉书：第一册［M］．北京：中华书局，1962：138.

⑨范晔．后汉书：第四册［M］．北京：中华书局，1965：1112.

后转作移书。①移书在汉代是发送公文之意。如，王充《论衡·谢短篇》："两郡移书曰'敢告卒人'，两县不言，何解？"②因此"移书告示"意即发布告示告知民众。

（四）汉代具有榜文、告示性质的其他文书

除榜文、告示之外，汉代尚有具有榜文、告示性质和功能的如扁书、檄和露布等公文。

1.扁书

扁（书）指书写于木板和简册上的布告一类的官府文书。从辞源上看，榜与篇、扁字义相通。章太炎谓："榜又称篇，今字扁亦为榜，又楄部训方木，是也。"③陈槃认为："册即简策。简策之文悬之于门户者，皆可以扁称之。"④榜、扁和篇三者之间在木板（版）、简册词义上是相通的。翻检汉代史料，扁与榜在许多情形下可以通用。如，《后汉书志》："三老掌教化。凡有孝子顺孙，贞女义妇，让财救患，及学士为民法式者，皆扁表其门，以兴善行"⑤。"扁表其门"，就是在门上张挂书写有旌表其善行的官府文书的木版。

当前学者对扁书的性质、功能认识较为一致，即认为扁书是"汉代颁布诏书和公告政令、条规的一种形式"⑥。揆诸史实可以看出，西汉及新莽时期皇帝诏令及官府政令下行基层社会多用扁书，这在汉简中多有记载。如，"书到，明白大扁书乡亭市里门外谒舍显见处，令百姓知之，如诏书，书到言"⑦。"书到白大扁书乡亭市里高显处，令亡人命者尽知之，上赦者人数太守府别之，如诏书。"⑧等等。但学界对扁书的形制却有不同认识，观点可以分为三种：第一种意见认为，扁书书于木板或牌匾。如，陈槃认为："册即简策。简策之文悬之于门户者，皆可以扁称之"，汉代的诏文、教令等"每署书木版，悬乡市里门庭显见处"，而这种木版就是"扁"。⑨初师宾认为，扁书是"题

---

①陈文清.文秘词典［M］.沈阳：辽宁人民出版社，1987：399.

②张宗祥.论衡校注［M］.郑绍昌，标点.上海：上海古籍出版社，2010：260.

③章太炎.国故论衡［M］.上海：上海古籍出版社，2006：6.

④陈槃.汉晋遗简识小七种（增修本）［M］//"中央研究院"历史语言研究所专刊.台北："中央研究院"历史语言研究所，1975：95.

⑤司马彪，撰；刘昭，注补.后汉书志［M］.北京：中华书局，1965：3624.

⑥马怡.扁书试探［M］//孙家洲.额济纳汉简释文校本.北京：文物出版社，2007：170.

⑦魏坚.额济纳汉简［M］.南宁：广西大学出版社，2005：187.

⑧胡平生，张德芳.敦煌悬泉汉简释粹［M］.上海：上海古籍出版社，2001：115.

⑨陈槃.汉晋遗简识小七种（增修本）［M］//"中央研究院"历史语言研究所专刊.台北："中央研究院"历史语言研究所，1975：95.

署门庭的匾额或较大的木板、木牌"，"戍所亭隧所备露布用具"。① 第二种意见认为，扁书书于泥墙。胡平生认为："扁书原来可能是以木板或简册制作的，大概很快就被以泥墙制作的扁取而代之了。"② 第三种意见认为，汉代起初将通行诏书等书于乡亭墙壁，或书于简册、挂于墙壁；后来改为书于木板、挂于墙壁；书于简册和木板而挂于墙壁的都是扁书。③ 有学者在对扁书进行一番考索后指出：

> "牓"（"榜"）的大量出现约在东汉中期以后，其性质、作用以及发布地点都与汉简里的扁书相似。作为文告形式的扁书却几乎不见于东汉以后的史料。"扁"的字义也开始发生变化，渐渐不再指"户册"，而是局限于匾额。从时间上看，这种现象可能与同时期纸的使用和推广有关。与简牍文书相比，纸文书轻而易携，便于书写，自东汉开始不断普及。尤其是，纸文书可写"明白"的大字，制作快捷，这一点对文告来说相当重要。书于纸面的文告无须编联而完整如"牓"，且较"扁"与"大扁"更需要"牓"的承托，或许便由此而被径称为"牓"。这可能是后来"牓"增多的一个原因。④

其中对"文告形式的扁书"使用的减少、而"牓"（"榜"）的使用渐趋频繁的分析有可取之处。

2. 檄

檄是汉代较为常用的官府文书之一，其"情形较为复杂"，"所有的檄并不是单纯的一种文书"。⑤ 檄的公开告知的意义有以下三种：一是专用于军事的讨伐、征召。如，《汉书·翟义传》记载，居摄二年（7）九月，东郡太守翟义起兵反对王莽，立严乡侯刘信为天子，并"檄移郡国，言莽鸩杀孝平皇帝，矫摄尊号，今天子已立，共行天罚"。⑥ 二是告谕。如，《史记·张耳陈余列传》："诚听臣之计，可不攻而降城，不战而略地，

---

① 初师宾. 汉边塞守御器备考略［M］// 甘肃省文物工作队. 汉简研究文集. 兰州：甘肃人民出版社，1984：215.

② 胡平生，张德芳. 敦煌悬泉汉简释粹［M］. 上海：上海古籍出版社，2001：24.

③ 汪桂海. 汉代官文书制度［M］. 南宁：广西教育出版社，1999：157-159.

④ 马怡. 扁书试探［M］// 孙家洲. 额济纳汉简释文校本. 北京：文物出版社，2007：182-183.

⑤ 汪桂海. 汉代官文书制度［M］. 南宁：广西教育出版社，1999：55.

⑥ 班固. 汉书：第八册［M］. 北京：中华书局，1962：3426.

传檄而千里定，可乎？"①《史记·张丞相列传》："罢朝坐府中，嘉为檄召邓通诣丞相府，不来，且斩通。"②三是指诏书。如，《汉书·高帝纪》中汉高祖说"吾以羽檄征天下兵"，颜师古注云："檄者，以木简为书，长尺二寸，用征召也。其有急事，则加以鸟羽插之，示急速也"。③"羽檄"就是发兵的诏书。

关于檄的性质、形制，刘熙《释名·释书契》："檄，激也。下官所以激迎其上之书文也"④。"激"意味下属官员必须振身（以示郑重）领受上司的下行文书。许慎《说文解字》："檄，二尺书。"是说檄比一般一尺简长出大约一倍的长度。段玉裁根据《后汉书·光武帝纪》李贤注、《汉书·高帝纪》颜师古注，认为檄并非"二尺书"，而是"尺二书"。⑤日本学者富谷至认为："如果将檄的规定长度视为一种原则长度，同时考虑到实际出土的檄书往往长于尺二寸，那么'二尺书'之说更符合史实。"⑥一支后被命名为"候史广德坐罪行罚檄"⑦，记载了甲渠候官北部的候使张广德因怠慢职务遭督卫府弹劾、受杖责五十下的事。富谷至认为："长度近1米的'候史广德行罚'檄，是一种将信息公布于众的公告札。换言之，这种檄是为了让大家都能看到而在大庭广众之下进行公布的。"⑧

汉代的檄一般在亭、燧等地的显眼之处公示。如，敦煌汉简1376："写移檄到，具写檄扁传输亭隧高显处，令吏卒明"⑨。意即收到檄之后，把檄文誊在扁上，并在亭和燧等场所显眼处公告于吏卒。这与后代官府书写于木板上、力求广而告之的榜具有同样的功能。

3. 露布

汉代与公文"布告天下"含义相近的还有露布。其用法大致分为两种情形：一是，

---

① 司马迁.史记：第八册［M］.北京：中华书局，1959：2575.

② 司马迁.史记：第八册［M］.北京：中华书局，1959：2683.

③ 班固.汉书：第一册［M］.北京：中华书局，1962：69.

④ 毕沅.释名疏证［M］.北京：中华书局，1985：183.

⑤ 段玉裁.说文解字注［M］.上海：上海古籍出版社，1981：268.

⑥ 富谷至.文书行政的汉帝国［M］.刘恒武，孔李波，译.南京：江苏人民出版社，2013：44.

⑦ 任步云.居延汉简"候史广德坐罪行罚檄"［J］.文物，1979（1）：70-71.

⑧ 富谷至.文书行政的汉帝国［M］.刘恒武，孔李波，译.南京：江苏人民出版社，2013：81.

⑨ 甘肃省文物考古研究所.敦煌汉简释文［M］.吴礽骧，李永良，马建华，释校.兰州：甘肃人民出版社，1991：143.（标点为引者所加。）

指诏书及官府文书的颁布。如，蔡邕《独断》："凡制书有印，使符下，远近皆玺封；尚书令印重封；唯赦令、赎令、召三公诣朝堂受制书，司徒印封，露布下州郡"①。"露布下州郡"指的是一种诏书等官府文书公开传播的行为。二是，作为名词的"露布"意为不缄封的文书、征讨和告捷文书。如，《三国志·田畴传》注引《先贤行状》："又使部曲持臣露布，出诱胡众，汉民或因亡来，乌丸闻之震荡"②。

此外，汉代还有题壁、挂壁和铭石等向民众公示朝廷法律政令的方式。题壁即在墙壁上书写相关文字。应劭《风俗通义》载："光武中兴以来，五曹诏书题乡亭壁，岁（辅）[补]正，多有缺谬。永建中，兖州刺史过翔，笺撰卷别，改著板上，一劳而九逸。"③官府先是将五曹诏书题写"乡亭壁"，但每年需补正，仍有缺误，于是改"题乡亭壁"为"板上"书，以期诏令文书留存长久些，可以让更多民众知晓，从而达到尽可能流播广泛的效果。1992年甘肃敦煌悬泉置遗址发掘出土"抄写在室内墙壁之上的西汉平帝元始五年（5）五月颁布的《使者和中所督察诏书四时月令五十条》，由此看来这组建筑是王莽前后悬泉置吏的主要办公用房"④。有学者在研究了悬泉置壁书出土的位置特征后，认为"当时这些墙面是悬泉置的外墙，其地势较高，正当大路，往来使者与人员一眼就能看到它"，壁书所在的几道泥墙"就是当时的公告栏、宣传栏"。⑤

挂壁即将写有诏书的简册（扁）或木版悬挂起来让民众观看。如，《淮南子·氾论训》中有："天下县官法曰：'发墓者诛，窃盗者刑。'此执政之所司也。"⑥专门记载典章制度的苏鄂《苏氏演义》云："县者，悬也，谓悬赋税户口法令以示于下民。"⑦《汉书·诸葛丰传》记载，司隶校尉诸葛丰上书汉元帝："不待时而断奸臣之守，县于都市，编书其罪，使四方明知为恶之罚，然后却就斧钺之诛，诚臣所甘心也"⑧。"县于都市，

---

①蔡邕.独断［M］//郭丹.先秦两汉文论全编.上海：上海远东出版社，2012：827.

②陈寿.三国志：第二册［M］.北京：中华书局，1959：343.

③吴树平.风俗通义校释［M］.天津：天津人民出版社，1980：405.

④何双全.甘肃敦煌汉代悬泉置遗址发掘简报［J］.文物，2000（5）：8-9.

⑤胡平生."扁书"、"大扁书"考［M］//中国文物研究所，甘肃文物考古研究所.敦煌悬泉月令诏条.北京：中华书局，2001：53.

⑥刘安.淮南子［M］.陈广忠，校点.上海：上海古籍出版社，2016：335.

⑦苏鄂.苏氏演义［M］//金沛霖.四库全书子部精要：中册.天津：天津古籍出版社，1998：659.

⑧班固.汉书：第七册［M］.北京：中华书局，1962：3249-3250.

编书其罪"，意即将其罪名写于简牍上面，悬挂起来让人观看。歌颂汉和帝时洛阳令王涣政绩的乐府诗《雁门太守行》，其中有"文武备具，料民富贫。移恶子姓，篇著里端"①之句。"篇著里端"中的"篇"即是"榜"，意为木板。因此，"移恶子姓，篇著里端"就是将违法作恶者的姓名写在木板上，挂在里门让行人观看。东汉末年，外戚、宦官交替专权，中央集权遭到了极大破坏，而地方守令权力膨胀，以致形成地方政令畅行无阻，反而皇帝诏命常被搁置一边的局面："今典州郡者，自违诏书，纵意出入。每诏书所欲禁绝，虽重恳恻，骂詈极笔，由复废舍，终无悛意。故里语曰：'州郡记，如霹雳；得诏书，但挂壁'"②。对于"挂壁"，一般的解释是"汉代凡诏令书教之等须使吏民周知者，每署书木版，悬乡市里门亭显见处"③。但也有不同看法。邢义田指出，汉代"简牍存放除了几阁，可能也分类悬挂于壁"，"得诏书，但挂壁"，"就是将诏书往壁上一挂，存档了事的意思"④，"并没有抄录成扁，悬挂在乡亭市里等等显见之处"。⑤

铭石是将法律、政令铭刻于石碑，使百姓晓谕，以免触犯，这一做法至战国秦汉时期渐多。如，《后汉书·王景传》记载，王景为庐江太守，面对"百姓不知牛耕，致地力有余而食常不足"的实情，率领吏民"修起芜废，教用犁耕，由是垦辟倍多，境内丰给"。百姓富足后，王景"遂铭石刻誓，令民知常禁"。⑥《汉书·召信臣传》记载，召信臣"为人勤力有方略，好为民兴利"，"民得其利，蓄积有余。信臣为民作均水约束，刻石立于田畔，以防分争"。⑦

①雁门太守行［M］//周秉高.全先秦两汉诗：下.呼和浩特：内蒙古大学出版社，2011：514.

②崔寔.政论［M］//严可均.全上古三代秦汉三国六朝文：全后汉文.石家庄：河北教育出版社，1997：445.

③陈槃.汉晋遗简识小七种（增修本）［M］//"中央研究院"历史语言研究所专刊.台北："中央研究院"历史语言研究所，1975：95.

④邢义田.汉代简牍的体积、重量和使用：以中研院史语所藏居延汉简为例［M］//邢义田.地不爱宝：汉代的简牍.北京：中华书局，2011：15–18.

⑤邢义田.今尘集：秦汉时代的简牍、画像与文化流播：上［M］.上海：中西书局，2019：18.

⑥范晔.后汉书：第九册［M］.北京：中华书局，1965：2466.

⑦班固.汉书：第八册［M］.北京：中华书局，1962：3642.

三、魏晋南北朝时期的榜文、告示

（一）榜（文）

魏晋南北朝时期，榜文已用于朝廷及地方官府的重大政务中。如，《晋书·桓玄传》记载，权臣桓玄篡位，"乃于城南七里立郊，登坛篡位，以玄牡告天，百僚陪列，而仪注不备，忘称万岁，又不易帝讳。榜为文告天皇后帝云……"[①] 这篇收录内容近四百字的文告，大概是较早的以"榜"的形式公示、篇幅长且完整的榜文。此时，帝王也以发布榜文的形式旌表孝行。《南史·郭世通传》记载，会稽人郭世通有孝行，乡邻闻名。"大使巡行天下，散骑常侍袁愉表其淳行，文帝嘉之，敕榜表门闾"[②]。《南史·董阳传》记载，"元嘉七年，南豫州举所统西阳县人董阳三世同居，外无异门，内无异烟。诏榜门曰'笃行董氏之闾'，蠲一门租布"[③]。《南史·张景仁传》记载，梁武帝天鉴年间，宣城宛陵女子从猛兽口中救母，"乡里言于郡县，太守萧琛表上，诏榜其门闾"[④]。《南史·王虚之传》记载，王虚之双亲去世后"二十五年盐酢不入口"，齐武帝"诏榜门，蠲其三世"。[⑤]

榜有时也用于政府衙署的政令公开传播。如，《晋书·李特载记》记载，李特在绵竹建大营安置流民。广汉太守辛冉大怒，"遣人分榜通逵，购募特兄弟，许以重赏"[⑥]。《南史·萧景传》载，萧景为永宁令时，"政为百城最"。永嘉太守范述曾"号称廉平，雅服景为政，乃榜郡门曰：'诸县有疑滞者，可就永宁令决'"[⑦]。《周书·柳庆传》载，柳庆起初在后魏做官，任雍州别驾。当地发生抢劫案，郡县侦办无果。柳庆以盗贼口吻"作匿名书多榜官门"，设计分化盗贼；"复施免罪之榜"，结果"广（阳）〔陵〕王欣家奴面缚自告榜下"，最终"尽获党与"[⑧]。北齐世宗高澄任用士族崔暹为御史中尉，"纠劾权豪，无所纵舍"，继而出现了"风俗更始，私枉路绝"的清明局面，于是高澄"榜

---

① 房玄龄，等.晋书：第八册 ［M］.北京：中华书局，1974：2594.

② 李延寿.南史：第六册 ［M］.北京：中华书局，1975：1800.

③ 李延寿.南史：第六册 ［M］.北京：中华书局，1975：1799.

④ 李延寿.南史：第六册 ［M］.北京：中华书局，1975：1843.

⑤ 李延寿.南史：第四册 ［M］.北京：中华书局，1975：1184.

⑥ 房玄龄，等.晋书：第十册 ［M］.北京：中华书局，1974：3025.

⑦ 李延寿.南史：第四册 ［M］.北京：中华书局，1975：1260.

⑧ 令狐德棻，等.周书：第一册 ［M］.北京：中华书局，1971：371.

于街衢,具论经国政术,仍开直言之路,有论事上书苦言切至者,皆优容之"。^①《周书·于谨传》载,北魏于谨随广阳王征讨鲜于修礼。侍中元晏担心于谨谋反,奏明灵太后。灵太后"诏于尚书省门外立榜,募能获谨者,许重赏"。^②太建十一年(579)十二月,陈宣帝为禁奢华下诏,其中有:"并勒内外文武车马宅舍,皆循俭约,勿尚奢华。违我严规,抑有刑宪。所由具为条格,标榜宣示,令喻朕心焉"。^③"标榜"指"上面题写文字作为标志的木牌"^④,这里指官府张贴的告示。前述诸例表明,此时榜已用于朝廷及地方官府发布政令信息、公开纳谏和悬赏招募等方面。

(二)告示

魏晋南北朝时期的"告示""布告"指公文的发布方式。如,贾逵为豫州刺史时整顿吏治,违法者"皆举奏免之"。魏文帝嘉许其为"真刺史","遂布告天下,当以豫州为法。赐爵关内侯"。^⑤南朝梁萧景出任郢州刺史,表现出不凡的管理才能。"齐安、竟陵郡接魏界,多盗贼,景移书告示,魏即焚坞戍保境,不复侵略。"^⑥此处的"移书告示",即萧景以官府名义发布告示。北魏孝庄帝即位三年(530),元颢起兵逼近虎牢城。孝庄帝命令道穆"秉烛作诏书数十纸,布告远近,于是四方知乘舆所在"^⑦,从而使各地勤王之师得以聚集。

由以上可以看出,自先秦起,与民众生活有关的皇帝诏书、官方文告若有广而告之的需要,常用的措施是"布告天下""告示天下"。皇帝、朝廷及各级官府对诏书、政令的公开传播对于国家管理、政务运作的功能及作用已开始重视。秦汉之际,"布告""告示"在其文体萌芽之初应作动词理解,其含义是面向吏民的诏书、法规的公开传播方式。前文种时期的告示文书在文体形式方面并不固定,因此"告示"仅有其名,但并未形成较为固定的文体。此外,较之于"告示""布告","榜(文)"一词晚出于文献,或自西汉末年起业已出现在典籍中。纸张普遍使用之前的"榜"通常指官方向

①李百药.北齐书:第一册[M].北京:中华书局,1972:32.

②令狐德棻,等.周书:第一册[M].北京:中华书局,1971:245.

③姚思廉.陈书:第一册[M].北京:中华书局,1972:96.

④罗竹风.汉语大词典:上册[M].缩印本.上海:上海辞书出版社,2007:2683.

⑤陈寿.三国志:第二册[M].北京:中华书局,1959:482.

⑥李延寿.南史:第四册[M].北京:中华书局,1975:1259.

⑦魏收.魏书:第四册[M].北京:中华书局,1974:1715.

民众发布，写在木版、竹简上并张贴、张挂的布告，用于朝廷及地方官府的政令公告及政务信息的刊布，只是因史料记载简略，具体情形不甚清楚。魏晋南北朝时期，"告示""布告"指称公文的传布方式；同时，政府公务中榜（文）的使用渐多，尤其是一些需要吏民周知的重大政治事件、政务活动均以榜（文）为公开发布的媒介，显示出榜（文）在政府公务中开始占据着重要的地位，其中公文载体形式的改变是重要推手："魏晋以降，随着造纸技术的日益成熟，特别是东晋末桓玄颁'以纸代简'令之后，纸逐渐成为官方'榜文''告示'的主要载体，'榜''榜文'的称谓被继续沿用，其含义扩展为泛指官方张贴、张挂的各类官方文书"①。

四、隋唐五代时期的榜文、告示

隋唐五代时期，文献记载的官方公文活动中有关榜（文）、告示的使用较之前频次增多、范围扩大。朝廷及地方官府已将榜文、告示作为常用公文而运用于政务活动中，并已形成较为固定的体式，榜文、告示的辅助政务的功能、意义开始为官府所普遍重视。隋唐五代可谓是榜文、告示公文文体发展过程中极为重要的时期。

（一）隋唐五代时期的榜文

隋唐五代时期的榜文见于政务活动的诸多方面，主要有以下内容。

1. 招贤、科举和铨选

隋末群雄逐鹿，各路豪强广纳贤才为己所用，榜文也成为散播官府招贤纳士信息的媒介之一。王世充击破李密后，"乃设三榜于府外，其一求文学堪济世务者，其一武干绝众、椎锋陷阵者，其一能治冤抑不申者"②。"三榜"分别面向民众寻求不同的三类人，颇具针对性。

唐代举子交纳文状后，即由户部或礼部进行资格审核，落选斥退的名单出"驳榜"公布。封演《封氏闻见记》记载："选曹每年皆先立版榜，悬之南院，选人所通文书，皆依版样，一字有违，即被驳落，至有三十年不得官者。"③后唐窦仪上《条陈贡举事例奏》，其中有："其所举人别行朝典，三铨南曹亦不得受诸色官员书题荐托选人，如

①杨一凡.明代榜例考［J］.上海师范大学学报（哲学社会科学版），2008（5）：46.

②欧阳修，宋祁.新唐书：第十一册［M］.北京：中华书局，1975：3692.

③封演.封氏闻见记［M］.李成甲，校点.沈阳：辽宁教育出版社，1998：12.

违并准前指挥，应诸色落第人，此后所司具所落事由，别张悬文榜，分明晓示"①。即是说，朝廷严明科考纪律，严禁官员推荐请托，并对落第的士子说明原因，张榜晓示。此外，地方政府也通过发布榜文来招募士兵。唐西川节度使卢耽为抗击南诏的进攻，"揭榜募骁勇之士，补以实职，厚给粮赐，应募者云集"②。

唐代用榜文公示科举高中者的名单，称作"放榜"。王定保《唐摭言》："贞观初放榜日，上私幸端门，见进士于榜下缀行而出，喜谓侍臣曰：'天下英雄，入吾彀中矣！'"③每次进士科榜文的发布都得到了士子、民众的广泛关注。

2. 维护治安

为加强思想文化控制，唐代宗发布《敕藏天文图谶制》，对于官吏、百姓等私藏的玄象器物、天文图书、谶书等"宜令天下诸州府切加禁断，各委本道观察节度等使与刺史、县令严加捉搦""勒邻伍递相为保"，并将此规定"令分明榜示乡村要路"。④

唐代官府常用榜文将法律条令、缉捕盗贼等信息公示于众，便于百姓遵守法纪及检举罪犯。如，唐宣宗《获贼支给赏钱敕》云："两军及诸军巡捉得劫贼，京兆府先榜悬赏，近日捉获得贼，都不给付，既违公劝，何以励人？宜令京兆府，所有军巡捉获劫贼，便须支给赏钱"⑤。僖宗乾符六年（879）四月，西川节度使崔安潜到任后，"出库钱千五百缗，分置三市，置榜其上曰：'有能告捕一盗，赏钱五百缗。盗不能独为，必有侣，侣者告捕，释其罪，赏同平人'"⑥。此榜果然产生了很好的效果。僖宗中和二年（882）十二月，西川节度使陈敬瑄在武力平定了邛州以阡能为首的作乱后，"榜邛州，凡阡能等亲党皆不问"。但不久邛州刺史却将阡能叔父行全家等三十五人抓捕入狱，并请求依法处理。孔目官唐溪说："公已有榜，令勿问，而刺史复捕之，此必有故。今若杀之，岂惟使明公失大信，窃恐阡能之党纷纷复起矣！"陈敬瑄于是"遣押牙牛晕往，集众于州门，破械而释之"⑦。唐代还通过发布榜文禁止民间私置器械的行为。如，大顺二年（891）四月，唐昭宗敕云："诸道军人，及在京诸司人吏，并不得私置器械。

①周绍良.全唐文新编：第5部第2册［M］.长春：吉林文史出版社，2000：13243.

②司马光.资治通鉴：第九册［M］.北京：中华书局，1956：8154.

③王定保.唐摭言［M］.上海：上海古籍出版社，1978：159.

④李昉，等.文苑英华：五［M］.北京：中华书局，1966：2377.

⑤李希泌.唐大诏令集补编［M］.北京：中华书局，2003：1231-1232.

⑥司马光.资治通鉴：第七册［M］.北京：中华书局，1956：6864.

⑦司马光.资治通鉴：第九册［M］.北京：中华书局，1956：8282.

仍明出文榜晓示"①。

3. 租税课役

为强化对地方的控制，唐朝设置新的经济管理和监察机构巡院，除专门从事经济管理外，监察地方也成为一个重要职能。②如，唐德宗《贞元九年冬至大礼大赦制》中说，因大赦减免的各地赋税，"并委巡院官与观察经略等使计会，审勘定数，分明榜示百姓，仍具申奏"③。咸通八年（867）七月，河南怀州一带发生旱灾，民众到官府诉灾，请求依律减免赋税及获得赈济，但刺史刘仁规罔顾民意且"揭榜禁之"，以致引起民怨，民众"相与作乱"，驱逐刘仁规。④

五代时，后晋为加强对商税征收机构的规范，要求将征收商税的条例张榜公示："应诸道商税，仰逐处将省司各收税条件文牒，于本院前分明张悬，不得收卷。榜内该名目分数者，即得收税"。⑤这样做既可避免商人的偷税漏税，又可杜绝官员巧立名目滥征和贪污枉法。

4. 纯正风俗

唐代政府重视观风俗、宣教化。文宗批准的有司奏言称，对"高髻险妆，去眉开额，甚乖风俗，颇坏常仪"的妆容进行"禁断"，"仍请敕下后诸司及州府榜示，限一月内改革"。⑥针对当时隆丧厚葬之风兴盛，御史台奏请京城文武百官及士庶丧葬之事"酌量旧仪，创立新制"，武宗"令准此条流，宣示一切供作行人，散榜城市及诸城门，令知所守"。⑦之所以"散榜城市及诸城门"，是因为城中集市以及城门是人流密集且流动性极大的场所，便于政务信息的扩散。五代时，后唐庄宗《南郊敕文》对服饰流行奢靡之风予以禁绝，诏令官府"须示条流，冀渐遵守，委所司散下文榜晓谕，御史台及诸道观察纠举违敕"⑧。

---

①王溥.唐会要：下［M］.北京：中华书局，1955：1301.

②李志刚.唐后期巡院的设置及其监察实践［J］.学习与实践，2019（2）：133.

③董诰，等.全唐文：第五册［M］.北京：中华书局，1983：4710.

④司马光.资治通鉴：第九册［M］.北京：中华书局，1956：8119.

⑤晋高祖.御文明殿大赦文［M］//周绍良.全唐文新编：第1部第2册.长春：吉林文史出版社，2000：1333.

⑥王溥.唐会要：上［M］.北京：中华书局，1955：574-575.

⑦王溥.唐会要：中［M］.北京：中华书局，1955：698.

⑧周绍良.全唐文新编：第1部第2册［M］.长春：吉林文史出版社，2000：1211.

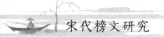

5. 失物招领

唐代对阑遗物即遗失物的处置有相应规定："诸得阑遗物，满五日不送官者，各以亡失罪论；赃重者，坐赃论。私物，坐赃减二等。"①也就是说，拾得遗失物五日内不送官府，要按犯罪严厉惩处。唐《捕亡令》规定，将阑遗物"仍录物色目，榜村坊门，经一周年无人认者，没官"②。《新唐书·百官志》记载："阑遗之物，揭于门外，榜以物色，期年没官。"③即官府须以榜文明示阑遗物的"物色"及处置办法。

6. 医方刊布

将医方公诸天下为古代官府向民间普及医学常识的通用做法。唐玄宗颁布《榜示广济方敕》，诏令郡县长官"就《广济方》中逐要者于大板上件录，当村坊要路榜示。仍委采访使勾当，无令脱错"④。"于大板上件录"也就是在大块的木板上书写榜文，亦即板（版）榜，再悬挂于村坊、要路，这种公文刊布方式带有汉代扁书的遗存。封演《封氏闻见记》记载，白岑"善疗发背，海外有名，而深秘其方，虽权要求者，皆不与真本"。后来，扬州节度使邓景山借白岑入狱之机获得秘方，并"写数十本榜诸路衢，乃宽其狱"。⑤

7. 昌明吏治

官府也常用榜文解释吏民有关争议或易引起各方疑虑的问题。唐开元年间，有人控告巂州都督张审素贪腐，监察杨汪奉朝廷之命详查，结果张审素被处死，籍没其家并令迁徙岭外。数年后，张审素之子张瑝、张琇兄弟各自逃归，并手刃杨汪为父报仇。时人对张氏兄弟给予同情怜悯之心，要求司法从轻论罪，朝中大臣对此也是意见不一。唐玄宗认为："杀人成复仇之志，赦之亏格律之道。然道路喧议，当须告示。"张氏兄弟最后被处以死刑。玄宗诏令"肆诸市朝，宜付河南府告示"⑥，广为宣谕并解释朝廷对案件的判决依据。

唐代地方官员如果违法涉诉，其行事也要被官府"榜示要路"。吐鲁番文书《唐

①长孙无忌，等. 唐律疏议［M］. 上海：上海古籍出版社，2013：444-445.

②钱大群. 唐律疏义新注［M］. 南京：南京师范大学出版社，2007：999.

③欧阳修，宋祁. 新唐书：第四册［M］. 北京：中华书局，1975：1200.

④李希泌. 唐大诏令集补编［M］. 北京：中华书局，2003：959.

⑤封演. 封氏闻见记［M］. 李成甲，校点. 沈阳：辽宁教育出版社，1998：53.

⑥刘肃. 大唐新语［M］. 许德楠，李鼎霞，点校. 北京：中华书局，1984：81-82.

开元间西州都督府诸曹符帖事目历》第 5 行有"官人被讼，榜示要路事"①。徐泗观察使王智兴借机聚敛钱财，"家赀由此累巨万"。浙西观察使李德裕上奏，其中有："徐州观察使近于泗州开元寺置戒坛，从去冬便遣僧人于两浙、福建已来，所在帖榜，召僧尼受戒"，"百姓闻知，远近臻凑"。②穆宗批准了奏章。

（二）榜文内容的来源

从所见史料看，隋唐五代时期榜文内容来源于以下三个方面。

1.皇帝的诏书、赦书、德音

隋代仍有用手写的方式复制皇帝的诏令。如，开皇八年（588），隋朝军队大举攻灭陈朝之前，为鼓舞士气，赢得舆论支持，隋文帝发布伐陈诏书，并"散写诏书，书三十万纸，遍喻江外"③。皇帝的诏敕须以榜文的形式宣示于民间的，一般在诏敕中即有言明。如，唐大历四年（769）十月，连绵秋雨伤害农作物，代宗皇帝颁下《减次年麦税敕》安抚民众，文末有："令在必行，用明大信，仍委令长宣示百姓，并录敕榜示村坊要路，令知朕意"④。会昌二年（842）四月，唐武宗发布的敕文称："诸陵柏栽，今后每至岁首，委有司于正月二月七月八月四个月内，择动土利便之日，先下奉陵诸县，分明榜示百姓，至时与设法栽植"⑤。敕书明确要求对奉陵诸县栽植柏树的时间以榜文的形式公示百姓。

一些赦书、德音也常要向百姓榜示。如，唐穆宗《平汴宋德音》文末云："除同恶巨蠹者，其余一切不问，仍加榜示。如或妄有恐吓言告者，科其反告之罪。"⑥宣宗《平党项德音》云："仍令京兆府各下诸县，散榜乡村要路，晓示百姓，务令知悉……是用覃恩，以慰劳瘁。布告中外，咸使闻知，主者施行。"⑦唐懿宗《咸通七年大赦》对赦书下达民间做出规定："赦书到后，各委本道全写录于县门榜示。"考虑到需告知的"事理繁细，纸数颇多"，担心"乡村百姓，无因得知"，因此"宣令所在长吏，细详各据

---

①陈国灿.斯坦因所获吐鲁番文书研究［M］.修订本.武汉：武汉大学出版社，1997：169.

②王钦若，等.册府元龟：陆［M］.校订本.周勋初，等校订.南京：凤凰出版社，2006：7940.

③李延寿.南史：第一册［M］.北京：中华书局，1975：307.

④董诰，等.全唐文：第一册［M］.北京：中华书局，1983：531-532.

⑤王溥.唐会要：上［M］.北京：中华书局，1955：419.

⑥董诰，等.全唐文：第一册［M］.北京：中华书局，1983：708.

⑦董诰，等.全唐文：第一册［M］.北京：中华书局，1983：850-851.

本处百姓合得免科段，一一竖项作小榜，于要路晓谕，令百姓知悉"。^①德音、敕书以榜文形式公示于众，可以更为方泛地昭示君主恩德。

2.官员（部门）奏疏

朝廷及地方政府官员的奏疏得到皇帝批准后所形成的规章、约束需要百姓知晓的，也以榜文的形式告示天下。唐代后期藩镇势力增强，并凭借税场与中央政府争夺商业利润。文宗时，武宁军节度使薛元赏上奏罢停泗口税场得到文宗皇帝的恩准，"所置当官司所由并罢，委元赏当日榜示"^②。即原先所征税设机构一并裁撤，委派薛元赏将征税情况当日张榜公示于众。武宗时，御史台奏请京城文武百官及士庶丧葬之事，对官员、庶民使用明器的数量、材质予以限制，奏章末有："伏乞圣恩，宣下京兆府，令准此条流，宣示一切供作行人，散榜城市及诸城门，令知所守。如有违犯，先罪供造行人贾售之罪"^③。在城中集市以及城门人流密集且流动性极大的场所散发、张贴政府的榜文，便于更为广泛地传播。

灾荒之年，饥民无食充饥，而有些地方的粮商闭籴不出，哄抬物价。如，咸通七年（866）十月，唐懿宗批准的御史台上奏称："今后如有所在闻闭籴者，长吏必加贬降，本判官录事参军并停见任，书下考。仍勒州县各以版榜写录此条，悬示百姓。每道委观察判官，每州委录事参军勾当，逐月具申闭籴事由申台"。^④采用"以版榜写录""悬示百姓"的措施，更便于相关规定长久有效地为百姓知晓。

此外，应中央机构职能部门所请处置某些事件的奏疏，经皇帝批准后以敕令形式下达并发榜示众，成为必须遵守的国家律令。唐文宗时，中书门下《请禁断称冤越诉奏》称，将贞元二十一年（805）六月六日敕中"诉事人不得越州县台府，便经中书门下陈状"等规定，开元十二年（724）八月二十四日敕中申明不得违法越诉以及对"先自毁伤"和"劖耳者"的处分"连敕榜白兽门"。^⑤这些规定都是承中书门下所请，皇帝准许后以敕令形式榜示全国施行。

---

① 宋敏求.唐大诏令集［M］.北京：中华书局，2008：490.

② 王溥.唐会要：下［M］.北京：中华书局，1955：1547.

③ 王溥.唐会要：中［M］.北京：中华书局，1955：698.

④ 王溥.唐会要：下［M］.北京：中华书局，1955：1636.

⑤ 董诰，等.全唐文：第十册［M］.北京：中华书局，1983：10037-10038.

3. 中央机构、地方官府及军队日常政务的政（军）令的通告

中央机构、地方官府及军队依据政（军）务的需要以榜文形式发布政（军）令、通告，以便民众、士卒了解、执行。唐文宗时，李德裕自西川入朝为相，"视事之日，令御史台榜兴礼门。"①唐懿宗时，温庭筠主持贡举，为"以明无私"而发布《榜国子监》，末署"咸通七年十月十六日试官温庭筠榜"。②此为国子监榜文。

地方官府出榜示众的史实也有很多。如，卢士琼任职同州时，刺史欲将因朝廷调整粮价而多收的官税钱全部上缴官府，卢士琼认为"圣泽本以利民，民户知之，不可以独享"，而要让利于民。刺史听从他的建议，"乃悬榜晓民，使请余价，因以绢布高给之，民亦欢受，州获羡钱六百万"③。将相关事项悬榜告知民众实情，百姓获得实惠，地方官府不仅得到了赋税的盈余，更获得了民心。敦煌文书中也有地方官府出榜的记载。敦煌文书（P.2979）《唐开元廿四年岐州眉县县尉牒判集》有："往来请无拥塞，粟麦交易，自可通流，准状仍榜军州，切勒捉搦，少有宽许，当按刑书。"④敦煌文书（P.3078）中对充府兵提出要求，其文末亦谓："辄违此约，或有严科。恐未遍知，因以告谕，仍榜示"⑤。

此外，唐代军队也使用榜文发布各种告示与命令。如，朱泚叛乱，"奉天所下赦令，凡受贼伪官者，破贼日悉贷不问，官军密榜诸道"⑥。官军将朝廷免除伪官罪行的赦令秘密张榜公布于叛军所在地区，可以起到瓦解军心的作用。

（三）榜文的类型

1. 敕榜

敕榜是张榜示众的皇帝的诏敕。以榜文的形式榜示朝堂、下发至州县乃至乡村的诏敕，是中央机构及地方官府推行政务的指导性文书。敕书行下州县成为敕榜均须"录

①钱易. 南部新书［M］. 北京：中华书局，1985：72.

②周绍良. 全唐文新编：第4部第2册［M］. 长春：吉林文史出版社，2000：9371.

③李翱. 故河南府司录参军卢君墓志铭［M］//董诰，等. 全唐文：第七册. 北京：中华书局，1983：6455.

④国家图书馆善本特藏部. 王重民向达所摄敦煌西域文献照片合集［M］. 北京：北京图书馆出版社，2008：4454.

⑤国家图书馆善本特藏部. 王重民向达所摄敦煌西域文献照片合集［M］. 北京：北京图书馆出版社，2008：4454.

⑥欧阳修，宋祁. 新唐书：第二十册［M］. 北京：中华书局，1975：6447.

敕", 即抄录敕书而成为榜文。法藏敦煌文书（P.3078/S.4673）《神龙散颁刑部格》残卷中收有关告密刑罚的规定："但有告密, 一准令条。受告官司, 尽理推鞠……仍令州县录敕, 于所在村坊、要路榜示, 使人具知, 勿陷人罪。"① 唐懿宗《咸通八年痊复救恤百姓僧尼敕》中要求："此敕到, 仰所在州县写录敕榜于州县门, 并坊市村间要路"②。"令州县录敕""仰所在州县写录敕榜", 即是要求州县将朝廷的敕文抄录成榜文在村坊、要路公示。而敕榜在乡村一级传播的具体情形, 在白居易《杜陵叟》诗中可见一斑："白麻纸上书德音, 京畿尽放今年税。昨日里胥方到门, 手持敕牒榜乡村。十家租税九家毕, 虚受吾君蠲免恩！"③ 敕牒是诏书的一种, 属于以皇帝名义发布的"王言"。《新唐书·百官志》曰："凡王言之制有七: 一曰册书, 立皇后、皇太子, 封诸王, 临轩册命则用之……七曰敕牒, 随事承制, 不易于旧则用之。"④ 将敕牒抄写进而公之于众即成为敕榜。

五代时敕榜仍在政务中使用。如, 后周太祖广顺二年（952）正月, 兖州行营上言："十八日至任城, 唤得县令胡延禧分付敕榜, 招安百姓"⑤。同年, 归德节度使兼侍中常思入朝, 不久改任平卢节度使。常思就任前上奏说："臣在宋州, 举丝四万余两在民间, 谨以上进, 请征之。"太祖"敕榜宋州, 凡常思所举悉蠲之"⑥。

2. 进士榜

唐代用以公示科举进士高中者名单的榜文称作进士榜。《唐会要》载, 大中元年（847）正月敕："自今放进士榜后, 杏园任依旧宴集, 所司不得禁制"⑦。是年二月, 宣宗颁敕："有司考试, 只在至公, 如涉请托, 自有朝典。今后但依常例放榜, 不得别有奏闻"⑧, 从而赋予进士榜以最高权威。进士榜的形式及公布情形大致是："进士榜头, 竖粘黄纸四张, 以毡笔淡墨衮转书曰'礼部贡院'四字";"进士旧例, 于都省御考试, 南院放榜, 张榜墙乃南院东墙也, 别筑起一堵高丈余, 外有墙垣, 未辩色, 即自北院将榜就南院

①神龙散颁刑部格残卷［M］//王斐弘.敦煌法论.北京: 法律出版社, 2008: 232-233.
②宋敏求.唐大诏令集［M］.北京: 中华书局, 2008: 65.
③朱金城.白居易集笺校: 一［M］.上海: 上海古籍出版社, 1988: 223.
④欧阳修, 宋祁.新唐书: 第四册［M］.北京: 中华书局, 1975: 1210.
⑤王钦若, 等.册府元龟: 肆［M］.校订本.周勋初, 等校订.南京: 凤凰出版社, 2006: 4835.
⑥司马光.资治通鉴: 第十册［M］.北京: 中华书局, 1956: 9495.
⑦王溥.唐会要: 下［M］.北京: 中华书局, 1955: 1385.
⑧刘昫, 等.旧唐书: 第二册［M］.北京: 中华书局, 1975: 617.

张挂之"①。

3. 长名榜

唐朝吏部铨选官员时公布被放选人名单的榜文称作长名榜。封演《封氏闻见记》："高宗龙翔（一作朔）之后，以不堪任职者众，遂生长榜，放之冬集，俗谓之'长名'。"②唐代铨选一般从先一年十月开始至次年三月结束，称之为选限，即铨选的时间规定。但由于疆土辽阔，交通不便，边远地区选人赴京参选非常仓促。玄宗时，吏部尚书裴光庭建议："文武选人……比团甲已至夏末，自今以后，并正月三十日内团甲，二月内毕"③。这样虽缩短了选期，但因增加了吏部工作人员的工作压力遭到反对。第二年，大臣萧嵩就奏请依照旧历实施。文宗时，中书门下奏请对铨选制度进行改革，"比缘今年三月，选事方毕，四月以后，方修来年格文，五月颁下，及到远地，已及秋期。今请起今月与下长格，所在州府，榜门晓示"④。"榜门晓示"是铨选政务公开的有效措施。

4. 使榜

中唐以来，节度使、观察使等地方官员在政治生活中占据了举足轻重的地位，而发布榜文则是他们处理军政事务的重要手段之一。敦煌文书中有节度使发布的"使榜"，如《使榜》（P.2598V）："使榜：常年正月廿三日为城隍攘灾却贼，于城四面安置白伞法事道场者，右敦煌一郡，本以佛法拥护人民，防问安伞之日，多有无知小儿捉弹弓打运花，不放□事，兼有打□僧及众人，眼目伤损，今周晓示，切当弊断。仍仰都虞侯及□□□（虞侯领）兵捉护，具名申记。□□□□人便置日□□面定供俱□者，恐众不□故令榜示。正月廿三日榜。〔敕归义军节度使兼御史〕大夫□□□。"⑤儿童打弹弓扰乱道场，伤人眼目，归义军衙署不得不出面制止，并专门贴出告示。

此外，唐代榜文除了普遍应用于行政系统之外，军队也会以发布榜文来传达公告与命令，其所约束、晓谕的对象范围限于所统帅军队的将士。

---

① 王定保．唐摭言［M］．上海：上海古籍出版社1978：159.

② 封演．封氏闻见记［M］．李成甲，校点．沈阳：辽宁教育出版社，1998：11.

③ 王溥．唐会要：下［M］．北京：中华书局，1955：1355.

④ 董诰，等．全唐文：第十册［M］．北京：中华书局，1983：10040.

⑤ 上海古籍出版社，法国国家图书馆．法藏敦煌西域文献：第16册［M］．上海：上海古籍出版社，2001：187.

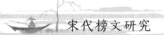

（四）榜文的载体

榜文的载体即承载榜文内容的纸张、木板（版）、粉壁（墙壁、厅壁）以及石碑等物质形态，与榜文所具有的传播效果关系密切。

1. 纸张

唐代初期，制敕用白纸书写；至高宗时，制敕改用黄纸书写，是为定制。黄纸又分为黄麻纸、黄藤纸等。虽同样用黄纸，也由纸质区分体制轻重，相较而言黄藤纸"其礼又降于黄麻矣"①。而官员进奉文状用白纸，以示区别。贞观初，进士榜用的是纸质榜文："进士榜头，竖黏黄纸四张，以毡笔淡墨衮转书曰'礼部贡院'四字"②。刘禹锡《同乐天和微之深春二十首》中有："何处深春好，春深唱第家。名传一纸榜，兴管九衢花。"③以"纸榜"代指高中进士。

《唐六典》对诏令所使用的纸张有明确规定。武周天授元年（690），"以避讳，改诏为制。今册书用简，制书、劳慰制书、发日敕用黄麻纸，敕旨、论事敕及敕牒用黄藤纸，其赦书颁下诸州用绢"④。王溥《唐会要》记载，玄宗开元十三年（725）十月，"始用黄麻纸写诏"；至肃宗上元三年（762）闰三月，"诏制敕并用黄麻纸"⑤。可以想见，唐代用纸书写榜文已习以为常。

2. 木板（版）

在木板（版）上书写榜文，或将书写在纸上的榜文贴在木板（版）上，再悬挂、竖立于街市、村坊及要路等处，这就是所说的版榜，其优长在于醒目易识且移动方便。版榜在隋唐中央政府的日常政务中经常用到。隋朝建立后，隋文帝采取了一系列措施强化中央集权。在经济上整顿货币积弊，规定以标准的五铢钱通行全国，并通过立法推行使用。开皇十年（590），隋文帝"乃下恶钱之禁。京师及诸州邸肆之上，皆令立榜，置样为准。不中样者，不入于市"⑥。所谓"立榜，置样为准"，即是树立版榜，将样

①程大昌.演繁露［M］//景印文渊阁四库全书本：第852册.台北：台湾商务印书馆，1986：101.

②王定保.唐摭言［M］.上海：上海古籍出版社，1978：159.

③刘禹锡.同乐天和微之深春二十首［M］//陶敏，陶红雨.刘禹锡全集编年校注：上.长沙：岳麓书社，2003：483.

④袁文兴，潘寅生.唐六典全译［M］.兰州：甘肃人民出版社，1997：283.

⑤王溥.唐会要：中［M］.北京：中华书局，1955：927.

⑥魏徵，等.隋书：第二册［M］.北京：中华书局，1973：692.

钱固定在上面，便于百姓辨认。①

五代也继承了唐代吏部铨选的一些做法。后晋开运三年（946）四月，吏部侍郎王易简在奏疏说："伏见礼部贡院逐年先书板榜，高立省门，用示举人，俾知状样"。由于"选门格敕条件，具存藩府"，"选人自诣京都，亲求解样，往来既苦，已堪悯伤，传写偶差，更当驳放"。为此，王易简提出："臣欲请选人文解，委南曹详定解样，兼备录长定格，取解条例，各下诸州，如礼部贡院板样书写，立在州县门，每遇选人取解之时，各准条件遵行，仍依板样给解"。② 即仿照礼部贡院的做法，将南曹审定的文解样式书写于板，竖立在州县门，供选人取解时参考。

版榜也用于唐代州县地方官府内相关规定的公示。李翱任职河南府时与同列林司录之间发生的"黄卷之争"，涉及版榜之制。李翱《劝河南尹复故事书》记述道："河南府版榜县于食堂北梁，每年写黄纸，号曰黄卷。其一条曰：'司录入院，诸官于堂上序立，司录揖，然后坐'。"又云："（近）八九年来，司录使判司立东廊下，司录于西廊下得揖，然后就食，而板条黄卷则如故文焉。"按照唐代行政管理制度，在州府诸司中，以司录参军有纠举六曹的职责，职位非常重要。州府判司会食食堂，是司录纠举六曹过失的一种仪式。依照故事，应当按黄卷所规定的程式，即"司录入院，诸官于堂上序立，司录揖，然后坐"。而河南府林司录却擅改故事，"使判司立东廊下，司录于西廊下得揖，然后就食"。李翱认为，改变故事与黄卷所载的旧礼有悖，最终获得前尹的支持。其中前尹批示"黄卷有条，即为故事，依榜"，③ 说明高悬于河南府食堂北梁的版榜上的黄卷具有法律效力。

3. 粉壁、厅壁、榜壁

粉壁即经过粉饰后的墙壁，唐五代文人雅士多在上面题诗。同时，粉壁因其便于书写且醒目易识，官府常用来作为公布法律、政令的载体。这是汉代官府在题壁上公布诏令文书做法的延续。

---

① 也有人认为，"所谓'立榜'，即设立榜文，然后将官方所制订的新钱式样，悬挂置于其上，以便检验市面上的流通钱币，是否为私造的伪币"。连启元《宋明以来官方讯息传播的演变》，载杭州市社会科学院、浙江大学历史系《第三届海峡两岸"宋代社会文化"学术研讨会论文集》，浙江大学出版社 2013 年版，第 172 页。

② 王易简.请颁示文解板样奏［M］//周绍良.全唐文新编：第 4 部第 4 册.长春：吉林文史出版社，2000：10881.

③ 董诰，等.全唐文：第七册［M］.北京：中华书局，1983：6420-6421.

　　唐代常见在粉壁、厅壁和榜壁上公布诏令、律条等官府文告。粉壁常设于人群流动大的地方。如，王建《原上新居十三首》中有："门前粉壁上，书著县官名"①。此处的"门前"，指的是城门前。官署的墙壁常有书题，用以备忘、劝诫等，此所谓厅壁，即官厅之壁。太宗贞观二年（628）七月敕旨云："宜委诸曹司，各以本司杂钱，置所要律令格式，其中要节，仍准旧例，录在官厅壁。"②睿宗文明元年（684）四月敕云："律令格式，为政之本。内外官人退食之暇，各宜寻览。仍以当司格令书于厅事之壁，俯仰观瞻，使免遗忘。"③其中的"厅事之壁"即是厅壁，专门针对官吏而设，便于他们俯仰观瞻、记诵各种政令律法条文。大中四年（850）七月，因为"年代遐旷，屋壁改移，文字不修，瞻仰无所"，大理寺卿刘濛奏称："臣已于本寺厅粉壁，重写律令格式、敕旨，尚书省郎官，亦委都省检勘，依旧抄撮要，即写于厅壁。"④日常办公厅堂的墙壁上面的文字官员举目可见，将"当司格式""律令格式"题写于此，使官员在进退之暇、俯仰之间皆可闻览，进而做到随时自省，以便于政务的施行。

　　这一做法在五代时期依然存在。后唐明宗颁下诏敕，将律令、格式、《六典》"令百司各于其间录出本局公事，具细一一抄写，不得漏落纤毫，集成卷轴，兼粉壁书在公厅"，并"限两月内抄录及粉壁书写须毕"。⑤其后末帝又重申以上诏书："自敕下至今累年，如闻诸司或以无廨宇处，并未书写施行，宜令御史台差两巡使分巡百司局以闻。如因事未办处，与限五日须抄录，依元敕指挥。其诸道州县亦有《六典》内合行公事条件，抄录粉壁，官吏常宜观省。"⑥明宗、末帝敕令官署抄录法律条令，并限期书写于粉壁，其目的在于敦促官员熟悉法令律条，方便处理各类案件。

　　经常书写、粘贴榜文的墙壁或也称榜壁。后唐明宗《即位赦文》对赦书发布提出要求："赦书所至，仰三司诸道，丁宁宣布，限一月内，便须施行，不得遗漏条件。仍于要路榜壁，贵示众多。"⑦《赦宥系囚敕》也要求"所降德音节文，仰三京诸道分明

　　①彭定求，等.全唐诗：柒［M］.延吉：延边人民出版社，2004：1832.

　　②王溥.唐会要：中［M］.北京：中华书局，1955：706.

　　③王溥.唐会要：中［M］.北京：中华书局，1955：705.

　　④王溥.唐会要：中［M］.北京：中华书局，1955：1150-1151.

　　⑤王溥.五代会要［M］.上海：上海古籍出版社，1978：161.

　　⑥董诰，等.全唐文：第二册［M］.北京：中华书局，1983：1152-1153.

　　⑦周绍良.全唐文新编：第1部第2册［M］.长春：吉林文史出版社，2000：1287.

宣布于要害道路榜壁，不得漏落"①。粉壁、榜壁等墙壁常常用于发布政令，因此，"挂墙壁"用以比喻官府文书所记载的政令搁置不行。如，陈子昂在《上军国利害事》中说："陛下布德泽，下明诏，将示天下百姓，必待刺史、县令为陛下谨宣之。故得其人，则百姓家见而户闻；不得其人，但委弃有司而挂墙壁尔"②。

唐五代时期朝廷官府也在州县的村坊要路、驿铺、津渡以至山谷、道口等地设立粉壁，用以颁布诏敕。如，唐中宗制定的《散颁刑部格》，对密告罪的判定"仍令州县录敕，于所在村坊要路榜示，使人具知，勿陷人罪"。③后唐明宗为安置流民，颁布《放免岐延等州税钱敕》，免除应、秦、岐、延等州府所欠的夏秋税赋、诸色钱物等，避免"自前每降敕书，稍关除放，颇淹行遣，转急征催，物已输官，人方见榜"的做法，并要求"今后敕到，画时晓谕所管，仍勒要路粉壁晓示"。④后晋高祖发布《招抚流亡官健敕》召民复业，其末云："委逐处长吏遍下管内，令于山谷道口津渡，如法粉壁晓谕，仍不任差人四向专切招携，如是不能悛改、尚务结集者，委逐处差兵掩杀"⑤。

4.石碑

古代有以石碑作为公文载体。相较于木板（版）、纸张和粉壁等，石碑镌刻公文具有厚重典雅、历时久长、流传范围更广等特点，更能体现公文的权威性和严肃性，也极大地强化了公文的功能。同时，经官府许可、授权而将相关榜文刊刻于碑石，常须严格照录榜文正本格式、文字等信息，属于榜文副本，为公文程式的研究提供了原始材料。

将榜文刻于碑石，是对书于粉壁的法律条令因自然风化而文字漫漶不清、难以传播久远这一缺陷的有效弥补。大中四年（850）七月，唐宣宗批准的大理卿刘濛的条疏云："古者悬法示人，欲使人从善远罪，至于不犯，以致刑措。准大和二年十月二十六日刑部侍郎高鍇条疏，准勘节目一十一件，下诸州府粉壁书于录事参军食堂，每申奏罪人，须依前件节目。岁月滋久，文字湮沦，州县推案，多违漏节目。今后请下诸道，

---

①周绍良.全唐文新编：第1部第2册［M］.长春：吉林文史出版社，2000：1243-1244.

②陈子昂.陈子昂集［M］.徐鹏，校点.上海：上海古籍出版社，2013：208.

③神龙散颁刑部格残卷［M］//王斐弘.敦煌法论.北京：法律出版社，2008：232-233.

④董诰，等.全唐文：第二册［M］.北京：中华书局，1983：1137-1138.

⑤周绍良.全唐文新编：第1部第2册［M］.长春：吉林文史出版社，2000：1316.

令刻石置于会食之所，使官起坐观省，记忆条目，庶令案牍周详"。[1] 条疏内容所涉为官员断狱判案、申奏罪人方面的程序规范，因此高锴建议先是将法令书写于录事参军食堂的粉壁，便于官员诵记，以备办案之需；后为避免粉壁"岁月滋久，文字湮沦，州县推案，多违漏节目"，刘濛奏请将这些规范刻于石，安放在官员聚餐的地方，使官员"起坐观省，记忆条目"，不致遗忘。

（五）榜文的刊布空间

1. 白兽门、兴礼门

古代的宫门、衙门等不仅是人居建筑的构成部分，更是权力的象征，进而也是各类信息传播、扩散的中心。因此，唐代的宫门、城门和衙门等成为榜文发布的最佳场所，许多重要的榜文须在此处张贴、张挂而使其内容四处流播。

唐王朝对割耳劓面的习俗多次下令禁止。如，开元十二年（724）八月敕："比来小有诉竞，即自刑割。自今以后，犯者先决四十，然后依法勘当。"对自残的"诉竞"人先决杖然后依法惩处。文宗大和八年（834）二月，中书门下的奏疏称，将以上诏敕与贞元二十一年（805）六月"诉事人不得越州县台府，便经中书门下陈状者"的敕书，"请连敕榜白兽门，如进状又劓耳者，准前敕处分"。[2] 这里的"连敕"榜文是指承中书门下所请、皇帝批准的再一次申明不得违法越诉的前敕。至于敕榜所出之白兽门，据《资治通鉴》记载："白兽门即白兽闼……与玄德门皆通内诸门之数"[3]。将禁止自刑自诉的敕榜张贴（或树立版榜）于白兽门，或许是因为诉事者常于此门自刑投状，榜示于此即可警示自刑诉事之人。

兴礼门是唐长安大明宫含元殿宣政门外廊的横门。宣政门外廊的两端有南北向横廊，上面各开一横门，东名齐德门，西名兴礼门，是进入宣政殿外东西侧宫内官署区的通道。[4] 唐文宗时，李德裕拜相，"视事之日，令御史台榜兴礼门：'朝官有事见宰相者，皆须牒台。其他退朝从龙尾道出，不得横入兴礼门'"[5]。"须牒台"即事先需要呈报

① 刘昫，等. 旧唐书：第二册 [M]. 北京：中华书局，1975：627.

② 董诰，等. 全唐文：第十册 [M]. 北京：中华书局，1983：10037-10038.

③ 司马光. 资治通鉴：第七册 [M]. 北京：中华书局，1956：6645.

④ 傅熹年. 中国古代建筑史（第二卷）：两晋、南北朝、隋唐、五代建筑 [M]. 北京：中国建筑工业出版社，2001：376.

⑤ 钱易. 南部新书 [M]. 北京：中华书局，1985：72.

御史台。唐代皇帝临朝多在大明宫中轴线上的三大殿，散朝后官员经龙尾道往南出宫。按照旧制，两省的官员若无公事是不应谒见宰相的。李德裕命御史台在兴礼门张榜，其目的在于禁止朝官私谒宰相的行为。

2. 要路

要路即交通要道，是人流密集、流动量大的地方，因此也是官府榜文、告示发布的重要地点。唐高宗时，狄仁杰出使到岐州，"遇背军士卒数百人，夜纵剽掠，昼潜山谷，州县擒捕系狱者数十人"。狄仁杰"乃明榜要路，许以陈首。仍出系狱者，廪而给遣之"。① 为了保证粮食的收益，唐政府将未成熟的庄稼也列入禁卖物品，"如非成熟，不得辄刈，犯者量决四十"，并将此规定"榜示要路，咸使闻知"。② 懿宗在《即位赦文》中要求："仍令所在场盐院及州县，于要路分明悬榜示人户，俾令知悉。"③ 出榜立于要路便于百姓知悉。

3. 村坊、乡间、坊市

村坊即乡村、坊巷（市）的合称，也是庶民的聚集区。唐初实行村坊制，村坊分立。"在邑居者为坊，在田野者为村。"④ 村坊因人群聚居，成为榜文公示的必选场所。《新唐书·食货志》有："凡税敛之数，书于县门、村坊，与众知之。"⑤ 乡间与村坊同义。唐代宗《减京兆府秋税制》中有云："仍委京兆尹及令长，明申诏旨，分榜乡间，一一存抚，令知朕意。"⑥ "分榜乡间"就是在乡村和间里出榜示众。

唐代实行坊、市分置，坊是居民区，市是集中贸易之所。针对官吏失职而导致"惊扰士庶，官吏不修其法"的现状，肃宗颁布《安辑京城百姓敕》，"委京兆尹兼御史大夫李岘勾当，诸使检括，一切并停，妄有欺夺，宜即推捕奏闻。仍榜坊市，务令安辑，副朕之意焉"。⑦ 穆宗时，朝廷对官吏经商风气屡禁不止后做出让步，规定"应属诸军诸使司人等在村乡及坊市店铺经纪者，宜与百姓一例差科，不得妄有影占"⑧。即让所

① 刘肃.大唐新语［M］.许德楠，李鼎霞，点校.北京：中华书局，1984：63-64.

② 董诰，等.全唐文：第一册［M］.北京：中华书局，1983：363.

③ 董诰，等.全唐文：第一册［M］.北京：中华书局，1983：892.

④ 刘昫，等.旧唐书：第六册［M］.北京：中华书局，1975：2089.

⑤ 欧阳修，宋祁.新唐书：第五册［M］.北京：中华书局，1975：1343.

⑥ 李昉，等.文苑英华：五［M］.北京：中华书局，1966：2200.

⑦ 宋敏求.唐大诏令集［M］.北京：中华书局，2008：602.

⑧ 宋敏求.唐大诏令集［M］.北京：中华书局，2008：11.

有官吏所开店铺和百姓一样服差役纳赋税，这里村乡、坊市对举，不能相混。懿宗《咸通八年疢复救恤百姓僧尼救》文末有："此救到，仰所在州县写录救榜于州县门，并坊市村间要路。"① 政令榜示场所兼顾于坊市、村间和要路，是广泛而有效的传播方式。

4. 铺驿

铺驿是古代官府为递送公文的人员提供交通工具和食宿的机构，也是官吏在此聚散、流动的场所。长兴二年（931）五月，后唐明宗戒饬内外臣僚不可接受请托、妄荐公人的救文，要求："兼救到后，但是州府，并于铺驿及显要处粉壁，具录救命晓谕，常令申举，永使闻知"② 这道救文是针对"内外臣僚"的，因而要在"铺驿及显要处"通过粉壁来"具录救命"。

（六）唐五代时期的告示

唐五代皇帝诏书中常出现的"告示"一词一般有以下两种含义。

1. 指公文公开发布的方式

唐玄宗《饬州县承救宣示百姓诏》："凡制令宣布，皆所以为人。如闻州县承救，多不告示百姓，咸使闾巷间不知旨意，是何道理？宜令所由捉搦，应有制救处分事等，令终始勾当，使百姓咸知。"③ 由此可见，州县接到救令"告示百姓"应是常态。唐僖宗《改元中观为青羊宫诏》："须传简册，兼示寰区，以付史官，备令编录。仍模勒文字，告示诸道及军前。"④ 后唐明宗《申明长兴二年救录写律令格式六典诏》云："今后宜令御史台每至正初具录前后救文，告示诸司及州府，永为常式。"⑤ 以上史料中的"告示"指代公文发出的方式是公开告知吏民，分别是指"州县承救"要向百姓公开告知、"模勒文字"须向"诸道及军前"告公开告知以及御史台录写的"前后救文"要向"诸司及州府"公开告知。

唐代也有以"晓示""颁示"等词表达官府文书告示民众之意。如，元和初，元稹弹劾山南西道节度使严砺擅自"于两税之外加征钱、米及草等"，中书门下牒御史台对严砺给予处置："奉救……'其加征钱、米、草等，亦委观察使严加禁断，仍晓示村乡，

① 宋敏求 . 唐大诏令集［M］. 北京：中华书局，2008：65.

② 王溥 . 五代会要［M］. 上海：上海古籍出版社，1978：391.

③ 董诰，等 . 全唐文：第一册［M］. 北京：中华书局，1983：335.

① 董诰，等 . 全唐文：第一册［M］. 北京：中华书局，1983：914.

⑤ 董诰，等 . 全唐文：第二册［M］. 北京：中华书局，1983：1152-1153.

使百姓知委'"[1]。武则天圣历初年，突厥来犯，赵州刺史高睿率将士抵抗致死。武则天颁下制书："故赵州刺史高睿，狂贼既至，死节不降……赏罚既行，须敦惩劝，宜颁示天下，咸使闻知。"[2]

2.指代"告示"文书本身

唐朝政府为保持经济流通中必要的货币数量，鼓励采铜铸钱。唐宪宗发布《禁采银坑户令采铜助铸诏》，其中云："今欲著钱令以出滞藏，加鼓铸以资流布，使商旅知禁，农桑获安……应天下商贾先蓄见钱者，委所在长吏，分明晓谕，令收市货物……计周岁之后，此法遍行，朕当别立新规，设蓄钱之禁。所以先有告示，许其方圆，意在他时，行法不贷"[3]。这里的"告示"指的就是"委所在长吏，分明晓谕"的相关内容，但"告示"尚未成为一种公文名称。

总体而言，隋唐五代时期榜文、告示由单一的诏令、法律传布逐渐扩展到诸如科举铨选、社会治安、税收征稽、纯正风俗、失物招领、医方刊布、昌明吏治等政务活动中需要公开告示的事项，涉及国家治理的诸多方面，榜文也因此成为官府处理各项政务继而发布政令、指导百姓士卒行动的重要媒介和工具。皇帝的诏书及官府公文中对榜文公示的地方提出明确要求，而不像隋之前诏书中所说的仅为"布告天下""告示天下"那样笼统的套语。榜文虽并非唐代《公式令》中规定的下行公文文种，但就政事发布榜文、告示已经习以为常。此时出现了以"榜（文）"命名的敕榜，如，唐玄宗《榜示广济方敕》、梁太祖《褒裴迪榜文》、周太祖《榜谕宋州敕》、后蜀主孟知祥《起兵西川示诸州榜》《收阆州示西川榜》《收下夔州并黔南榜》等，这些榜文在公文程式的外在形式上体现出规范文种阶段的若干特点。如，复原的唐《赋役令》50条："诸租、调及庸、地租、杂税，皆明写应输物数及应出之户，印署，榜县门及村坊，使众庶同知"[4]。"印署"，即每张榜文中都有官员签署名字且加盖官印，显示其官府榜文的公文性质。榜文的拟写、发布逐渐被纳入日常政务管理范畴中，并形成与之相应的规章制度。这些均为宋代榜文的进一步发展奠定了基础。

---

①元稹.元稹集：上册［M］.冀勤，点校.北京：中华书局，1982：425.

②刘昫，等.旧唐书：第十五册［M］.北京：中华书局，1975：4877.

③董诰，等.全唐文：第一册［M］.北京：中华书局，1983：641.

④李锦绣.唐赋役令复原研究［M］//天一阁博物馆，中国社会科学院历史研究所.天一阁藏明钞本天圣令校证（附唐令复原研究）：下册.北京：中华书局，2006：473.

第二章

宋代榜文的公文程式、内容来源、晓谕对象及发布、违规与处罚

古代公文在各个官僚衙门之间的流转是行政运作过程的具体体现。对于古代封建政府而言，"对文书和档案的利用程度，代表了官僚制度的发展水平，行政的书面化可以大大提高精密性、规范性和可靠性"[①]。宋代"行政的书面化"体现之一的榜文文书，无论从文面各种形式要素，还是从内容的逻辑结构都具有程式化的特征。同时，宋代榜文文书的内容来源、晓谕对象以及榜文文书的发布、违规与处罚等都与前代不同。

第一节　宋代榜文的公文程式

宋代皇帝的敕榜、中央机构及地方官府榜文虽有行政层级的差别，但尚有一些普遍、共通的格式和规范，也就是公文的程式性特征。这是包括榜文在内的公文所具有的工具性、应用性本质决定的。榜文的程式性特征不仅体现在形式上，也反映在榜文的内容表达中。

一、榜文的表层程式

（一）公文的表层程式

公文有别于其他文体的一大特点是公文程式。民国时期政府曾多次颁布《公文程式令（条例）》，因此"公文程式"这一概念在当时的公文研究中频频出现，但学者在公文程式的形式与内容的理解上有差异。[②] 如，徐望之在《公牍通论》中认为："公文者，

---

①吴宗国.中国古代官僚政治制度研究 [M].北京：北京大学出版社，2004：48.

②袁晓川.民国时期"公文程式"解读 [J].档案学通讯，2013（2）：4.

为意思表示于一定程式之文书也。凡以文字表示意思，不得称之公文；必以一定之程式，所制成之文书，始得谓之公文"①。《公牍通论》专门就作为"要式之文书"的公文的程序、形式的重要性做了如下说明。

> 公文为要式之文书，故其程序、形式，最关紧要。如有误漏，收文机关自有拒绝接受之权。如有奸伪，收发机关均有根究检举之权。公文之不合式或伪造者，收文机关最当注意，如来文之机关名称，以及其印篆，印色，形式之大小，时日之远近，编号之次序，甚至监印，校对之姓名，皆应一一查阅，以资凭信。有一不合，即属疑问，此公文之所以为要式之文书者，此也。②

此外，也有学者认为公文程式即公文文种本身的程式。如，认为公文程式即公文撰拟的体例："公文者，各官署与官署间及人民与官署间表示意思之文书也。程式者即此项公文书之撰拟体例，盖承转往复，须有一定之规程之方式也"③。也有人认为："程式二字，就是规程款式"，"公文程式条例所规定的规程款式，即不外上行文的形式体制，该怎样怎样。平行文的形式体制，该怎样怎样。下行文的形式体制，该怎样怎样"。④也有观点认为，公文程式的内容包括公文本体和公文程式两个方面，公文程式的内容归纳起来分为本体方面、程式方面、标点方面三部分。其中，若将标点视为本体的一部分，那么此处公文程式的内容就包括本体和程式部分。⑤

由此看出，公文有别于其他文章的一大特点就是公文程式。"公文程式也称公文格式，是公文内容各部分的逻辑结构和文面各种要素的布局。公文程式的有无，是应用文区别于其他文章的重要特征；格式的严格、规范与否是公文区别于其他应用文体的重要标志。"⑥具体而言，公文程式既表现于语言的、公文文面各要素所构成的直观的、外在的形式特征（可称之为表层程式），也表现为由逻辑关系决定的公文内容的起承转

---

①徐望之.公牍通论[M].北京：档案出版社，1988：3.

②徐望之.公牍通论[M].北京：档案出版社，1988：176.

③韦维清.新旧公文程式合述[M].上海：上海法政书局，1934：1.

④戴渭清.新式标点公文程式[M].上海：上海大众书局，1933：4.

⑤董浩.标点公文程式[M].上海：会文堂新记书局，1934：1.

⑥胡元德.古代公文程式解析[J].档案与建设，2008（2）：5.

合所形成的逻辑结构的程式化特征（可称之为深层程式）。公文的表层程式和深层程式互为表里、缺一不可，公文程式可谓是公文表层程式和深层程式两个层面的统一。

（二）宋代榜文的表层程式

公文程式常以外在形式表现出来，榜文亦是如此。但是，宋代除敕榜、赦书等有相应严格的收储制度外，其他榜文是中央机构、地方官府就具体事项面向吏民发布的含有指令、晓（戒）谕等内容的下行文书。此类文书事过则废，长久保存的意义不大，但也正由于这一点，保存了文体格式的"原汁原味"的宋代榜文荡然无存。而宋人官方文书汇编及文人别集等收录的榜文也已失去榜文程式的原貌，我们很难从中看到格式规范、内容完整的榜文。但搜诸史籍，仍可见一些榜文的基本样貌。如，宋代节度使是武将的最高阶官和宗室、文臣以及宰执的加官，无实际的领兵和为政的权力，一般不赴本州府治理政事，"然亦别降敕书，宣谕本镇军民。而为节度使者亦自给榜本镇，谓之'布政榜'"①。王应麟《困学纪闻》中对布政榜的程式有简略的记述："亲王初除，有布政榜，首云：'应某军管内。'尾云：'榜某军。'仍散下。管内，谓所领节镇也。"②方志中也留存了若干节度使榜文，如，宣和四年（1122）遂安庆源军节度使康王《节度使榜》③、宝祐五年（1257）镇南遂安军节度使忠王《节度使榜》④。两篇榜文发布时间相隔一个多世纪，一些公文程式仍有沿袭。谢深甫《庆元条法事类》中记载的"晓示"公文，其中提及如下的榜文程式。

> 某司某事云云。
>
> 右云，晓示云云者。（前列数事，则云"右件"。）
>
> 年月 日书字
>
> 内外官司事应众知者，用此式。用榜者准此。唯年月日下书"榜"字。

① 徐度. 却扫编［M］. 尚成, 校点. 上海：上海古籍出版社, 2012：118-119.

② 王应麟. 困学纪闻［M］. 栾保群, 田松青, 校点. 上海：上海古籍出版社, 2015：553.

③ 陈公亮. 淳熙严州图经［M］// 浙江省地方志编纂委员会. 宋元浙江方志集成：第12册. 杭州：杭州出版社, 2009：5565.

④ 郑瑶, 方仁荣. 景定严州续志［M］// 浙江省地方志编纂委员会. 宋元浙江方志集成：第12册. 杭州：杭州出版社, 2009：5719.

友列位依牒式。①

晓示的开头是发文机关。《庆元条法事类》中这一格式是以从司发出的晓示为例，所以开头写"某司"；晓示下达的对象是"内外官司事应众知者"，即与此事相关的民众，由此晓示形式上的传递路径是由"某司"至民众。"用榜者准此"，即是说榜文的程式依照晓示，与晓示不同之处在于"唯年月日下书'榜'字"与"友列位依牒式"，即签押的官员排列依照公文牒的形式。值得注意的是，晓示与榜文具有大致相同的公文程式，而公文程式是决定公文类别与性质的重要依据。因此，晓示与榜文是同一种公文而被运用在不同事类上的不同称谓。依据谢深甫《宋元条法事类》中所列晓示公文程式，榜文的程式如下。

　　某司
　　　　某事云云。
　　榜示云云者。前列数事，则云"右件"。
　　年　月　日榜。②

榜文与晓示的公文程式大致相同，区别在于年月日后是否书"榜"字。但这一区别标志在镇南遂安军节度使忠王《节度使榜》与下述《知县事榜》中却付阙如。

宋代新官员到任后，通常在街道、市镇乡村等地颁布到任榜，公告到任消息，宣达朝廷政令，旨在宣告新官上任的为政方针。以知县为例，李元弼《作邑自箴》中收录的《知县事榜》的程式为：

　　知县事榜：
　　　　勘会今月日到任，并无亲戚，并门客、秀才及医术、僧道、人力之类随行。
　　窃虑有妄作上件名目之人，在外做过。须至晓示者。
　　　　右出榜某处。如有妄作上件名目之人，起动人户并寺观行铺公人等，仰

---

①谢深甫.庆元条法事类[M]//杨一凡，田涛.中国珍稀法律典籍续编：第1册.哈尔滨：黑龙江人民出版社，2002：350.

②龚延明.宋代官制辞典[M].北京：中华书局，1997：625.

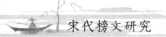
诸色人收捉赴官，以凭尽理根勘施行。各令知委。　年月日。①

目前国内保存榜文程式最早且较为完整的是理宗嘉熙二年（1238）两浙转运司为保护《方舆胜览》版权所发布榜文的"录白"。《方舆胜览》是南宋时祝穆编撰的地理类书，全书共七十卷，主要记载南宋十七路所属府州的郡名、风俗、形胜、土产、山川等，内容十分丰富全面。

宋代雕版印刷已臻纯熟，图书出版繁兴，政府制定出相应的政策、法令以规范图书出版发行活动。如，绍兴十五年（1145）十二月，高宗准许的太学正孙仲鳌上言称："诸州民间书坊收拾诡僻之辞，托名前辈，辄自刊行，虽屡降指挥禁遏，尚犹未革。欲申严条制，自今民间书坊刊行文籍，先经所属看详，又委教官讨论，择其可者许之镂板"②。《绍兴令》明文规定："诸私雕印文书，先纳所属申转运司，选官详定，有益学者听印行。"③绍熙四年（1193）六月，臣僚上言："朝廷大臣之奏议、台谏之章疏、内外之封事、士子之程文，机谋密画，不可漏泄。今乃传播街市，书坊刊行，流布四远，事属未便，乞严切禁止。"对此，光宗"诏四川制司行下所属州军，并仰临安府、婺州、建宁府照见年条法指挥，严行禁止。其书坊见刊板及已印者，并日下追取，当官焚毁，具已焚毁名件申枢密院。今后雕印文书，须经本州委官看定，然后刊行。仍委各州通判专切觉察，如或违戾，取旨责罚"④。此外，叶德辉《书林清话》就专门列有"翻板有禁例始于宋人"条，记载其所藏眉山程舍人宅刻本《东都事略》初刻本目录后长方牌记上有"眉山程舍人宅刊行，已申上司，不许覆板"⑤的字样。以上这些史料说明，宋代已有通过民间出版者提出申请、有司公告的形式来禁止翻版。《方舆胜览》所附"录白"（见图1），即是在"诸私雕印文书，先纳所属申转运司，选官详定，有益学者听

①李元弼.作邑自箴[M]//杨一凡.历代珍稀司法文献：第一册.北京：社会科学文献出版社，2012：60.

②徐松.宋会要辑稿：14[M].刘琳，刁忠民，舒大刚，等校点.上海：上海古籍出版社，2014：8379.

③周郁.黄州雕造《小蓄集》后记[M]//曾枣庄.宋代序跋全编：五.济南：齐鲁书社，2015：3867.

④徐松.宋会要辑稿：14[M].刘琳，刁忠民，舒大刚，等校点.上海：上海古籍出版社，2014：8353.

⑤叶德辉.书林清话[M].北京：中国古籍出版社，1957：33-34.

"印行"的规定下实施的。

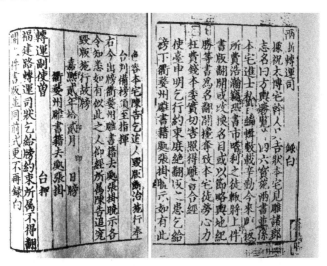

图1　《方舆胜览》嘉熙三年刻本所附《两浙转运司录白》

两浙转运司榜文的"录白"，见于《方舆胜览》最早刻本、现藏日本宫内厅书陵部的祝穆嘉熙三年（1239）刻本的序后。因涉及公文程式，特将此"录白"按原式并加标点迻录如下。

两浙转运司　　　　　　录白

据祝太博宅幹人吴吉状：本宅见雕诸郡

志名曰《方舆胜览》□《四六宝苑》两书，并系

本宅进士私自编辑，数载辛勤。今来雕板

所费浩瀚。窃[印]恐书市嗜[印]利之徒，辄将上[印]件

书版翻开，或改换名目，或以《节略舆地纪

胜》等书为名，翻开换夺，致本宅徒劳心力

枉费钱本，委实切害。照得雕书合经

使台申明，乞行约束，庶绝翻版之患，乞给

榜下衢、婺州雕书籍处张挂晓示，如有此

色，容本宅陈告，乞追人毁版断治施行。奉

台判备榜须至指挥。

右今出榜衢、婺州雕书籍去处张挂晓示，各

令知悉，如有似此之人，仰经所属陈告追究，

毁版施行。故榜。

嘉^印熙贰^印年拾贰^印月 ^印日榜

衢、婺州雕书籍去处张挂

转运副使曾　　　　　　台押

福建路转运司状乞给榜，约束所属，不得翻

开上件书版，并同前式，更不再录白。①

"录白"一词在唐代史料中即有使用。陈寅恪曾指出："唐律不能只作为空文来研究，而应顾及与实际生活的关系。日本仁井田升著有唐令拾遗。日本之养老令与大宝令均系根据唐律拟定的。"②其中提及的日本《养老令》之《关市令》云：

凡行人赍过所及乘驿传马出入关者，（谓：驿子、传子，并无历名，直计人数勘过，即虽有冒度，关司不坐也）关司勘过，录白案记。（谓：凡行人，及乘驿传度关司，关司皆写其过所若官符，以立案记，直于白纸录之，不点朱印，故云录白也。）其正过所及驿铃传符，并付行人自随。仍驿铃传符，年终录目，申太政管（谓：附朝集使申送）总勘。③

又，《令集解》"赍过所"条的逸文云："录白，白纸也"。④根据这两条日令的解释，"录白也就是'写其过所于白纸'之意，此'写'即'写本'、'写白'之写，抄录的意思"。⑤

"录白"即抄写、抄录的含义，在宋代有关文书的文献里也很常见。御药院的职责是侍奉皇帝医药。仁宗时期，为监管礼部贡院在主持科举考试过程中的徇私行为，御药院参与殿试事务。如，神宗给中书门下下诏："令别定御试举人封弥式样送御药院。

---

①祝穆.四六必用方舆胜览 [M]// 日本宫内厅书陵部藏宋元版汉籍影印丛书：第 1 辑.北京：线装书局，2001：1-2.

②石泉，李涵.听寅恪师唐史课笔记一则 [M]// 陈寅恪.陈寅恪集·讲义及杂稿.北京：生活·读书·新知三联书店，2015：492.

③清原夏野，等.令集解 [M].东京：吉川弘文馆，1985：298.

④清原夏野，等.令集解 [M].东京：吉川弘文馆，1985：7.

⑤李全德.《天圣令》所见唐代过所的申请与勘验：以"副白"与"录白"为中心 [M]// 荣新江.唐研究：第十四卷.北京：北京大学出版社，2008：214.

仍仰本院誊录两本，分送初、覆考官"①，即御药院掌管试卷密封式样，由他们誊录后分发给初考官和覆考官。仁宗嘉祐六年（1061），考官赵抃在日记里记载道："（二月）二十七日，晴。上御崇政殿，试进士、明经诸科举人……御药院公文二道，传宣精加考校……（三月）八日，晴……御药院录白中书札子进士以下等第云云……"②这里的"录白"也即是誊录之意。熙宁年间，王安石罢相后，参知政事吕惠卿欲借李逢与赵世居案件打击范纯仁等人。"狱事之作，范公知庆州，忽台狱问：'皇祐年，范公与逢相见，语言不顺'"。面对突来的发问，范纯仁不知所措，身边的老吏答道："是年，文正方守庆州"。办案人查架阁库，其中尚有皇祐年间范仲淹差兵送范纯仁赴举公案。因此，"据其年月，则范公方在庆州侍下。其月日不同，安得语言与逢相见也？遂据公案录白申台中乃止。向非公案，则无以解纷矣"。③这次审判如果没有架阁库中保存的档案原件的"录白"，则范纯仁难逃牢狱之灾。

国信所是宋朝掌管宋与辽、金通使交聘事务的衙署，其中职能之一即包括记录出使语录等外交文字。如，孝宗隆兴二年（1164）十二月，国信所进言："勘会已降指挥，将奉使金国传语、宣问意度，今后令国信所录白一本，候使副赴都亭驿阅视日，主管官当面分付使副遵执，仍取知委闻奏"④。即是说，出使金国的使臣不仅要向国信所上呈语录（出使报告），凡是接待金国使臣过程中的朝廷旨意、慰问的话也要"录白"为副本，以便整理归档。

宋廷对检覆民户灾伤有详细的法规，民户诉灾文书的格式、内容的要求渐趋详备。孝宗乾道六年（1170）六月，户部尚书曾怀奏言："乞委诸路漕臣，应灾伤去处，仰民户依条式于限内陈状，仍录白本户砧基、田产数目、四至，投连状前，委自县官将砧基点对坐落乡村、四至亩步，差官核实检放"⑤。砧基簿、田产数目及四至是确认土地数量以及稽查检核土地实际数量的基本依据，因此，为确定真伪，官府要将本县保管

①徐松.宋会要辑稿：6[M].刘琳，刁忠民，舒大刚，等校点.上海：上海古籍出版社，2014：3554.

②刘昌诗.芦浦日记[M].北京：中华书局，1986：36.

③王铚.默记[M].朱杰人，点校.北京：中华书局，1981：14.

④徐松.宋会要辑稿：7[M].刘琳，刁忠民，舒大刚，等校点.上海：上海古籍出版社，2014：3917.

⑤徐松.宋会要辑稿：10[M].刘琳，刁忠民，舒大刚，等校点.上海：上海古籍出版社，2014：5944.

的砧基簿原件与民户手中的"录白"副本进行核实。

以上宋代史料中的"录白"一词均是抄录或抄录的副本之意，而《方舆胜览》嘉熙三年（1239）刻本所附《两浙转运司录白》应为抄录榜文所得的公文副本。

《两浙转运司录白》中的"祝太博（傅）"为祝穆[①]。"幹人"是高级家奴，其执掌大致有兼并田地、承佃和承买官田、掠去地租、掌管主家财务、发放高利贷和经营商业、纳税服役、代理词讼等。[②]祝穆遣其幹人吴吉按照规定向两浙、福建转运司申报《方舆胜览》的出版事项，并希望转运司对其他书坊"翻开攙夺"的侵权行为予以约束。两浙及福建路转运司分别给衢州、婺州"雕书籍去处"颁布了保护此书版权的榜文。同时，祝穆还将此榜文的"录白"刻于本书自序之后（见图1）。这个榜文的"录白"被当今学者称为是我国迄今发现的最早的全文见诸记载的版权保护文件，也是宋代官方发布的较完整的保护私家刻书版权的文件。[③]

时隔28年后，即度宗咸淳二年（1266），当《方舆胜览》再版时，祝穆之子祝洙又将福建转运司禁止翻刻的榜文的"录白"附于书后（见图2），以期禁止麻沙书坊的翻版行为。此"录白"按原式并加标点移录如下。

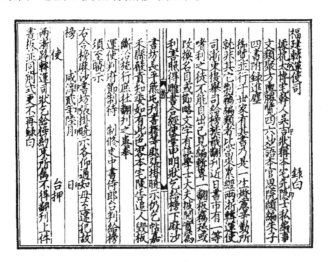

图2 《宋本方舆胜览》咸淳二年刻本所附《福建转运司录白》

福建转运使司 录白

据祝太[印]博宅幹人吴吉[印]状称：本宅先隐[印]士私编《事

文类聚》《方舆胜览》《四六妙语》，本官思院续编《朱子

四书附录》进呈

御览，并行于世，家有其书，乃是一生灯窗辛勤所

就，非其它剽窃编类者比。当来累经两浙转运使

司、浙东提举司给榜禁戢翻刊。近日书市有一等

嗜利之徒，不能自出己见编辑，专一翻版，窃恐或

改换名目，或节略文字，有误学士大夫披阅，实为

利害。照得雕书合经使台申明状，乞给榜下麻沙

书坊长平熊屯刊书籍等处张挂晓示，仍乞帖嘉

禾县严责知委，如有此色，容本宅陈告，追人毁板

断治施行，庶杜翻刊之患，奉

运使判府节制待 制修史中书侍郎台判给榜

须至晓示。

右今榜麻沙书坊张挂晓示，各仰通知，毋至违犯。故

榜。 咸淳[印]贰年[印]陆月[印] 日[印]

使 台押

两浙路转运司状乞给榜，约束所属，不得翻刊上件

书板，并同前式，更不再录白。①

值得注意的是，宋代"录白"一词尚有另一义，指"枢密院文书。凡禀奏皇帝当面奉旨，记录于白纸上，送门下省审覆者"②。或许正因如此，学界对于上述两浙转运使司和福建转运使司的"录白"尚有一些错误的认识。如有人认为："祝宅所告之严禁盗印、剽窃祝家父子两代所著书籍四种，于福建转运使司和两浙路转运使司处均准状，并发下榜文，严禁盗印。这一官方文件之所以称为《录白》，因为是由枢密院承旨起草

---

① 祝穆，编；祝洙，补订．宋本方舆胜览 [M]．上海：上海古籍出版社，2012：601．

② 龚延明．中国古代制度史研究 [M]．杭州：浙江大学出版社，2013：390．

的"①。这一看法与枢密院承受皇帝的旨意以"白纸录送,面得旨者为录白"②的"录白"是不同的概念。也有人认为:《方舆胜览》载两浙转运司榜文及福建转运司牒文。"③似将榜文的副本即"录白"视作另一种公文形式"牒文"。

依据现存以上两则榜文"录白"可知,宋代地方官府榜文的表层程式大体由六部分组成,即发文机关、榜文正文、结束语、发文者(官府、职衔)、行文时间(印章)、发文者签押。

发文机关。榜文的发出部门通常有皇帝、中央机构及地方官府。两浙转运司、福建转运司"录白"开头即标明发文机关为两浙转运司、福建转运使司。

榜文正文。榜文正文部分用于陈说发文事由、处理事务的依据与方案。两浙、福建转运司榜文均"据祝太博宅幹人吴吉状称"陈说发文事由、处理依据与办法。

结束语。作为告知性的榜文的结束语多为固定套语,常用的词语有"张挂晓示""各仰通知""出榜晓谕""揭榜谕民"等,以示强调,从而达到引起民众注意的效果。

发文者(官府、职衔)。官府发布的榜文均有发布的府衙及官员的职衔。以上两个"录白"的发文者为两浙、福建转运司,职衔为副使、使台④。

行文时间、印章。榜文用印的意义在于明确发文的权威性,且具有象征意义。两浙、福建转运司榜文"录白"均具行文时间,且在标示时间处有"印"字,似应提示这几处榜文原件钤有官印。

发文者签押。正式的榜文文末有发文机关负责官员的押字、官府的官印(若无押字、官印,则是地方官府复制榜文后用于行下广而告之的副本)。两浙转运司"录白"的签押者为转运副使曾某,福建转运司"录白"签押者为使台。

此外,两浙、福建转运司"录白"涉及皇帝的用语"御览",以及地方官府官员称谓的"使台""台判""运使"等词语均提行顶格。

①周士琦.宋代严禁盗版书的官方文件[J].文史知识,1996(2):115.

②李焘.续资治通鉴长编:第十三册[M].北京:中华书局,2004:7775.

③陈杰.中国古代著作权问题探析[J].编辑之友,2016(3):106.

④使台为宋代对监司诸使的尊称。参见龚延明的《中国历代职官别名大辞典》一书(上海辞书出版社2006年版)第434页。

二、榜文的深层程式

（一）公文的深层程式

与公文的表层程式相比，体现为公文内容的逻辑结构的深层程式并非外显于文面，而是隐藏于公文内容的表达之中。徐望之《公牍通论》将公文的结构总结为三段论："公文之结构，自其实质而言，除一二特殊性质之公文，如任免令、任命状等文之外，虽名称各异，详简互殊，总不外依据，引申，归结三段结构而成。"[①]具体而言，"依据者，即凡行一公文，必先有所依据。或据法令，或据前案，或据先例，或据理论，或据事实，或据来文，诸如此类，皆为本文引申论列之根据"。"引申者，即以依据为张本，从而推论新事实之如何处理，引申种种确切不可颠覆之理由。故依据尚属正确，引申本无困难，惟依据性质，述而不作。""归结者，即本引申之种种理由，以定其所以之命令，或如此请求，以使对方不得不遵从，或不得不准行。"[②]依据、引申和归结构成了公文的内部逻辑结构。

（二）宋代榜文的深层程式

就榜文而言，依据是拟写榜文的起因和根据，是对正文所涉及的事项做必要的背景交代、事实陈述。依据包括相关的法律和规定、申说的事实、对方官府的来文、既有的先例等内容。前引两浙、福建转运司"录白"中首句称"据祝太博宅干人吴吉状称"，所述称"本宅"，交代榜文拟写的起因、背景。

引申是在依据基础上的说理、议论，从依据中寻找解决问题的方法、原则和思路的过程。两浙转运司榜文"录白"陈述《方舆胜览》等书系"私自编辑，积岁辛劳"，且"所费浩瀚"，却担心"书市嗜利之徒""翻开挽夺"而"徒劳心力枉费本钱"，进而请求出榜约束，"庶绝翻板之患"，对盗版活动"追人毁版断治施行"。请求得到转运司认可，并以榜文的形式公之于众。福建转运司榜文"录白"的引申部分与两浙转运司类似。

归结是在依据和引申的基础上得出相关问题的解决方案。榜文公之于众的最终目的在于解决问题，因此说归结是榜文的核心所在。两浙、福建转运司榜文"录白"给

---

①徐望之.公牍通论［M］.北京：档案出版社1988：127.

②徐望之.公牍通论［M］.北京：档案出版社，1988：128.

出的解决方案分别是："右今出榜衢、婺州雕书籍去处张挂晓示，各令知悉，如有似此之人，仰经所属陈告追究，毁版施行"；"右今榜麻沙书坊张挂晓示，各仰通知，毋至违犯"。

依据、引申、归结的内在逻辑符合认识论规律。但三者并非简单划一的线性排列，而是依据中嵌套着引申、归结，引申中嵌套着依据、归结等情形。两浙、福建转运司榜文"录白"亦是如此。榜文拟写的起因、依据，在此基础上的说理、议论以及盗版问题的解决方案，其间并非各自割裂而独立存在，而是相互依存、嵌套，最终指向的是问题的解决。

榜文的程式化是其所属的公文文体区别于其他文体的一个重要特征。"司法文书和行政文书均拥有常套句式以及惯用表达方式，这是为了强调命令之绝对性、文书之权威性。"[①] 榜文之所以具有这样的外在形式，是由于它是直接服务于现实、用以解决官府行政事务中存在的问题以及直接传递政务信息的载体；政务信息的传递要求准确、快速，就必须要求榜文具有相对固定的外在形式、简洁明了的逻辑结构。因此，榜文公文程式是外在形式与内容逻辑结构两者的统一。

第二节 宋代榜文内容的来源、晓谕对象

一、榜文内容的来源

大致说来，宋代榜文的发布者分为皇帝、中央机构和地方官府。榜文依其出榜主体的不同而行政级别各异，据此榜文的来源可以分为以下三类。

（一）皇帝发布的敕榜、诏书、御笔、御札、赦书、德音

宋代的敕榜是以皇帝名义发布的榜文，是榜文内容重要的组成部分（后文详细论述）。皇帝的诏书、御笔手诏、御札、赦书、德音等传布至中央机构、州县地方官府需要公示的，中央机构、地方官府均须以榜文的形式公之于众。

1.诏书、御笔手诏

《宋史·职官志》："诏书，赐待制、大卿监、中大夫、观察使以上，则用之"[②]。

---

①富谷至.文书行政的汉帝国［M］.刘恒武，孔李波，译.南京：江苏人民出版社，2013：4.

②脱脱，等.宋史：第一二册［M］.北京：中华书局，1977：3783.

但在具体应用中，诏书内容涉及诸多方面，凡是举行朝廷内外大事，颁行奖谕、诫谕抚谕等均可用诏书。有学者认为，宋代诏书按照用途不同可分为告示诏书和批答诏书两种。告示诏书独立成篇，"主要在朝廷有变更年号、封禅郊祀、开科取士、劝课农桑等较重要发布时使用，降诏的对象通常是全国百官军民，有时也颁给某些或个人，主要用于求言、抚恤等等"①。这类诏书需要榜示天下的，常在文末有"出榜朝堂""故兹诏示，想宜知悉"等程式化的词语。如，太祖《禁止上供钱帛不得差扰居人诏》末句有"仍于诸路粉壁，揭诏书示之"②。太宗《二月至九月禁捕猎诏》文末有"令州县于要害处粉壁，揭诏书示之"③。英宗初继位颁发《昭陵不得科率人民诏》，强调"及将官物修置供给不得科率差配人民，勉思裁办，毋致烦劳，咨尔攸司，当体朕意，仍仰出榜晓示人户，各令知委。故兹诏示，想宜知悉"④。绍圣四年（1097）十一月，哲宗对政府购买的交易方式做了全面申述，并要求"每遇和买，备此诏旨全文揭榜晓示"⑤，体现了此诏书重要的法律地位。而皇帝对于特定群体的诫谕也以诏书出榜告示。如，对于引起朝臣的反对的孟皇后之兄被授予属于文臣馆职的显谟阁学士一事，高宗下诏："仰学士院降诏，戒敕忠厚以下，不得辄与朝政，交通贵近，务循退静，以保家族。仍不得于私第谒见宰执，如有职事，即赴都堂禀白"。不仅如此，还"令三省以诏书榜示"⑥。

宋代大多数官员只能以书面即奏疏的形式向皇帝反映当地情况，或提出对时局、政策的意见和建议。州县地方的信息大都因官员的上奏而受到皇帝、朝廷的关注，成为中央制定相关政策的依据。因此，各类官员各种形式的御前进对及进呈的奏疏也成为中央收集地方治理及官员政绩情况的信息渠道之一。⑦其中，中央机构及地方官府的部分指令就是对奏疏的批复，并要求以榜文的形式告知当地百姓。如，哲宗元祐二年

---

①杨果.唐宋时期诏令文书的主要类型［J］.文史杂志，2000（2）：64-66.

②详见佚名《宋大诏令集》一书（司义祖整理，中华书局1962年版），第730页。又见《宋会要辑稿》食货四二之一，个别字句有出入，其中"仍于诸路粉壁揭诏书示之"，《宋会要辑稿》作"仍于逐处粉壁揭示诏书"。徐松《宋会要辑稿》（12），上海古籍出版社2014年版，第6937页。

③佚名.宋大诏令集［M］.司义祖，整理.北京：中华书局，1962：731.

④详见佚名《宋大诏令集》一书（司义祖整理，中华书局1962年版）第522页。此诏原阙载年月。按照《全宋文》卷一七三〇注释（第265页）中考订，认为"此诏当为英宗初继位时下"。

⑤李焘.续资治通鉴长编：第十九册［M］.北京：中华书局，2004：11697.

⑥李心传.建炎以来系年要录：一［M］.胡坤，点校.北京：中华书局，2013：492.

⑦邓小南.政绩考察与信息渠道：以宋代为重心［M］.北京：北京大学出版社，2008：8-9.

（1087）十月，枢密院奏言："环庆路将兵与夏人战，俘获老幼妇女，令范纯粹选留，仍揭榜谕其亲故，以旧掠汉人对易"。哲宗批准后，庆州知府范纯粹"指挥将驱获到生口分于近里安存收养，无致枉有死损走透；及便问姓名并在贼中住坐去处，除年老知得夏国次第并山川、道路，或精力稍强，可留备访问之人，其余并具姓名，于界首分明出榜，晓示贼中亲戚、故旧"[①]。庆元元年（1195）八月，宁宗下诏："有司检坐见行条法，给榜下州军县镇，今后现任官收买饮食服用之物，并随市直，各用见钱，不得于价之外更立官价。违，许人户越诉。在外令监司按劾，在内令御史台觉察"[②]。这一诏书的颁布，即是"从臣僚请也"，也就是皇帝采纳臣僚奏疏中的建议而做出的规定。南宋时，科举程文词藻华丽，"士不以心明经"，多"无用空言"。绍兴五年（1135）六月，御史台主簿间丘昕进言："伏望训饬有司，商榷去取，毋以摘绘章句为工，而以渊源学问为尚。或事关教化，有益治体者，不以切直为嫌；或言无根抵，肆为蔓衍者，不在采录之数"。高宗"诏令礼部行下贡院照会，仍出榜晓谕"[③]。庆元三年（1197）五月，宁宗"诏诸路提刑司严立板榜，行下州县约束：'应合解州公事，有预将案款先为计嘱州吏者，许诸色人指实，经提刑司陈诉。仍将先狱移勘，其犯人送无干碍官司根究，具案取旨，重作施行'"。这一诏令也是"从大理评事沈槐之请也"[④]。

按照宋廷的惯例，诏令的内容均需经过中书门下讨论后，由学士院起草颁发。御笔手诏是皇帝从宫中直接发出的诏令，未经中书、枢密院的审议，其中也有用以处置一些紧急事件而"出榜朝堂"的。如，针对一些地区市面盗铸官钱盛行的现实，徽宗颁下《告谕民户投纳不依样钱御笔手诏》："今淮、浙、福建，官吏旷职，纵奸弗戢，盗铸盛行，有误良民，公然受弊。其令监司相度，以官钱为样，垂之市肆，告谕民户。有不如样，限一季投纳，以一偿五，限满不纳，加罪一等。仍以所纳钱更铸补还。出榜告谕，使众知之"[⑤]。皇帝诏令淮、浙、福建监司负责发布榜文。对于朝中少数官员

①李焘.续资治通鉴长编：第十六册[M].北京：中华书局，2004：9876.

②徐松.宋会要辑稿：14[M].刘琳，刁忠民，舒大刚，等校点.上海：上海古籍出版社，2014：8354-8355.

③徐松.宋会要辑稿：9[M].刘琳，刁忠民，舒大刚，等校点.上海：上海古籍出版社，2014：5329.

④徐松.宋会要辑稿：5[M].刘琳，刁忠民，舒大刚，等校点.上海：上海古籍出版社，2014：3148.

⑤佚名.宋大诏令集[M].司义祖，整理.北京：中华书局，1962：668.

"构造无根之语,鼓惑邪说,倾动中外"等听信、传播谣言的现象,大观四年(1110)六月,徽宗颁布《增赏训戒鼓惑邪说御笔手诏》,"可出榜朝堂,申严训戒,如或弗悛,置之典刑,必罚无赦,可增立赏钱,通作五千贯。仍令御史台谏官弹纠"①。之后,徽宗又颁布《诫饬鼓惑之言御笔手诏》,再次重申前诏:"朕顷以浮言,动摇国是,屡形训诏,申戒庶工,威之以明刑,劝之以厚赏,俾知有所畏惮……邦有常宪,必刑无赦,咨尔多士,咸听朕言。可速出榜朝堂"②。

　　宋代的诏书、敕榜同属于"命令之体",从某种程度上说,"赐酺及戒励百官、晓谕军民"③的敕榜,与诫谕风俗或百官之类的诏书的功能是相通的,在文字表达方面亦有相似之处。它们之间最主要的区别在于,诏书以榜文的形式公之于众即为敕榜,张榜是敕榜应有之义;而诏书是否揭榜天下视相关情况而定。如,《宋大诏令集》中所收《敕榜朝堂诏》,明确为"诏",但因记录了元祐臣僚的"罪恶",较为集中地表达了"元祐更化"时的各项设施,因而得以张榜;还有一些诏书,如真宗《晓谕东京官吏将校僧道军民诏》末云"今特命给事中吕祐之赍敕榜抚谕,西京亦依此降下"④;徽宗《诫士人恪守名节诏》末尾有"可敕榜朝堂,咸使知之"⑤;《诫谕不更改政事手诏》末云"布告中外,咸使闻之。仍榜朝堂"⑥,等等,这些诏书的功能大致与敕榜等同。尽管如此,若就同一事件而言,敕榜因需广而告之,其影响定在诏书之上。⑦

　　2.御札

　　御札是宋代特有的下行文书。⑧《宋史·职官志》:"御札,布告登封、郊祀、宗

①佚名.宋大诏令集[M].司义祖,整理.北京:中华书局,1962:723.

②佚名.宋大诏令集[M].司义祖,整理.北京:中华书局,1962:724.

③脱脱,等.宋史:第一二册[M].北京:中华书局,1977:3783.

④佚名.宋大诏令集[M].司义祖,整理.北京:中华书局,1962:685.

⑤佚名.宋大诏令集[M].司义祖,整理.北京:中华书局,1962:723.

⑥佚名.宋大诏令集[M].司义祖,整理.北京:中华书局,1962:727.

⑦哲宗绍圣四年(1097)五月,"枢密院奏事,曾布曰:'窃闻沈铢近以缴吴居厚词得罪。'上曰:'止罚金。'布曰:'又闻有敕榜。'上曰:'止降诏'"(详见李焘《续资治通鉴长编》:第十九册,中华书局2014年版,第11579页)。"止降诏"而不"敕榜朝堂",可见在哲宗皇帝及其臣僚看来,对于这件事的处置,颁布诏书不及"敕榜朝堂"在臣僚中所造成的影响大。

⑧丁晓昌,冒志祥,等.古代公文研究[M].合肥:安徽文艺出版社,2000:347.

祀及大号令，则用之。"①御札并非都是榜文，其中有"布告多方，咸体朕意"②"播告中外之臣……故兹札示，想宜知悉"③等字样的才是榜文。

3. 赦书、德音

赦书是古代颁布赦令的文书。宋人将大赦令视作皇帝取信于天下百姓的重要手段。在颁布的赦书中，常见以"访闻""堪会"等词语引出社会现状及存在的问题，然后是朝廷针对这些现象提出的治理措施及禁止条贯。如，高宗即位所发布的赦书中有："访闻自来赦书所放逋欠，转运使及州县迫于调度，依旧催纳，至民间有'黄纸放，白纸催'之语，甚失朝廷宽恤之意"④，直言转运使及州县官府并没有执行朝廷的约束与蠲免政策。绍熙五年（1194）九月，宁宗在颁布一系列明堂赦书中申明现行的安济制度："在法，病人无缌麻以上亲同居者，厢耆报所属，官为医治"，但也出现"访闻店舍、寺观避免看视，更不闻官，往往赶逐出外，及不令安泊，风雨暴露，因而致毙"的情况，为此下诏"可令州县多方措置存恤，依条医治，仍出榜乡村晓谕"。⑤

从实际情况看，地方官员也并非将赦书的所有内容以榜文的形式示众，而是选择相关部分内容出榜示民。如，宁宗继位后下诏大赦，发布的赦书内容丰富，其中一条关于蠲免公私房租的命令在潭州产生了争议。朱熹的《公移潭州约束榜》内容如下。

照应本州近于七月十七日准登宝位赦书，内一项应官司房廊白地赁钱并放至绍熙四年终。已出榜都市，晓示去讫。今访闻得街市有赁屋居民，却有妄称合从赦书到日之后纳起，致有争竞。州司契勘前项赦书，即无放至绍熙五年正月以后房钱之文。或有屋主自愿饶润，即从其便。若屋主不愿饶润，即其赁屋人自合遵从大赦指挥印还，不得妄有抵负，扇惑生事。使司已于七

①脱脱，等.宋史：第一二册［M］.北京：中华书局，1977：3783.
②佚名.宋大诏令集［M］.司义祖，整理.北京：中华书局，1962：9.
③曾枣庄，刘琳.全宋文：第二六二册［M］.上海：上海辞书出版社；合肥：安徽教育出版社，2006：388.
④徐梦莘.三朝北盟会编：上［M］.上海：上海古籍出版社，1987：746.
⑤徐松.宋会要辑稿：12［M］.刘琳，刁忠民，舒大刚，等校点.上海：上海古籍出版社，2014：7368.

月二十六日出榜都市晓示讫。①

　　当时潭州的民众因对张榜公示的朝廷减房租的命令理解上有分歧，结果惹出争议。作为知府的朱熹为避免"妄有抵负，扇惑生事"，又将登极赦书中放免"应官司房廊白地赁钱"一项出榜晓示，以期平息争议。

　　德音是一种恩诏。宋代凡"杂犯死减等，而余罪释之；流以下减等，杖、笞释之，皆谓之德音"②。德音需要宣读与榜示于众。谢深甫《庆元条法事类》："诸被受手诏，士庶应合通知者，并依德音宣示于众。"③宣示众人的德音用黄纸印制："诸被受赦降应誊报者，誊讫，当职官校读，仍具颁降、被受月日。行下民间通知者，所属监司印给，榜要会处，仍每季检举。其赦书、德音，州以黄纸印给县镇寨乡村晓示。"④将德音宣示于众便于民众知晓赦免对象和范围。

（二）中央机构处理行政事务的榜文

　　就所见史料而言，宋代"自中央省、台、寺监、院百司，至开封府，诸路、州（府、军、监）县，均可揭榜"⑤。省、台、寺监、院等中央机构对关乎民众生活和生产的事项需要及时出榜的指挥、政令等，一般在公文文末有明确说明。

1. 尚书省、三省

　　神宗实行改制，恢复唐时旧制三省制度。元丰五年（1082）六月，神宗亲自规定三省运作体制："自今事不以大小，并中书省取旨，门下省覆奏，尚书省施行。三省同得旨事，更不带'三省'字行出"⑥。改制保留了枢密院。由此，元丰官制规定了由三省、枢密院这个新行政中枢参与的公文运作程序：中书省、枢密院取旨，门下省审读、行下，

①朱熹.晦庵先生朱文公文集 [M]// 朱熹.朱子全书：第25册.朱杰人，严佐之，刘永翔，主编.上海：上海古籍出版社；合肥：安徽教育出版社，2002：4639.

②马端临.文献通考：第八册 [M].上海师范大学古籍研究所，华东师范大学古籍研究所，点校.北京：中华书局，2011：5167.

③谢深甫.庆元条法事类 [M]// 杨一凡，田涛.中国珍稀法律典籍续编：第1册.哈尔滨：黑龙江人民出版社，2002：334.

④谢深甫.庆元条法事类 [M]// 杨一凡，田涛.中国珍稀法律典籍续编：第1册.哈尔滨：黑龙江人民出版社，2002：341.

⑤龚延明.宋代官制辞典 [M].上海：上海古籍出版社，2014：624.

⑥李焘.续资治通鉴长编：第十三册 [M].北京：中华书局，2004：7871.

尚书省施行。^①南宋时期，由于战事频仍，三省合一，以皇帝名义制定的榜文，由三省、枢密院负责发布。如，宋代加强对都茶场的管理，以确保茶叶质量。徽宗宣和七年（1125）八月，尚书省奏言提出对铺户、磨户"以他物拌和真茶"的行为进行监督，同时对官吏"搔扰乞觅"铺户、磨户的行为予以禁止，铺户、磨户可以"依法经官陈告"，相关衙署须"根勘诣实，依条施行"，如属于诬告则相关人等须反坐。这些具体规定均须"于要闹处出榜晓示"。^②针对"和预买绢"制度的弊端，高宗颁下御笔："朕累下宽恤之诏，而迫于经费，未能悉如所怀。今闻东南和预买绢，其弊尤甚，可下江、浙，减四分之一，以宽民力，仍俵见钱违置之法，令尚书省榜谕"。^③建炎四年（1130）四月，金军南下侵宋，韩世忠率军截江制胜，挫敌锋锐。高宗褒奖韩世忠，"乃出世忠奏，命尚书省以黄榜谕中外"。^④绍兴八年（1138）三月，御史中丞常同奏言："吏部差注、关升、磨勘、奏补等事，人吏、书铺邀求常例，数目至多"。高宗责问："官员到部，所费如此，则到官之后，岂免贪取，何以责廉？"并"令尚书省出榜部门，严行约束"。^⑤乾道六年（1170）四月，臣僚上言："近日每遇批旨差除，朝殿未退，事已传播，甚者诸处进奏官将朝廷机事公然传写誊（执）〔报〕。欲乞严行禁止"。孝宗下诏："三省检坐条法，出榜晓谕"。^⑥

2. 枢密院

宋代的枢密院是掌管全国军务的最高机构，因此涉及军队事务且要晓谕士卒将领的军情、军令等信息均由枢密院出榜。据徐梦莘《三朝北盟会编》记载，靖康二年（1127）二月十五日，"驾在青城，遣人传榜回"，并引《泣血录》抄录的榜文。^⑦而汪藻《靖康要录》也录有此榜文，文字略有差异，并言为"枢密院榜"："传圣旨："军中供帐御膳炭火什物不阙，迎待礼数优异，宰执侍从次舍温洁。只缘金银表段数少，商量未定，

①宋靖.唐宋中书舍人研究［M］.哈尔滨：黑龙江大学出版社，2010：128.

②徐松.宋会要辑稿：11［M］.刘琳，刁忠民，舒大刚，等校点.上海：上海古籍出版社，2014：6706-6707.

③李心传.建炎以来系年要录：二［M］.胡坤，点校.北京：中华书局，2013：650.

④李心传.建炎以来系年要录：二［M］.胡坤，点校.北京：中华书局，2013：745.

⑤徐松.宋会要辑稿：14［M］.刘琳，刁忠民，舒大刚，等校点.上海：上海古籍出版社，2014：8378.

⑥徐松.宋会要辑稿：14［M］.刘琳，刁忠民，舒大刚，等校点.上海：上海古籍出版社，2014：8386.

⑦徐梦莘.三朝北盟会编：上［M］.上海：上海古籍出版社，1987：561.

仰疾速催促，务要数多。不出一两日，决定驾回，保无他事"" ①。绍兴二年（1132）正月，枢密院言："访闻日近有诸军使臣、军兵等赶逐居民，强占屋宇，致人户不得安居"。高宗为此"诏令枢密院出榜禁止，如违犯之人，仰临安府收捉，申解赴枢密院，重作行遣" ②。同年四月，高宗将"尝以黄衣衣己，语言狂悖"的大将韩世清处斩，"仍诏以世清一身专谋不轨，其部曲并无干涉，令枢密院榜谕诸军" ③。

3. 刑部

宋代的刑部是最高司法机关，由此可以发出相关榜文。如，天禧四年（1020）四月，真宗颁布《诫饬中外诏》，言明"宜令尚书刑部遍牒三京诸路，揭榜示民" ④。宣和六年（1124）二月，臣僚奏言，称《五公符》"言辞诡诞不经"，认为"其书不可留在人间"。随后徽宗颁下圣旨："自今降指挥到，限一季于所在官司首纳，当时即时焚毁，特与免罪。如限满不首，并依条断罪施行。仍仰州县官严切觉察"，并将以上诏令"令刑部遍下诸路州军，多出文榜，分明晓谕" ⑤。绍熙五年（1194）十一月，刑部奏言提出："行下内外诸军，严行约束所遣回易官兵，不得以收买军须为名，公然贩卖私盐。如有违戾，重作施行"。光宗"诏令刑部镂板行下内外诸军主帅约束" ⑥。

4. 户部

宋代商品经济发达，民间田产交易频繁，为规范田产买卖行为，常由户部向吏民出榜公示相关制度，对经营活动予以监督。如，绍兴十年（1140）七月，尚书省札子提及皇帝批准的奏言称，"臣僚札子奏，典卖田宅契税，本部印榜降下州县，令逐处晓谕" ⑦。绍兴二十六年（1156）七月，高宗下诏"放免诸州军身丁钱一年"的榜文，由

①王智勇.靖康要录笺注：三 [M].成都：四川大学出版社，2008：1562.

②徐松.宋会要辑稿：14[M].刘琳，刁忠民，舒大刚，尹波，等校点.上海：上海古籍出版社，2014：8341.

③李心传.建炎以来系年要录：三 [M].胡坤，点校.北京：中华书局，2013：1099.

④佚名.宋大诏令集 [M].司义祖，整理.北京：中华书局，1962：703-704.

⑤徐松.宋会要辑稿：14[M].刘琳，刁忠民，舒大刚，等校点.上海：上海古籍出版社，2014：8331.

⑥徐松.宋会要辑稿：14[M].刘琳，刁忠民，舒大刚，尹波，等校点.上海：上海古籍出版社，2014：8354.

⑦谢深甫.庆元条法事类 [M]// 杨一凡，田涛.中国珍稀法律典籍续编：第 1 册.哈尔滨：黑龙江人民出版社，2002：463.

"户部镂板，遍下所属遵守施行"；① 同年十二月，户部认为 "人户典卖田宅印契日限，违者断罪而没其产，皆太重难行，徒长告诉"，建议按照 "绍兴法" 办理。高宗下诏："仍乞检坐绍兴条法，遍下诸路监司、州军约束遵守施行，多印文榜，乡村张挂，分明晓谕民间通知"。② 乾道四年（1168）三月，军队在粮仓支取口粮时，有官吏 "抑勒坐仓低价籴买"，从中 "追理赏钱"。孝宗闻奏并下诏："令户部出榜晓示，自今后诸军支取月粮、口食米，并令从便，不得依前抑勒籴买"。③

5. 贡院

贡院是宋代科举考试选拔人才的场所。贡举考试一般在考试前一天安排座次，并张榜公布；引试时，由监门官按姓名引入，考生依榜就坐，不能移易。如，真宗景德二年（1005）七月，翰林学士晁迥上《发解进士数额议》，其中有："南省引试前一日，分定坐次，榜名晓谕，勿容移徙"④ 真宗允准。大中祥符四年（1011）五月，翰林学士晁迥等言："准诏详定礼部贡院条制……仍预于贡院纳书案。有司于试前一日排定坐次，榜名告示。至日，监门据姓名引入，依此就座，不得移易。"⑤ 真宗采纳进言。也就是说，"依榜就坐，不能移易" 写进 "礼部贡院条制" 中。

6. 皇城司

宋代皇城司负责皇城各门的门禁，并承担京师各部门的内部保卫、侦缉伺察任务。如，绍兴十年（1140）正月，使臣秦宗道因 "于皇城内撰造妖言惑众" 而 "杖脊，刺配琼州牢城"，高宗 "仍令皇城司榜谕"。⑥

---

① 徐松. 宋会要辑稿：11[M]. 刘琳，刁忠民，舒大刚，等校点. 上海：上海古籍出版社，2014：6235.

② 徐松. 宋会要辑稿：11[M]. 刘琳，刁忠民，舒大刚，等校点. 上海：上海古籍出版社，2014：6758.

③ 徐松. 宋会要辑稿：13[M]. 刘琳，刁忠民，舒大刚，等校点. 上海：上海古籍出版社，2014：7558.

④ 曾枣庄，刘琳. 全宋文：第四册[M]. 成都：巴蜀书社，1989：128.

⑤ 徐松. 宋会要辑稿：9[M]. 刘琳，刁忠民，舒大刚，等校点. 上海：上海古籍出版社，2014：5289.

⑥ 李心传. 建炎以来系年要录：六[M]. 胡坤，点校. 北京：中华书局，2013：2497.

7. 宣抚司

宋代宣抚司即宣抚处置使司的省称,掌管扶绥边境及统护将帅、督视军旅等事宜。[1] 如,徽宗宣和四年（1122）四月,童贯驻军高阳关,发布"宣抚使司榜"奉劝幽燕民众、官员等"各宜奋身,早图归计",承诺"有官者复还旧次,有田者复业如初";对于"身率豪杰,别立功效""以一州一县来归者"[2] 等,均许以不同优待政策。

8. 军器监

军器监是宋代中央负责官营兵器生产的衙署,与其职责相关的榜文由此发布。如,靖康元年（1126）十二月,钦宗下诏"招收溃散军兵",并诏令军器监"出榜晓谕军民战士等,仰详前项都省批状指挥日限,据元请器甲,限三日须管赴监送纳。如或隐藏,不依今来指挥日限送纳,许人告首,以凭送所属,依军法施行"。[3]

9. 御营使司

御营使司是南宋初年的军事机构,职能是统辖东南地区各军。[4] 宋廷屡次颁布禁宰耕牛的法令,并对举告者予以奖赏。如,建炎四年（1130）五月,高宗下诏:"访闻行在诸军及越州内外,多有宰杀耕牛之人,可令御营使司出榜禁止,诸色人告捉,赏钱三百贯。犯人依军法,如系军兵,其本军统领官取旨施行"。[5]因宰杀耕牛的涉及军人,因此诏令御营使司出榜。

10. 都大提举京城四壁守御使司

宋代都大提举京城四壁守御使司负责京城的治安防务。靖康元年（1126）,随着金军退兵,开封府形势缓和,于是都大提举京城四壁守御使司出榜"更不召募效用":"契勘本司近出榜,召诱诸色军人、敢勇效用等,今来金人已退,更不召募,须至晓示"。[6]

---

①夏征农,陈至立.大辞海:第11卷（中国古代史卷）[M].上海:上海辞书出版社,2015:272.

②徐松.宋会要辑稿:14[M].刘琳,刁忠民,舒大刚,等校点.上海:上海古籍出版社,2014:8763.

③徐梦莘.三朝北盟会编:上 [M].上海:上海古籍出版社,1987:541.

④张政烺.中国古代职官大辞典 [M].郑州:河南人民出版社,1990:976.

⑤徐松.宋会要辑稿:14[M].刘琳,刁忠民,舒大刚,等校点.上海:上海古籍出版社,2014:8339.

⑥徐梦莘.三朝北盟会编:上 [M].上海:上海古籍出版社,1987:303.

11. 亲征行营使司

南宋高宗、孝宗时期，在"亲征"口号下，宋廷为防卫核心统治区，先后设置御营宿卫使司、御营使司[1]。靖康元年（1126）正月，金军南下渡过黄河，开封府告急，亲征行营使司出榜招募武勇人，并发布"亲征行营副使司榜"："奉圣旨：招募武举及第有才武方略，或有战功、曾经战阵，及经边任大小使臣，不以犯罪、已叙未叙，及武举有方略智术及曾充弓马手子弟，及诸色有武勇敢战之人，并许赴亲征行营副使司具告自陈"[2]。

12. 流内铨、三班院

流内铨是主管节度判官以下的幕职州县官的中央官署[3]。三班院是主管武臣三班使臣的注拟、升移、酬赏等事的官署[4]。两部门均可依职责出榜示众。如，康定元年（1040）十月，仁宗下诏："诸处强恶贼有未获者，委流内铨、三班院出榜募人捉杀，许于中书、枢密院投状。如能巧设方略，亲行斗杀有劳，当超资酬奖"[5]。这是仁宗诏令负责低阶官员铨选、注拟等事务的流内铨、三班院出榜。

13. 都曲院

都曲院是京师官营造曲的机构，隶属于司农寺。大中祥符八年（1015）六月，真宗《榜在京酒务诏》云："令曲院出榜召在京酒户，除本店自来赊买曲货，于大中祥符五年至七年内取一年中等数立充本店旧买曲额外，相度逐厢市肆人烟，别认所买曲货数目，依例赊买，只得本店造曲……即依曲院久例施行"[6]。此为皇帝诏令掌管造曲的都曲院出榜。

①贾连港.南宋高、孝之际"亲征"口号下御营（宿卫）使司之设：侧重于军政运行的考察[J].暨南史学，2017（2）：47.

②徐梦莘.三朝北盟会编：上[M].上海：上海古籍出版社，1987：204.

③中国大百科全书总编辑委员会.中国大百科全书·中国历史[M].北京：中国大百科全书出版社，1995：394.

④张政烺.中国古代职官大辞典[M].郑州：河南人民出版社，1990：19.

⑤徐松.宋会要辑稿：14[M].刘琳，刁忠民，舒大刚，等校点.上海：上海古籍出版社，2014：8826.

⑥曾枣庄，刘琳.全宋文：第六册[M].成都：巴蜀书社，1989：635.

（三）地方官府处理行政事务的榜文

"宋代实行路、州府军监、县三级地方行政管理制度。"①地方官府榜文的来源主要有两方面：一是地方官府依据管理制度、政策，处理日常行政事务，根据实际需要发布榜文，辅助行政事务的有效进行，这类榜文与民众生活也最为密切，在榜文中所占数量庞大；二是地方官府按照行政层级管理的要求，以榜文的形式转发皇帝、中央机构的行政指令，从而使封建国家意志传递至基层社会。

1. 路级官府

路是宋代地方最高行政机构，以交通路线为主干来划分，机构的设置采取分而治之、相互牵制的方针。每路设转运司、提点刑狱司、提举常平司和安抚司四个机构，形成"婚田、税赋则隶之转运，狱讼、经总则隶之提刑，常平、茶盐则隶之提举，兵将、盗贼则隶之安抚"②的分权负责的形式。

转运司。转运司掌管一路所有的财政，如赋税、上供、储积、帐籍等。与其他封建王朝一样，宋廷劝勉百姓崇尚节俭、杜绝奢侈。为禁止在衣装服饰、乘舆法物等使用黄金作为装饰，大中祥符八年（1015）五月，真宗颁布《禁销金诏》，并要求"仍令诸路转运司遍牒管内。揭榜告示"③。对于逃亡士兵处理，官府规定在要求的期限内投案即可免予处罚。嘉祐六年（1061）十一月，仁宗下诏："如闻诸处逃军藏匿民间，或在山谷，寒饥转死者甚多。其令开封府及转运司出榜晓示，限两月首身，除其罪"④。宋廷严禁盗铸钱币，维护铜币在货币体系中的地位。但是，罢使滥钱曾一度使省样铁钱也难以流通，这在神宗的诏书中有所反映："访闻陕西自罢滥钱后，军民交易，尚为兼并之家不肯以省样铁钱与铜钱一般行使，亏损官私，深属不便"。为此，神宗下诏："可令两路转运司分明榜谕州县，如有所犯，即行严断。仍令众五日"。⑤

提点刑狱司。提点刑狱司是路级专门司法、检察机构，也是传达朝廷诏令的信息渠道之一。如，景祐元年(1034)五月，仁宗下诏："诸州军州狱禁罪内不因疾患、非

---

①龚延明.宋代官制辞典［M］.北京：中华书局，1997：22.

②徐松.宋会要辑稿：7［M］.刘琳，刁忠民，舒大刚，等校点.上海：上海古籍出版社，2014：4255.

③佚名.宋大诏令集［M］.司义祖，整理.北京：中华书局，1962：736.

④李焘.续资治通鉴长编：第八册［M］.北京：中华书局，2004：4731.

⑤李焘.续资治通鉴长编：第七册［M］.北京：中华书局，2004：6771.

理致死者，提刑常切体访觉察．出榜晓示，许人陈告。委是故行残虐，勘鞫事理不虚，告事人与支赏钱一百千，以系官钱充"。① 可见，宋廷非常注重对在押犯人的监管，避免非法虐囚的行为；如果狱内死亡犯人过多，主管官员还要受到惩罚。此外，对一些具有典型意义的违法事件，朝廷也会令提刑司张榜告谕民户，以起到警戒作用。如，徽宗宣和五年（1123），宋廷曾下令于各地提刑司，让其发布榜文用于警戒军兵，以减少扰民事件的发生："窃见近来州郡多差军人散在市井，以捉事为名，侵渔百姓，恐吓求取，其弊百端，小不如意，肆为凌暴，良民被害，甚于盗贼。欲望特诏有司立法，诸州郡非厢巡捕兵而辄差军人散在街市以捉事为名者，重为之禁。提刑司觉察，每季检举，出榜晓示，使民间通知"。② 高宗绍兴年间，湖湘、江淮等因常年战乱，"多有百姓遗弃田产，比年以来，各思复业，而形势户侵夺地界，不许耕凿，欲望立法戒饰"。朝廷令当路提刑司"检坐见行条法，出榜晓谕，如被上户侵夺田土之人仰赴官陈诉"。③

安抚司。安抚司或称经略安抚司，掌管一路军政之事，也称帅司。熙宁九年（1076）十二月，鬼章、冷鸡朴率蕃部作乱，"使诸族帐不得安居"。神宗下诏："诸人及生熟蕃部得鬼章首来献，授左藏库使，赏钱五千缗，与本族巡检使。得冷鸡朴，授东头供奉官，赏钱三千缗，与本族巡检。并依旧官给俸。如生得鬼章、冷鸡朴，赏格外，更与优奖。鬼章、冷鸡朴如能悔过归顺，官赏亦如之。"并将这些奖励措施"令熙河路经略司榜谕"。④ 和籴是北魏至明清时期以议价交易为名向民间强制征购粮食的官买制度，也是宋朝采取的一项储粮备荒的举措。元符元年（1098），哲宗批准泾原路经略安抚使章楶奏言："乞应沿边诸州、军、县、镇、城、寨、堡子籴买去处，预揭榜告谕人户，不得与官中争籴，增长物价"。⑤

2. 州、府、军、监级官府

州、府、军、监处于地方行政体制的中间一级，它们属同级政权，都直属于中央。⑥

---

① 曾枣庄，刘琳．全宋文：第二二册［M］．成都：巴蜀书社，1992：675.

② 徐松．宋会要辑稿：14［M］．刘琳，刁忠民，舒大刚，尹波，等校点．上海：上海古籍出版社，2014：8330.

③ 徐松．宋会要辑稿：14［M］．刘琳，刁忠民，舒大刚，尹波，等校点．上海：上海古籍出版社，2014：8417-8418.

④ 李焘．续资治通鉴长编：第七册［M］．北京：中华书局，2004：6846.

⑤ 李焘．续资治通鉴长编：第二十册［M］．北京：中华书局，2004：11887-11888.

⑥ 蔡放波．中国行政制度史［M］．武汉：武汉大学出版社，2009：131.

在州级地方官府中，府是显要者，可分为京府（东京开封府、西京河南府、南京应天府及北京大名府）与普通府。① 其中，北宋京城开封府的地位不同一般，"它既居位于地方长官之首，又得参与宋中央的许多事物，是具有中央机构和地方机构这种双重性的组织"②。因此，晓谕京师民众的榜文常由开封府发布。如，宣和五年（1123）六月，中书省谏言对市井"官号揭榜门肆"的现象予以整治："乞降睿旨禁止市井营利之家、伎巧贱工不得以官号揭榜于门肆，诏令开封府禁止，外路依此"。徽宗为此下诏："宣和五年三月指挥更不施行，令开封府出榜晓谕。"③ 赐第京城是唐宋时期朝廷给予百官的恩典之一，但一些官员借此恃强凌弱，侵夺民宅，臣僚对此多次进言"于民居私舍不无迁徙毁彻之弊"。徽宗于是诏令"开封府出榜晓谕止绝，如违，令御史台觉察奏闻"④。钦宗靖康元年（1126）二月，开封府奉圣旨"榜诏书安抚士庶"："开封府奉圣旨：乘时作过人，开封府及行营使司并斩讫，窃虑奸人妄说事端，将不曾作过人之撰造其罪，恐吓平人，仰出榜晓谕"⑤。十二月，开封府奉圣旨，"拘收戚里权贵之家赀财以助犒军"，但出榜多日，"并未见人户尽数赍纳，切虑罪责，致将金银等藏窖"。开封府"榜人户等，将本家金银表段，竭其家赀，赴府送纳。如敢藏埋，许诸色人告，以十分为率，三分充赏，先以官钱代支；其犯人，以军法行。知情藏寄之家，亦许告给赏，不行陈告，与犯人同罪"。此榜一出即"民情汹汹，殆不聊生"。⑥

南宋都城临安都市繁华、经济发达，市井中也出现一些造假和欺行霸市的现象，如"货卖熟药之家，往往图利，多用假药，致服者伤生"。高宗下诏查处，列举相关处罚条款，"令临安府及诸路州县出榜晓谕"。⑦ 对于中书门下省奏言所称"访闻临安

---

① 张步天．中国历史地理：下 [M]．长沙：湖南大学出版社，1988：195.

② 周宝珠．宋代东京研究 [M]．开封：河南大学出版社，1992：67.

③ 徐松．宋会要辑稿：14[M]．刘琳，刁忠民，舒大刚，尹波，等校点．上海：上海古籍出版社，2014：8330.

④ 徐松．宋会要辑稿：15[M]．刘琳，刁忠民，舒大刚，等校点．上海：上海古籍出版社，2014：9342.

⑤ 徐梦莘．三朝北盟会编：上 [M]．上海：上海古籍出版社，1987：267.

⑥ 丁特起．靖康纪闻 [M]．北京：中华书局，1985：15-16.

⑦ 徐松．宋会要辑稿：14[M]．刘琳，刁忠民，舒大刚，等校点．上海：上海古籍出版社，2014：8382.

府城内外私盐盛行",宁宗下诏"令临安府日下大字镂板晓谕"。①临安成为南宋都城后,人口密度加大,生存环境遭到破坏,民众向河道抛弃废物,造成河道阻塞的现象时有发生,官府也多次发布诏令、指挥干预。绍兴四年(1134)二月,刑部指出:"本部寻下大理寺立到法,辄将粪土瓦砾等抛入新(河)开运河者,杖八十科断。仍令在城都监及排岸外沙巡检常切觉察,如有违戾,许临安府依法施行,及仰本府多出文榜晓谕"。②开禧二年(1206)四月,宁宗批准臣僚奏言:"应官民户不得以板木器用壅塞河道。令临安府多出文榜,豫先晓谕约束"。③同样的问题也出现在建康府。乾道元年(1165)正月,秦淮水"两岸居民填筑河岸,添造屋宇,日渐侵占其岸白地",建康府出榜"谕居民不许侵占,秦淮既复古道,则水不泛涨矣"。④

对于州、府、军、监行政事务中存在的普遍性的问题,皇帝、中央机构及地方官府多会出榜处置。如,绍兴十三年(1143)十月,臣僚奏言:"应民间典卖田宅,赍执白契,因事到官,不问出限,并不收使,据数投纳入官。其前因循未投纳税钱白契,并限五十日自陈投纳。如出限一日,更不展限"。户部批准奏言并"行下诸路州军出榜晓谕"。⑤

地方官根据日常政务的实际需要而揭榜示众。如,徽宗建炎年间,胡松年"出知平江府。未入境,贪吏解印敛迹,以兴利除害十七事揭于都市,百姓便之"。⑥"揭于都市"也就是揭榜于平江府城都市。淳熙年间,张栻为官静江军时,针对当地流行的诸多陋习鄙俗,作《谕俗文》予以遏制,并言明"本府已出榜禁止捉押,决定依谕条重作施行"。⑦

---

①徐松.宋会要辑稿:14[M].刘琳,刁忠民,舒大刚,等校点.上海:上海古籍出版社,2014:8355.

②徐松.宋会要辑稿:16[M].刘琳,刁忠民,舒大刚,等校点.上海:上海古籍出版社,2014:9621.

③徐松.宋会要辑稿:14[M].刘琳,刁忠民,舒大刚,等校点.上海:上海古籍出版社,2014:8364.

④徐松.宋会要辑稿:10[M].刘琳,刁忠民,舒大刚,等校点.上海:上海古籍出版社,2014:6158.

⑤徐松.宋会要辑稿:11[M].刘琳,刁忠民,舒大刚,等校点.上海:上海古籍出版社,2014:6757.

⑥脱脱,等.宋史:第三三册[M].北京:中华书局,1977:11697.

⑦张栻.张栻集[M].邓洪波,校点.长沙:岳麓书社,2017:632-633.

平民上书为地方官员所认可，也可以作为官府榜文的材料。淳祐四年（1244），广安遭遇前所未有的大旱，"稻苗已槁，岁事可忧"，阳枋遂写下《上广安赵守弼旱十事》进献广安军长吏赵汝凛。阳枋与赵汝凛相交多年，赵汝凛遂将阳枋所上十事以榜文的形式"揭榜市曹，发下县镇，张挂晓谕"，以期达到"庶远近通知，上下改革，共回天意"①的效果。

3. 县级官府

断案可谓宋代县级地方官员的日常政务之一，而在县城市曹以榜文公示判词是显示断案公正的最有效的形式。作为南宋官府诉讼判决书和公文分类汇编的《名公书判清明集》一书中保存了相关史料。如，刘后村《州县不当勒纳预借税色》中的"仍榜县市"②，《干照不明合行拘毁》中的"仍榜贵溪县市"③，蔡久轩《士人教唆词讼把持县官》中的"仍榜县市"④，胡石壁《勉寓公举行乡饮酒礼为乡闾倡》中的"并榜市曹及两县"⑤，等等。

知县是宋代"近民之官"⑥。按照惯例，每年夏秋税起催时县衙要出一道《知县事榜》，要求人户按时纳税，此榜由知县"勾耆长当厅丁宁指挥，给付此榜"，张挂宣传；催税到中限时再出一道《知县事榜》，此榜"小作印板印给耆长，每村三两道"⑦，劝告民户尽快交税。乡村是包括榜文在内的各种公文中所宣示的政令、举措落实民间的终点，也是关键所在。

---

①阳枋.广安旱代赵守榜文［M］//曾枣庄，刘琳.全宋文：第三二五册.上海：上海辞书出版社；合肥：安徽教育出版社，2006：299.

②名公书判清明集：上［M］.中国社会科学院历史研究所宋辽金元史研究室，点校.北京：中华书局，1987：65.

③名公书判清明集：上［M］.中国社会科学院历史研究所宋辽金元史研究室，点校.北京：中华书局，1987：129.

④名公书判清明集：下［M］.中国社会科学院历史研究所宋辽金元史研究室，点校.北京：中华书局，1987：478.

⑤名公书判清明集：下［M］.中国社会科学院历史研究所宋辽金元史研究室，点校.北京：中华书局，1987：395-397.

⑥方沂.临海县重建宣诏亭记//曾枣庄，刘琳.全宋文：第三四四册［M］.上海：上海辞书出版社；合肥：安徽教育出版社，2006：391.

⑦李元弼.作邑自箴［M］//杨一凡.历代珍稀司法文献：第一册.北京：社会科学文献出版社，2012：62-63.

二、榜文的晓谕对象

榜文均因人缘事而发，其所具有的行政功能与晓谕对象带有一定的指向性。榜文的晓谕对象是榜文指称的事项（件）所涉及的全国或某一行政区域范围内的所有民众或特定群体、个人。因此，榜文的晓谕对象有泛指和特指两种情形。泛指的，一般为敕榜，榜文内容与全国或某一地区的吏民有关，这在敕榜的名称或开篇中即有明示。如，真宗颁布的、要求"揭榜示民"的《诫饬中外诏》，榜谕对象是"臣庶"①。特指的，则是区域内与榜文内容直接相关的人员，指向性明确。如，太祖《谕江南管内敕榜》言明榜示的对象是"江南管内州县军镇官吏军人百姓等"②，《诏谕淮南敕榜》晓谕的对象是"淮南管内州县军镇官吏军人百姓等"③，《润州敕榜》晓谕的是"润州管内乡村人户等"④。行政事务都是具体、繁琐的，因此，作为辅助政务的工具的榜文，其晓谕对象属于特指的情形要多于泛指的情形。大致说来，榜文特指的晓谕对象有以下几类。

（一）群臣百官

宋代皇帝为防范官员结成朋党，实施"异论相搅"⑤的政策，主张各种意见展开交锋："国朝以来，凡政事有大更革，必集百官议之。不然，犹使各条具利害，所以尽人谋面通下情也"⑥。因此朝堂上官员之间针锋相对的辩论极为常见，君主从中择善而从。有关辩论的结果付诸书面文字的敕榜也常在朝堂上公示，榜示对象为中央机构的群臣百官，这也就是史籍中常见的"敕榜朝堂"。

然而，对于朝堂敕榜所公示的政务处理情况，臣僚并非一味接受，也常会发表自己的看法，有时甚至言辞很激烈。如，元丰八年（1085）五月，哲宗即位之初发布求言诏并出榜朝堂。资政殿学士、提举崇福宫韩维看到后，上疏称："臣近者伏睹传录到朝堂所出榜文，开示大信，招徕群言，皆前代帝王之高致，而方今朝廷之急务，天下

①佚名.宋大诏令集［M］.司义祖，整理.北京：中华书局，1962：704.

②佚名.宋大诏令集［M］.司义祖，整理.北京：中华书局，1962：872.

③佚名.宋大诏令集［M］.司义祖，整理.北京：中华书局，1962：874.

④佚名.宋大诏令集［M］.司义祖，整理.北京：中华书局，1962：875.

⑤李焘.续资治通鉴长编：第九册［M］.北京：中华书局，2004：5169.

⑥徐度.却扫编［M］.尚成，校点.上海：上海古籍出版社，2012：128.

幸甚"，但是对求言诏中"若乃阴有所怀"至"不得已也"七十五字提出质疑，认为"此言出于陛下，则是诏文前后自相违戾，疑误观者；若出于臣下议论，则是违异圣意，巧为辞说，以惧来者，阴成其邪志也"；同时指出"今则出榜止于朝堂，降诏不及诸道，既乖古义，亦非旧体"，请求"令刊去此七十五字，只以榜前所云，别撰诏文，遍颁天下"。①绍圣元年（1094）七月，哲宗将参与编修《神宗实录》的司马光、吕大防等人治罪，将"责降"以"敕榜朝堂"的形式公诸臣僚，并表示"除已行责降外，其余一切不问，议者亦勿复言"。殿中侍御史陈次升上疏《上哲宗论敕榜当取信天下》，直言汪洙、李仲以"元祐所献文字得罪"不公："近者，窃见汪洙、李仲送吏部与合入差遣，录黄行下，缘元祐所献文字得罪，则前件敕榜有'其余一切不问'之语，殆成虚文，将何以取信天下？……况夫揭榜朝堂，遍牒中外，明示臣庶，俾怀悛革自新之心。行之未几，今乃录下洙等得罪之由又如此。臣恐亏朝廷号令之信，有伤国体。伏望睿旨检会前件敕榜，宣示大臣，自今以始，同共遵守。庶使人无反侧之心，亦所以彰朝廷忠厚之德。"②其后，陈次升又在《上哲宗乞寝罢编排元祐臣僚章疏指挥》中进一步申述："臣近奏，乞宣谕人臣遵守敕榜'其余一切不问'之语，未见施行。今闻差官编排元祐间臣僚章疏，仍厚赏以告藏匿。采之舆议，实有未安，须至再渎天听……恭惟陛下即政之初诏令天下言事，亲政以来揭榜许其自新，是亦光武安反侧之意。今又张官置局，吹毛求疵，考人一言之失，致于有过之地。是前之诏令乃所以误天下也，后之敕榜又所以诳天下也。命令如此，何以示信于人乎？……矧今御史台榜示朝堂，进奏院遍牒天下，惟患人之不知，非特戏言而已。戏言尚践而行之，岂有明揭榜示，晓谕臣庶，可反之乎？"③此外，靖康元年（1126），金兵围攻汴京，杨时上书力主抗金，其《乞谨号令》言及此前"敕榜索金银于士庶之家，不纳者许人告诉，既而不行，未一二日又复前诏"，劝谏钦宗："今陛下即位之初，一言而臣下禀令，四海观听，尤不可不谨，不宜复蹈前辙也"。④陈次升、杨时的奏言揭示出作为"命令之体"的敕榜也存在"诳天下""徒挂墙壁而已，而民不信"

①韩维.乞删去求言诏书中六事疏［M］//曾枣庄，刘琳.全宋文：第二五册.成都：巴蜀书社，1992：182-183.

②赵汝愚.宋朝诸臣奏议：上［M］.北京大学中国中古史研究中心，校点整理.上海：上海古籍出版社，1999：220.

③赵汝愚.宋朝诸臣奏议：上［M］.北京大学中国中古史研究中心，校点整理.上海：上海古籍出版社，1999：220.

④杨时.龟山集［M］//景印文渊阁四库全书：第1125册.台北：台湾商务印书馆，1986：113.

的现象存在。

宋廷非常重视国史的修撰，时政记、起居注、日历、实录等都是国史修纂的基本材料。除此之外，朝廷还通过发布榜文，向地方官府、臣僚、宗室等征集私人著述。如，编修《哲宗正史》时，徽宗在其准允的修撰郑久中的奏书中列举"例合立传者""亦合书载""可书简册者""亦并许编录"等可写入史的各种情形，"下进奏院遍牒天下州军监，明行晓示，及多方求访。如无子孙，亦许亲属及门生故吏编录，于所属投纳。仍乞下尚书吏部左右选、入内内侍省、阁门、大宗正司出榜晓示，令依上件修写，直纳赴院"。① 榜文晓谕的对象是吏部、入内内侍省、阁门和大宗正司的相关官员。

熙宁变法初期，吕惠卿和曾布二人先后辅佐王安石制定与推行新法，但二人政见不尽相同。熙宁七年（1074）三月，判司农寺吕惠卿上疏："本寺主行常平、农田水利、差役、保甲之法，而官吏推行多违法意，及元法措置未尽，欲榜谕官吏、诸色人陈述。其官司违法事，并从本寺按察"②。奏疏得到皇帝批准。职权渐重的吕惠卿已表明对此前由曾布主持司农寺工作的不甚满意，并奏请朝廷以榜谕的形式招募官吏、诸色人等陈述而追究违法者。

皇帝、朝廷对在京城外官员的诫饬、行政事务的指导也会通过发布榜文实现。如，架阁库保存的断案例册是重要的档案。当有些官员不能正确引用例案，以致"比年以来，旁缘出入，引例为弊，殊失刑政之中"，从而影响法律的执行。为此，孝宗诏令"刑部、大理寺引见用例册令封锁架阁，更不引用"，且"仰刑部遍牒诸州，大字出榜晓谕"。③ 对此，有学者认为，这里实际规定了官员裁断案件的基本标准，即"引条法定断"，榜文针对特定的官员，所以其公布的范围也限于上下级衙署之间，而并非所有民众。④

（二）涉及民众

榜文揭示的对象除了中央机构及地方官府的官员，绝大多数是数量庞大的民众。榜文因涉及对象、事件不同，晓谕的对象也就各异，其中有泛指全体民众的"诸色人"，

①徐松.宋会要辑稿：5[M].刘琳，刁忠民，舒大刚，等校点.上海：上海古籍出版社，2014：2701—2702.

②李焘.续资治通鉴长编：第九册[M].北京：中华书局，2004：6120.

③徐松.宋会要辑稿：6[M].刘琳，刁忠民，舒大刚，等校点.上海：上海古籍出版社，2014：3670.

④徐燕斌.榜文与宋廷地方治理考略[J].云南大学学报（法学版），2015（1）：23.

也有特指商贾、僧徒、耆长等个别群体。

1. 诸色人

"诸色人"即各种各样、各色各样的人，也就是所有人。公示对象为诸色人的榜文，处置的都是具有普遍性的事项(件)、现象。神宗时期铜钱盗铸现象严重，"时以在市交易，多以外方盗铸滥恶小钱，而商贩颇以为患"，官府对此予以严厉打击。如，元丰元年（ 1078 ）十月，"三司请榜在京诸色人，纳私小钱入官毁弃"[①]。淳熙十四年（ 1187 ）十一月，淮南西路发生牛疫，孝宗下诏："两淮人户包占未耕荒田，候岁终，更与展限三年，令申官自首。如限满不首，或所首不尽，诸色人陈告，以限占田给赏，将犯人依条施行。仍令州军多出文榜晓谕"[②]。

2. 商贾

宋代商业较之前代更为兴盛，商人成为封建国家法定的士、农、工、商"四民"之一。天圣元年（1023），为了保障北部边防军费的供给，仁宗命三司使李谘等人讨论旧茶法的得失，准备改行新法，却引起了豪商巨贾的不满。新法"行之期年，豪商大贾不能为轻重"，"争言其不便"。李谘等人为此向皇帝"条上利害"，据理力争。仁宗最终接受他的意见，"于是诏有司榜谕商贾以推行不变之意"，并赐主持改法的官吏"银绢有差"[③]。

福建地狭人稠，粮食不能自给，常依赖浙西和两广的大米解决民众的吃饭问题，运输数量巨大，航运异常繁忙。朱熹为建宁府筹集粮食时提出："广南最系米多去处，常岁商贾转贩，舶交海中。今欲招邀，合从两司多印文榜，发下福州沿海诸县，优立价直，委官收籴，自然辐凑。然后却用溪船节次津般，前来建宁府交卸。"[④]两司发放的印榜，榜示的对象就是粮商。

3. 僧徒

僧徒是宋代一个等级地位特殊的阶层，其人员构成情况复杂，很多僧徒并不遵守

---

①李焘.续资治通鉴长编：第十二册 [M].北京：中华书局，2004：7156.

②徐松.宋会要辑稿：12[M].刘琳，习忠民，舒大刚，尹波，等校点.上海：上海古籍出版社，2014：7453.

③脱脱，等.宋史：第一三册 [M].北京：中华书局，1977：4485-4486.

④朱熹.晦庵先生朱文公文集 [M]// 朱熹.朱子全书：第21册.朱杰人，严佐之，刘永翔，主编.上海：上海古籍出版社；合肥：安徽教育出版社，2002：1117.

佛教的清规戒律，甚至于违法犯罪。宋廷延续唐朝旧制，继续采取通过考试选拔僧尼的试经制度。尚书右丞马亮谏言加强应试僧徒身份的勘验："及常年聚试之际，先委僧司看验保识，如行止不明，身有雕刺及曾犯刑宪者，并不得试经"，并"仍于逐年试帐前榜此条贯"。①

4.逃兵、"为盗军民"、叛卒

两宋兵燹不断，相伴而生的逃兵问题突出，政府为此制定相关政策应对，并发布榜文广泛宣传。如，元丰三年（1080）六月，神宗下诏："军士民兵逃亡随军效用。若首获，并械送所属，论如法。虽立战功不赏，仍不许以功赎过，令随军榜谕"②。建炎元年（1127）八月，高宗"榜谕为盗军民，率众归降，当赦其罪，仍审量事理，命以官资；若敢抗拒，仍旧为恶，则掩杀正贼外，父母妻子并行处斩"③。建炎二年（1128）五月，建州叛卒张员等虽接受招降，但"桀骜如故"，福建路转运判官谢如意设计捉拿并杀掉张员等六人。此后，朝廷任命方承知建州，方承即"赉敕榜谕叛卒"。④绍兴三年（1133）五月，安化蛮蒙全剑聚集八百人焚宜州普义寨。高宗下诏命杨沂中率大军"速往招捕余党。宣谕官胡蒙请榜谕其徒，能自首者，免罪给赏"⑤。

5."违法交易之人"

《名公书判清明集》中所载一桩财产案的书判云："候检校到日，备榜禁约违法交易之人。案呈本军见在任官，选委一员奉行。寻具呈，再奉判。"⑥即官府选派人审核当事人财产后上报宪司，然后再做出判决。而在审核过程中，官府以榜文的形式发出公告"禁约违法交易之人"，以免可能出现的违法交易。

6.赌徒

宋代官府对于"败事丧家，皆由此始"的赌博活动从法律上予以禁止，并在相关案件的判词中广而告之："备榜晓谕，输钱人自首，特原其本罪，追还其钱，却将赢钱

———————————

①徐松.宋会要辑稿：16[M].刘琳，刁忠民，舒大刚，等校点.上海：上海古籍出版社，2014：9986.

②李焘.续资治通鉴长编：第十二册[M].北京：中华书局，2004：7416.

③毕沅.续资治通鉴：第六册[M].北京：中华书局，1957：2621.

④李心传.建炎以来系年要录：一[M].胡坤，点校.北京：中华书局，2013：374.

⑤李心传.建炎以来系年要录：三[M].胡坤，点校.北京：中华书局，2013：1278.

⑥名公书判清明集：上[M].中国社会科学院历史研究所宋辽金元史研究室，点校.北京：中华书局，1987：253.

人依条断令"①。榜文的晓谕对象指向明确。

7. 案件当事人

《名公书判清明集》中所收曾宅与范僧有关山地纠纷的判词中有："门示范僧，余照金厅所拟行"。②判文明言"门示范僧"，即将案件相关情况及官府不予受理的理由揭示府门，留待范僧自己前来阅看。

8. 煎盐亭户、造茶人户、货药人

宋代业已形成了较为细密的专业化生产分工，在一些地区由此形成了专事某一行业生产的专业户。宋初颁布的《赐通州煎盐亭户敕榜》，对之前官府的食盐收购价格予以纠正，"深虑亏损人户，今议特行轸恤，宜令本州自今后应支盐本钱，一依旧定，每石正盐价例，并给见钱与人户，不得更有折支"，并将此价格调整"故兹榜示，各令知悉"，③其目的即在于保护煎盐亭户生产的积极性。

宋朝实行盐茶专卖政策，地方官府不能任意制定涉及茶盐的相关法令，而以敕榜的形式对所涉及地区的财政政策予以规制。太祖发布《赐潭州造茶人户敕榜》，"宜令本州自今并依旧棬模制造茶货，旧日每三十片重九者，不得令过十斤。即须如法制造，无令卤莽夹杂"，且将此规定"故兹榜示，各令知悉"。④这道敕榜晓谕对象是"潭州管内造茶人等"，为的是让他们免于官吏违犯敕令的"邀难"。

宋政府重视对医药行业的监管，严禁私人或商人制造或贩卖假药，并对官员倒卖药材及贩卖假药的犯罪行径予以严惩。临安"街市货卖熟药之家，往往图利，多用假药，致服者伤生"。高宗为此颁布禁卖假药诏书："自今后卖药人有合用细色药，敢以他物代者，许其家修合人陈首；如隐（敝）〔蔽〕却因他人告首者，与货药人一等断罪，并追赏钱三百贯，先以官钱代支。"诏书最后明言"令临安府及诸路州县出榜晓谕"。⑤

---

①名公书判清明集: 下[M].中国社会科学院历史研究所宋辽金元史研究室,点校.北京: 中华书局, 1987: 533.

②名公书判清明集: 上[M].中国社会科学院历史研究所宋辽金元史研究室,点校.北京: 中华书局, 1987: 163.

③佚名.宋大诏令集[M].司义祖,整理.北京: 中华书局, 1962: 663.

④佚名.宋大诏令集[M].司义祖,整理.北京: 中华书局, 1962: 663.

⑤徐松.宋会要辑稿: 14[M].刘琳,刁忠民,舒大刚,等校点.上海: 上海古籍出版社, 2014: 8382.

9. 民户

宋代户籍管理中除品官（一品至九品）之家称官户外，其他全部人户均称民户①。与民户相关的事项也以榜文公示告知。如，政和二年（1112）八月，徽宗下诏"申明前后禁约州县科买、科配、率敛等，令榜谕民户"②。宋代建立了较为完备的灾害救助制度，为使灾民了解朝廷的救助措施，官府要求将救灾信息广泛布告乡间闾巷。绍兴十八年（1148）十一月，高宗批准户部奏言，诏令"江、浙、淮南路州军据灾伤县分，遵以今（限）〔降〕指挥，依实检放。分明大字出榜乡村，晓谕民户通知"③。为革除地方官员讳言灾伤或检放不实的弊病，宋廷规定须将覆检结果张榜公示。淳熙六年（1179）三月，孝宗批准户部奏言："乞下诸路提举司，依本官奏陈事理开具（衔）〔冲〕改条法指挥，并见行条法、续（绛）〔降〕指挥，行下所部州县遍出榜文，分明晓谕民户通知，常切遵守"④。

10. "民间有田之家"

南宋政府用于水利建设的费用可以分为地方政府经费和朝廷补助两项。⑤地方政府常常动员富裕人家参与地方水利建设。孝宗乾道六年（1170）十二月，胡坚常奉命主持苏、湖、常、秀四州修建水利，"欲镂板晓示民间有田之家"，劝说他们"各自依乡原体例，出备钱米，与租佃之人更相劝谕，监督修筑田岸"⑥，以杜绝水患的发生。此举得到皇帝批准。

11. 耆长、壮丁

宋代因袭前代制度，"以衙前主官物，以里正、户长、乡书手课督赋税，以耆长、弓手、壮丁逐捕盗贼"⑦。即设耆长、壮丁维持各乡村的治安。李元弼《作邑自箴》所

①徐寒.中国历史百科全书：第4卷[M].长春：吉林大学出版社，2004：106.

②燕永成.皇宋十朝纲要校正：上[M].北京：中华书局，2013：479-480.

③徐松.宋会要辑稿：10[M].刘琳，刁忠民，舒大刚，等校点.上海：上海古籍出版社，2014：5942.

④徐松.宋会要辑稿：13[M].刘琳，刁忠民，舒大刚，等校点.上海：上海古籍出版社，2014：7870.

⑤梁庚尧.南宋的农村经济[M].北京：新星出版社，2006：147.

⑥徐松.宋会要辑稿：10[M].刘琳，刁忠民，舒大刚，等校点.上海：上海古籍出版社，2014：6154.

⑦脱脱，等.宋史：第一三册[M].北京：中华书局，1977：4295.

收知县约束耆壮的榜文《榜耆壮》，榜示对象是耆长、壮丁，并列出耆壮的职责二十一条内容，其中之一便是对"里堠粉壁及榜示常切照管，不得稍有损坏"。^①

12. 客店户、客旅

宋代经济繁荣，交通便捷，人们出行频繁，从而带动旅馆业的发展。东京的客店与商业区相连，"东去沿城皆客店，南方官员商贾兵级皆于此安泊"^②。政府对客店接待客人投宿有相应的制度规定。李元弼《作邑自箴》即收有知县约束客店户的《榜客店户》。^③马光祖主政当涂时，仿真德秀创建安乐庐，其目的之一便是用于收留救治过往行旅及军队病囚："军民在路遇疾，往往客店户恶其扰人，又虑传染，多是不肯安着。本府已告示城内外客店户并军巡地分，遇有经过人病患，仰即时具状，经提督官，随即押下，差医人诊视，给药医治"。^④宋朝对牙人采取登记和领取牌照的管理办法，民间牙人"须召壮保三两名，及递相结保，籍定姓名，各给木牌子，随身别之，年七十已上者不得充"，这些要求"仍出榜晓示客旅知委"。^⑤

13. "富室上户"

灾荒之年，贫苦百姓常无力自我救助，而富甲一方、拥有田产的"富室上户"是除了政府之外最有能力参与社会赈济的主要力量。淳熙九年（1182）八月，作为地方官的朱熹专门发布榜文对"富室上户"多方劝谕，阐明朝廷的推赏制度。如，吏部奉皇帝圣旨，"检坐乾道七年八月一日赏格，节次指挥，行下浙东州县，劝谕富室上户赈济赈粜应格之人，保明推赏"。朱熹发布《减半赏格榜》做出相应安排："右当司除已恭依圣旨指挥，行下诸州县劝谕外，今印榜晓示富室上户，仰体朝廷恤民之意，广出米谷，以拊乡间"。^⑥

14. 巡捕弓兵

宋代的弓兵是负责地方巡逻、缉捕之事的兵士。徽宗宣和六年（1124）正月，魏

①李元弼.作邑自箴 [M]//杨一凡.历代珍稀司法文献：第一册.北京：社会科学文献出版社，2012：58.

②邓之诚.东京梦华录注 [M].北京：商务印书馆，1959：89.

③李元弼.作邑自箴 [M]//杨一凡.历代珍稀司法文献：第一册.北京：社会科学文献出版社，2012：59-60.

④周应合.景定建康志：二 [M].南京：南京出版社，2009：590.

⑤李元弼.作邑自箴 [M]//杨一凡.历代珍稀司法文献：第一册.北京：社会科学文献出版社，2012：34.

⑥朱熹.晦庵先生朱文公文集 [M]//朱熹.朱子全书：第25册.朱杰人，严佐之，刘永翔，主编.上海：上海古籍出版社；合肥：安徽教育出版社，2002：4608.

伯刍负责榷货，他在奏疏中提出："今后应弓兵等解到私盐，如合赴盐场送纳，即封记本州差人押赴送场，不得令元解人送纳。仍分明出榜晓示巡捕弓兵知委"①。

第三节　宋代榜文的发布程序与规定、违规与处罚

司马光在《谨习疏》中论及宋代的层级行政管理制度时说："及大宋授命……于是节度使之权归于州，镇将之权归于县。又分天下为十余路，各置转运使，以察州县百吏之臧否，复汉部刺史之职，使朝廷之令必行于转运使，转运使之令必行于州，州之令必行于县，县之令必行于吏民，然后上下之叙正，而纪纲立矣。"②封建层级管理体制体也规定着榜文这一下行公文的发布程序，即是遵循着从皇帝、中央机构到地方官府严格的等级体系而展开。皇帝、中央机构作为各级地方官府行政指令发布的主要来源，其相关诏敕、指挥等或需要昭示全国一体遵守，或只针对某一部门、地区实行，从而成为各地方官府颁布榜文的重要依据。因此，各级地方官府是统治者治国理念得以实施的中坚，也是榜文发挥效用的关键所在。

皇帝的敕榜及中央机构榜文依次经由路、州府军监、县等各级地方衙署（行政中心）传递，并由此向居住、活动于集镇、交通要道、乡间村落等地的民众散布，从而形成一条完整的官方信息传播通路。皇帝、中央机构及地方官府涉及的各项行政事务，诸如财政税赋、地方治安、吏役管理、民间诉讼和礼俗教化等，均可以借助榜文的形式传达至基层社会，从而在中央与地方、官府与民众之间建构起相关政情民意沟通的互动渠道。就根本而言，榜文发布所遵循的程序与规定，实为封建王朝借助政治传播而进行社会有效控制的制度保障。

一、榜文的发布程序与规定

作为日常行政运作必不可少的重要环节，皇帝的敕榜及中央机构榜文的下行及公示于民众有其正常的程序与规定。前文述及，宋代自中央省、台、寺、监院百司，至诸路、州府军监、县等均可面向民众出榜。中央机构、地方官府依照其行政权限的不

---

①魏伯刍.乞合赴盐场私盐不得令元解人送纳奏 [M]// 曾枣庄，刘琳.全宋文：第一四六册.上海：上海辞书出版社；合肥：安徽教育出版社，2006：27.

②李焘.续资治通鉴长编：第八册 [M].北京：中华书局，2004：4748.

同行使相应职责，按照行政机构层级依序接收上级部门的公文（榜文），转发相关公文（榜文）至下级官府施行。作为下行公文，榜文主要用于官府向吏民发布律法、指令以及晓谕训诫，其运行路线大致为：皇帝、中央机构→路→州府军监→县→乡。但并非所有的榜文的传递途径都是如此，这是因为：一方面，榜文可以直接发给个人（如《名公书判清明集》中有榜文直接发给相关个人）和特定群体；另一方面，榜文也可以越过原有行政层级，如敕榜针对某些具体事务而直接发往相关地区官署衙门，地方官府再行出榜告示民众。

（一）敕榜

1.敕榜的内涵

现有对敕榜的解释，如，"敕榜。带有任命和公告两重性，主要由尚书省使用，如僧道被旨令住持寺庙、官员出使国外、接待外国使臣等均用敕榜"[1]。敕榜是"宋代君主诏令的一种。用于戒饬、勉励百官，晓谕军民"[2]。从内涵到外延的表述尚有需完善之处。

对于敕榜的来源，目前尚没有统一的说法。如，有人认为，敕榜是"我国宋代皇帝专用的下行公文文种之一，一般认为由'敕'派生而来。与唐代'论事敕书'基本相同。宋代皇帝赐宴、戒励百官、晓谕军民均用'敕榜'，其程式与'敕'相同。以后各朝基本未用"[3]。有人认为宋代敕榜源自唐代的敕牒，唐代的"敕牒，用于照章办事的例行公文。宋代改为'敕榜'，用于赐酺及戒励百官、晓谕军民，是常行的政务文书"[4]。还有人认为"在南北朝时期就已经有了敕榜"，[5]其所依据的明代何孟春所述刘宋郭世通事迹为"文帝敕榜表门，为孝行焉"[6]，其在《南史·郭世通传》中为"文帝嘉之，敕榜表门闾"[7]。已有人指出"此处'敕'与'榜'似更宜断开，为'敕'而'榜表门闾'说"[8]。

①丁晓昌，冒志祥.古代公文研究［M］.合肥：安徽文艺出版社，2000：348.

②陈文清.文秘词典［M］.沈阳：辽宁人出版社，1987：390.

③王志彬.新编公文语用词典［M］.上海：复旦大学出版社，2002：312.

④柏桦.中国官制史：下［M］.沈阳：万卷出版公司，2020：486.

⑤徐燕斌.宋明榜文类别述考［J］.兴义民族师范学院学报，2015（1）：29.

⑥何孟春.余冬序录摘抄内外篇［M］.北京：中华书局，1985：3.

⑦李延寿.南史：第六册［M］.北京：中华书局，1975：1800.

⑧杨芹.宋代敕榜研究［J］.中华文史论丛，2017（3）：295-296.

本著借鉴既有研究成果，将敕榜纳入所讨论的宋代榜文中[①]，敕榜"属于必须张贴公示之君主诏令。它与宋代其他榜文类型的区别在于作为'命令之体'之一，敕榜的发布主体须是皇帝，直接以皇帝的名义制作和发布"。[②]由此可见，举凡以榜文形式公示皇帝的命令文书，如敕、诏、御笔手诏、赦书及德音等均可称为敕榜。在这个意义上，敕榜又有黄榜、皇榜、诏榜等不同称谓。敕榜的发出者是皇帝，或皇帝诏令负责出榜的朝廷某一部门，如御史台、尚书省、枢密院等，而地方官府则是无权发布敕榜的。

2. 敕榜的拟制

宋代的敕大体分为敕榜和敕书。[③]"朝廷命令必由中书、门下省，后付之尚书省，乃谓之敕。"[④]北宋前期，敕是经由中书门下的命令；元丰改制后，敕为由中书省取旨，门下省审驳，尚书省施行的命令。敕榜属于"王言"，是七种"命令之体"之一，其拟制程序《宋史》《文献通考》《宋会要辑稿》等均有记载。《宋史·职官一·中书省》记载如下。

> 凡命令之体有七：曰册书，立后妃，封亲王、皇子、大长公主，拜三师、三公、三省长官，则用之。曰制书，处分军国大事，颁赦宥德音，命尚书左右仆射、开府仪同三司、节度使，凡告廷除授，则用之。曰诰命，应文武官迁改职秩、内外命妇除授及封叙、赠典，应合命词，则用之。曰诏书，赐待制、大卿监、中大夫、观察使以上，则用之。曰敕书，赐少卿监、中散大夫、防御使以下，则用之。曰御札，布告登封、郊祀、宗祀及大号令，则用之。曰敕榜，赐酺及戒励百官、晓谕军民，则用之。皆承制画旨，以授门下省。令宣之，侍郎奉之，舍人行之，留其所得旨为底：大事奏禀得旨者为"画黄"，小事拟进得旨者为"录黄"。凡事干因革损益，而非法式所载者，论定而上之。诸司传宣、特旨，承报审覆，然后行下。[⑤]

---

①也有学者区分敕榜与榜："敕榜是以皇帝名义发布的，当属诏令。另有官府晓喻军民的文告亦称榜，属公牍文。"曾枣庄《宋文通论》，上海人民出版社2008年版，第391页。

②杨芹.宋代敕榜研究［J］.中华文史论丛，2017（3）：291.

③见杨果的《唐宋时期诏令文书的主要类型》一文（《文史杂志》2000年第2期，第65页）。也有人认为"敕除称为敕榜外，还称作敕书、诏敕、喻告"，见曾枣庄的《宋文通论》一书（上海人民出版社2008年版）第391页。

④徐松.宋会要辑稿：5［M］.刘琳，刁忠民，舒大刚，等校点.上海：上海古籍出版社，2014：2965.

⑤脱脱，等.宋史：第一二册［M］.北京：中华书局，1977：3783.

《文献通考·职官考五·中书省》记载如下。

> 凡命令之体有七：曰册书，立后妃，封亲王、皇子、大长公主，拜三师、三公、三省长官，则用之。曰制书，处分军国大事，颁赦宥德音，命尚书左右仆射、开府仪同三司、节度使，凡告廷除授则用之。曰诰命，应文武官迁改职秩、内外命妇除授及封叙、赠典，应合命词则用之。曰诏书，赐待制、大卿监、中大夫、观察使以上则用之。曰敕书，赐少卿监、中散大夫、防御使以下则用之。曰御札，布告登封、郊祀、宗祀及大号令则用之。曰敕榜，赐酺及戒励百官、晓谕军民则用之。皆承制画旨以授门下省。令宣之，侍郎奉之，舍人行之。留其所得旨为底：大事奏禀得旨者为"画黄"，小事拟进得旨者为"录黄"。凡事干因革损益，而非法式所载者，论定而上之。诸司传宣、特旨，承报审覆，然后行下。①

《宋会要辑稿》记载，元丰五年（1082）二月，神宗下诏：

> 中书省、枢密院面奉宣旨事，别以黄纸书，中书令、侍郎、舍人宣奉行讫，录送门下省，为画黄。受批降若覆请得旨及入熟状得画事，别以黄纸，亦书宣奉行讫，录送门下省，为录黄。②

此外，《宋会要辑稿》引《神宗正史·职官志》记载中书省的执掌，也提及敕榜：

> 中书省掌承天子之诏旨及中外取旨之事，凡职事官，尚书省自员外郎，门下中书省自正言，御史台自监察御史，秘书省（字）〔自〕正字，寺监自宗正、太常（承）〔丞〕、博士，国子监自正、录，侍从官〔自〕待制，带职官自直秘阁，寄禄官自中散大夫，宗室自防御使，外任官自提举官、藩镇节镇知州，

---

①马端临.文献通考：第二册［M］.上海师范大学古籍研究所，华东师范大学古籍研究所，点校.北京：中华书局，2011：1456.

②徐松.宋会要辑稿：5［M］.刘琳，习忠民，舒大刚，等校点.上海：上海古籍出版社，2014：2948.

内命妇自掌计，东宫自庶子以上除授皆主之。立后妃、封亲王、皇子、公主，拜三师、三公、侍中、中书、尚书令则用册，颁赦、降德音、命尚书左右仆射、开府仪同三司、节度使则用制，应迁改官职命词则用诰，非命词则用敕牒，赐中大夫、观察以上则用诏，布告、大号令则用御札，赐脯及戒励百官、晓谕军民则用敕榜。皆承制画旨，授门下省，令宣之，侍郎奉之，舍人行之，留其所得旨为底。大事则奏禀，其底曰"画黄"；小事则拟进，其底曰"录黄"。凡事干兴革增损而非法式所载者，论定而上之。诸司传宣特旨，承报审覆，然后行下。①

可见，包括敕榜在内的七种"命令之体"的拟制程序是一样的，即中书省将大事向皇帝面奏后得旨，抄写于黄纸上送门下省审读、奏覆，以便报尚书省施行。即如南宋陈亮在其《论执要之道》中所说：

自祖宗以来，军国大事，三省议定，面奏获旨。差除，即以熟状进入，获可始下中书造命，门下审读。有未当者，在中书则舍人封驳之，在门下则给事封驳之。始过尚书奉行。有未当者，侍从论思之，台谏劾举之。此所以立政之大体，总权之大纲。端拱于上而天下自治，用此道也。②

因此诏令的拟定、颁行是由各司其职的多部门共同参与的复杂过程。

敕榜的具体撰写由翰林学士承担。翰林学士"掌制、诰、诏、令撰述之事。凡立后妃，封亲王，拜宰相、枢密使、三公、三少，除开府仪同三司、节度使，加封，加检校官，并用制；赐大臣太中大夫、观察使以上，用批答及诏书；余官用敕书；布大号令用御札；戒励百官、晓谕军民用敕榜；遣使劳问臣下，口宣。凡降大赦、曲赦、德音，则先进草；大诏命及外国书，则具本取旨，得画亦如之"③。因此，"事实上，尽管以皇帝的口吻发文，但宋朝之敕榜文字应主要出自学士院、中书省文字官员之手，即由内、外制之

---

① 徐松. 宋会要辑稿：5[M]. 刘琳，刁忠民，舒大刚，等校点. 上海：上海古籍出版社，2014：3023-3024.

② 陈亮. 陈亮集[M]. 邓广铭，点校. 石家庄：河北教育出版社，2003：22.

③ 脱脱，等. 宋史：第一二册[M]. 北京：中华书局，1977：3811.

臣负责起草"①。如，熙宁十年（1077）七月，神宗御批："已立赏购捕廖恩及遣募士讨除，可更降敕榜付刘定相度事势招降，庶一方生聚早遂安处"。中书据此"拟敕榜"："廖恩本南剑州大姓，昨因吴笋寇略，与族人承禹等同力讨除，本路奏功不实，以至恩赏不均。今乃啸聚徒众，敢行剽劫，屠害官兵，已令本路进兵，及选差兵官前去剿除。况恩等本是平民，有劳未奖，陷于大戮，宜开一面，使得自新。"②又如，元丰四年（1081）八月，神宗"诏学士院降敕榜付林广晓谕，许乞弟出降，当免罪。如乞弟迷执如故，即行诛杀"③，等等。

至于敕榜处理什么情况由内制起草，何事为外制掌词，史书并未提及。但也有例外的情形存在。熙宁八年（1075）十一月，交趾李朝侵宋，一年后宋军取得战争的胜利。交趾在战争期间曾发布露布，借宋廷推行新法而党争激烈、民间对新法颇有怨气的舆情，以责难王安石创立的新法为伐宋的旗号："时出师安南，谍得其露布，言：'中国作青苗、助役之法，穷困生民。我今出兵，欲相拯济。'"王安石得知此情况非常愤怒，以致"自草敕榜诋之"。④"自草敕榜"指王安石亲自草拟《敕榜交趾》。这一事件在《续资治通鉴长编》⑤《涑水记闻》⑥均有提及。黄震《黄氏日抄》言"公（王安石）已不当内制之职矣。《敕榜》乃其所自为。盖公侵官以行私"⑦，认为王安石有侵越内制职分的嫌疑，但也有学者对此事的真实性提出怀疑。⑧

在非常状态下，敕榜的拟制与颁布也会省略一些环节。杨仲良《皇宋通鉴长编纪事本末》记载宣和七年（1125）十二月"上令速行"敕榜之事：

> 是日，上召粹中弟虚中至内殿，同三省、枢密院官议事。适报黏罕兵迫太原。

---

①杨芹．宋代敕榜研究［J］．中华文史论丛，2017（3）：298.

②李焘．续资治通鉴长编：第十二册［M］．北京：中华书局，2004：6931.

③徐松．宋会要辑稿：16［M］．刘琳，刁忠民，舒大刚，等校点．上海：上海古籍出版社，2014：9856.

④脱脱，等．宋史：第三〇册［M］．北京：中华书局，1977：10549.

⑤李焘．续资治通鉴长编：第十一册［M］．北京：中华书局，2004：6650-6651.

⑥司马光．涑水记闻［M］．邓广铭，张希清，点校．北京：中华书局，1989：271-272.

⑦黄震．黄氏日抄［M］//黄震．黄震全集：第6册．张伟，何忠礼，主编．杭州：浙江大学出版社，2013：1948.

⑧范学辉．王安石自作《讨交趾敕榜》说质疑［J］．史学集刊，2017（3）：75-81.

上顾虚中曰："王黼不用卿言，封殖契丹，以为藩篱。今金人兵两路并进，卿料事势如何？"虚中云："贼兵虽炽，然羽檄召诸路兵入援，结人心，使无畔怨。凭藉祖宗积累之厚，陛下强其志，勿先自怯，决可保无虞。今日之事，宜先降罪己诏，更革弊端，俾人心悦，天意回，则备御之事，将帅可以任之。"上宣谕云："虚中便就此草诏。"虚中奏言："臣未得圣旨，昨晚已草就，专俟今日进呈。"上令展读，虚中又列出宫人、斥乘舆服御物、罢应奉司、罢西城所、罢六尚局、罢大晟府、内臣寄资等十余事于所草诏。上览之曰："一一可便施行。今日不吝改过。"虚中再拜泣下。同列尚有犹豫者，粹中奏："乞依此出画黄，写救榜。"上令速行，遂呼省吏及诸厅人至都堂誊写，旋次印押付出，于京城张挂。[①]

按照规定，救榜的拟制、发布须经中书省录黄、门下省画黄，最后报尚书省施行这一系列程序，但事属紧急，"上令速行"，且三省、枢密院官员都在场，因此程序简省，于是徽宗"呼省吏及诸厅人至都堂誊写，旋次印押付出，于京城张挂"。

救榜中有将皇帝诏旨全文揭榜公示于民众的情形。如，绍圣四年（1097）十一月，哲宗下诏，对户部及诸路转运司的"泛抛收买"制度作了全面申述。

> 户部严戒诸路监司，应承诏旨抛买物色，并令体访出产多寡，所在约度数目，令逐州军置场，用见钱和买，召人取情愿赴场中卖。其逐州军如不系出产或出产数少，及虽系出产而当年偶阙，即具因依回申本司，别行下出产数多处贴数和买。如本路诸州军实买不足，令监司具诣实事状申陈，即州县辄有科买及监司不为申陈者，并以违制论。仍令提举常平司觉察，如有违犯，具事因及官员名衔申尚书省，仍许被科扰人户直经提举常平司陈诉。如本司不为行遣者，一等科罪。每遇和买，备此诏旨全文揭榜晓示。[②]

"备此诏旨全文揭榜晓示"，显示出此救榜来源于现有成文的诏旨。另外，救榜也

---

① 杨仲良.皇宋通鉴长编纪事本末：第 3 册 [M].李之亮，校点.哈尔滨：黑龙江人民出版社，2006：2457.

② 李焘.续资治通鉴长编：第十九册 [M].北京：中华书局，2004：11697.

有以诏书"节文"的形式而榜示天下。李纲的《画一措置赈济历并缴奏状》中记载：

> 契勘去岁旱灾尤甚，今正当新陈不接之时，米价翔踊，细民缺食，下户流移，无本耕种。上轸圣虑，累降德音，督责监司守令广行赈济。今月二十二日，被受御笔诏书节文，令帅守监司多方劝诱积米之家，以其食用之余，尽数出粜，庶几济此流殍数月之苦。当日又准尚书省札子，备奉圣旨指挥节文，停蓄之家，尚敢不从劝诱，依前闭粜，量度轻重，一面断遣。除已备录全文印榜晓示外，今具遵依圣训，措置劝诱下项。①

李纲同一天先是接到"御笔诏书节文"，后又接到皇帝准尚书省札子的"指挥节文"，均"已备录全文印榜晓示"。

3.敕榜的复制

宋代规定中央机构要按时向起居注官提供相关公文。淳化五年（994）四月，太宗批准的梁周翰等奏言称："自余百司凡干封拜、除改、沿革制置之事，并乞降诏，具条件关报起居院，以备编录。每月具所编录之事封送史馆"②。从此成为定制。与一般榜文用于辅助政务、事过则废不同，敕榜因其特殊性还须向起居注官提交。徐松《宋会要辑稿》言及起居注云：

> 凡宣徽院、客省、四方馆、阁门、御前忠佐引见司制置、进贡、辞谢、游幸、宴会、赐赉、恩泽之事，五日一报。翰林麻制、德音、诏书、敕榜该沿革制置者，门下中书省封册、诰命，进奏院四方官吏、风俗、善恶、祥瑞、孝子顺孙、义夫节妇殊异之事，礼宾院诸蕃职贡、宴劳、赐赉之事，并十日一报。③

其中所说的敕榜须"十日一报"，就是十天提交一次。如此，张贴的榜文应是翻录

---

①李纲.李纲全集：中［M］.王瑞明，点校.长沙：岳麓书社，2004：857.

②徐松.宋会要辑稿：5［M］.刘琳，刁忠民，舒大刚，等校点.上海：上海古籍出版社，2014：2991.

③徐松.宋会要辑稿：5［M］.刘琳，刁忠民，舒大刚，等校点.上海：上海古籍出版社，2014：2991.

的赦榜,也就是赦榜文书的副本。

宋代赦书传递到地方,州府官员在宣读皇帝的赦书后,"监司州郡备录赦文而行下所部也"①,即监司、州郡要将赦书复制多份向县一级官署传递,这一过程称为"翻黄",即是以黄纸誊写(印)制敕、赦书、德音。翻黄之名取自敕书、赦书的颜色。古人用"染潢"的方法处理纸,以防止霉蠹。唐高宗在上元二年(675)颁布的诏令中说:"制敕施行,既为永式,比用白纸,多有虫蠹。自今以后,尚书省颁下诸司诸州及下县,宜并用黄纸。"②宋朝也沿袭了这一做法:"诸翻录制敕、赦书、德音,其纸用黄。(须无粉药者)。"③皇帝赦书并非直接颁布至全国,而是须翻黄后颁行天下,即如殿中侍御史许景衡所言:"国朝踵唐故事,制敕并用黄纸为之,所以严天子命令,示朝廷之尊崇,非百司庶府文移之比也"④。最初翻黄的赦书只传至州。"自庆元末,诸县亦降黄赦,盖从臣僚请也"⑤,即宁宗庆元末年朝廷听从臣僚奏请,用黄纸书写的赦书颁降至各县。"备录赦文"也是因为赦书要张贴于县乡村,便于民众知晓。州县行下乡村的赦书就是官府"翻黄"的赦书。

此外,皇帝大赦令传布至地方后,为防止地方官员将赦书隐匿,不按照赦书中的要求行事或敷衍塞责,朝廷规定要将赦文"行下民间通知",即出榜公示民众。为此,州、县还要做出相应安排:"诸被受赦降应誊报者,誊讫,当职官校读,仍具颁降、被受月日。行下民间通知者,所属监司印给,榜要会处,仍每季检举。其赦书、德音,州以黄纸印给县镇寨乡村晓示"⑥。赦书"行下民间通知"的做法可以使民众知晓赦免对象、范围等情况。因皇帝的赦榜、赦书用黄纸书写,而中央机构及地方官府发布的榜文用白纸书写,因此"黄纸""白纸"二词分别就有了相应的指代:黄纸指代源于皇帝的赦榜、赦书,白纸代称中央机构、地方官府的榜文。按照宋廷规定,遇到灾荒"州县差官验踏,照分数蠲减税";但也有转运司、州县官府规避国家的蠲免政策,对于皇帝赦书要求蠲

①赵升.朝野类要[M].王瑞来,点校.北京:中华书局,2007:84.

②董诰,等.全唐文:第一册[M].北京:中华书局,1983:159.

③谢深甫.庆元条法事类[M]//杨一凡,田涛.中国珍稀法律典籍续编:第1册.哈尔滨:黑龙江人民出版社,2003:344.

④许景衡.乞增重朝廷制书奏[M]//曾枣庄,刘琳.全宋文:第一四三册.上海:上海辞书出版社;合肥:安徽教育出版社,2006:321.

⑤赵升.朝野类要[M].王瑞来,点校.北京:中华书局,2007:84.

⑥谢深甫.庆元条法事类[M]//杨一凡,田涛.中国珍稀法律典籍续编:第1册.哈尔滨:黑龙江人民出版社,2003:341.

免的粮税"依旧催纳，至民间有'黄纸放，白纸催'之语"①，这种做法与朝廷蠲免灾区赋税的宽恤爱民的初衷背道而驰，也使得皇帝的一纸赦令徒为虚文。

为防止赦书的复制出现错讹，朝廷制定了非常严格的规章。仁宗天圣二年（1024）十月，判刑部燕肃上奏说："每赦书德音，即本部差书吏三百人誊写，多是差错，致外州错认刑名，失行恩赏。乞自今宣讫，勒楷书写本，详断官勘读，匠人雕板印造发递"。仁宗批准了这一建议，"仍差详议、详断官各一员勘读"。②这一做法也得到宰相王曾的赞同和垂帘听政的刘太后的获准。《续资治通鉴长编》记载赦书最初雕版印刷的情形：天圣二年十月"辛巳，诏自今赦书，令刑部摹印颁行。时判部燕肃言，旧制，集书吏分录，字多舛误，四方覆奏，或致稽违，因请镂版宣布。或曰：'版本一误，则误益甚矣。'王曾曰：'勿使一字有误可也。'遂著于法。"③这是宋代史籍记载的雕版印刷术正式用于官方公文赦书的印制。

宋代对各类诏书用纸均有严格规定，其中对榜文的用纸规格也有相应要求。大中祥符五年（1012）七月，真宗批准的开封府奏言称："三司先降纸式，并长二尺三寸，付洪、歙州捣造。除给中书、枢密、学士院外，自余止用次等黄纸，非诏敕所用，悉染浅色。近日颇有逾式者，望申明前禁"④。第二年八月，真宗批准的学士院谘报称："准诏，减定书诏用纸。今定文武官待制、大卿监、观察使以上用白诏纸，三司副使、阁门使、少卿监、刺史以上用黄诏纸。自余非巡幸、大礼赦书、敕榜外，并用黄表纸"⑤。也就是说，敕榜用黄表纸。

榜文作为官府文书，出榜之前须钤官府印鉴，以示威严庄重。《文献通考》《宋会要辑稿》等有均有敕榜用印的记载。《文献通考》云：

禁中所用，别有三印：一曰"天下合同之印"，中书奏覆状、流内铨历任

①徐梦莘.三朝北盟会编：上［M］.上海：上海古籍出版社，2008：746.

②徐松.宋会要辑稿：6［M］.刘琳，刁忠民，舒大刚，等校点.上海：上海古籍出版社，2014：3409.

③李焘.续资治通鉴长编：第四册［M］.北京：中华书局，2004：2368.

④徐松.宋会要辑稿：14［M］.刘琳，刁忠民，舒大刚，等校点.上海：上海古籍出版社，2014：8288.

⑤徐松.宋会要辑稿：5［M］.刘琳，刁忠民，舒大刚，等校点.上海：上海古籍出版社，2014：3182.

三代状用之；二曰"御前之印"，枢密院宣命及诸司奏状用之；三曰"书诏之印"，翰林诏书敕别录敕榜用之。①

《宋会要辑稿》云：

> 太宗雍熙三年十月十一日，诏以天下合同之印为天下合同之宝，御前之印为御前之宝，书诏之印为书诏之宝。中书奏覆状、流内铨历任三代状用天下合（用）〔同〕之宝；枢密院宣命、诸司奏状用御前之宝；翰林诏敕、别录敕榜用书诏之宝。初，三宝皆为印，铸以金，又以鍮石各铸其一。至是并改为宝，别铸以金，旧六印皆毁之。②

由此可知，宋代翰林在颁发敕榜时钤有"书诏之印（宝）"。上文提及徽宗"遂呼省吏及诸厅人至都堂誊写，旋次印押付出，于京城张挂"，"印押付出"即是说敕榜须用印、签押。

4. 敕榜的发布

宋代诏敕、敕书等文书的下行具体由进奏院负责。进奏院的职能是："掌受诏敕及三省、枢密院宣札，六曹、寺监百司符牒，颁降于诸路及州府军监。"③也就是说，皇帝的诏旨、三省及六部等机构的公文都由进奏院负责分发给地方官府，然后再由其相关行政机构逐级自上向下传达。皇帝诏令经御史台出榜，由进奏院雕印④后发往朝廷相关部门及地方官府，出榜告示百官、民众后施行。如，为使"缙绅之间、士民之众"不惑传闻，仁宗曾发布《榜朝堂手诏》，其中有："欲释群疑，理宜申谕。宜令中书门

---

① 马端临.文献通考：第六册[M].上海师范大学古籍研究所，华东师范大学古籍研究所，点校.北京：中华书局，2011：3531.

② 徐松.宋会要辑稿：4[M].刘琳，刁忠民，舒大刚，等校点.上海：上海古籍出版社，2014：2285.

③ 徐松.宋会要辑稿：5[M].刘琳，刁忠民，舒大刚，等校点.上海：上海古籍出版社，2014：3014-3015.

④ 徽宗崇宁元年（1102）五月《谕内外诏》末有："朕言不渝，群听毋惑。宜令御史台出榜朝堂，仍令都进奏院雕印颁告中外。"详见佚名《宋大诏令集》一书（司义祖整理，中华书局1962年版）第719页。

下俾御史台出榜朝堂，及进奏院遍牒告示，庶知朕意"①。"遍牒告示"就是由进奏院负责榜文的传递工作。徽宗初建明堂时，礼制局上言："古者以明堂为布政之宫，自今若有御札、手诏并请先于明堂宣示，然后榜之朝堂，颁之天下"②。即是说，御笔手诏如有需要以榜文的形式公诸天下，先要在明堂宣读、告示，再发榜于朝堂之上，最后才颁行天下知晓。

与一般榜文不同，敕榜的发布者为皇帝或皇帝委派的中央机构，地方官府或官员是无权发布敕榜的。如，建炎二年（1128）二月，高宗"诏建州作过军民既已受招，已前所犯，不论轻重，可并赦免，令尚书省降敕榜晓谕"③。绍兴三十一年（1161），高宗下诏："金人无厌，背盟失信，军马已侵川界。今率精兵百万，躬行天讨，措置招谕事件，令三省、枢密院降敕榜晓谕"④。以上是尚书省、三省及枢密院奉旨发布敕榜。

此外，内容涉及平息叛乱的敕榜下至地方官府，常需专人赍送至叛乱的地区。如，景德四年（1007）八月，真宗令曹利用追捕宜州叛贼时，"仍降敕榜四十付。利用等遣人赍示贼众，及揭于要路，冀其悛革归顺，免于屠戮"⑤。庆历四年（1044）八月，仁宗"再降敕榜招安，仍令田况等且退兵，选人赍敕入城，若遂开门，即一切抚存之。如尚拒命，则益进攻，其在营同居骨肉，无老幼皆戮之"⑥。熙宁六年（1073），神宗"诏降敕榜付察访熊本晓谕夷界，除元谋作过首领及手杀命官将校不赦外，余人如能自首归，并免罪"⑦。元丰四年（1081）九月，神宗"降敕榜二十道付熙河都大经制司，令广募闲人，传示贼界"⑧。宣和四年（1122）五月，宋使者出使辽国，"有父老数百人填拥驿外"，使者"遂出榜读之，众皆惊愕"，只有一个在辽朝当兵的涿州汉人刘宗吉"愿得敕榜副本，携示诸人，他日南师入境，愿先开门以献"，后"遂携二副本往"⑨。高宗建炎二年（1128），

①李焘. 续资治通鉴长编：第八册［M］. 北京：中华书局，2004：5044.

②脱脱，等. 宋史：第九册［M］. 北京：中华书局，1977：2772.

③李心传. 建炎以来系年要录：一［M］. 胡坤，点校. 北京：中华书局，2013：332.

④毕沅. 续资治通鉴：第八册［M］. 北京：中华书局，1957：3566.

⑤杨仲良. 皇宋通鉴长编纪事本末：第1册［M］. 李之亮，校点. 哈尔滨：黑龙江人民出版社，2006：407.

⑥李焘. 续资治通鉴长编：第六册［M］. 北京：中华书局，2004：3688.

⑦李焘. 续资治通鉴长编：第十册［M］. 北京：中华书局，2004：5953.

⑧李焘. 续资治通鉴长编：第十三册［M］. 北京：中华书局，2004：7637.

⑨徐梦莘. 三朝北盟会编：上［M］. 上海：上海古籍出版社，1987：42.

新知州事通直郎方承"赍敕榜谕叛卒,至建阳,闻之,留不进"①。专人赍送并宣谕敕榜,不仅显示中央王朝之权威,也有助于对方了解敕榜的内容及朝廷的旨意,以便有效地实现敕榜的功能。

（二）中央机构榜文

宋代有关台、省、寺、监、院等中央机构榜文的拟制、颁布的史料有限且零散,仔细梳理这些材料可以看出,中央机构发布榜文须按照一定的程序性规定来进行。这些规定主要有以下几方面。

1.榜文发布须经过银台司、中书等相关部门批准

礼仪院是中书门下的附属机构,其职能是"掌管以往送至中书礼房的各种内外书奏文字"②。据李焘《续资治通鉴长编》记载:"凡礼仪院揭榜,刻印,移文他局,并以银台司为准。制度文物,及祠祭所用有未合礼者,悉令裁定。内外书奏中书礼房所掌者,尽付之。诸司职务相涉者,咸得统焉。"③银台司"掌受天下奏状案牍,抄录其目进御,发付勾检,纠其违失而督其淹缓"④,是负责全国文书收发的机构,因此礼仪院发榜须符合银台司的相关规定。

有些榜文则需要经过中书、门下的审议后才能发布。神宗熙宁四年（1071）二月,曾布任检正中书五房公事。王安石自当年岁末拜相后,曾布"每事白王安石即行之。或谓布当白两参政,指冯京及王珪也。布曰:'丞相已议定,何问彼为!俟敕出令押字耳!'"因此"外议哗然"。御史中丞杨绘为此特地上疏,其中有:"近者进奏院班下四方及流内铨榜示条贯,其首但云据某房检正官申具,其末又云进呈奉圣旨依检正官所定,首末并以检正官为文。若不曾经中书、门下,殊失朝廷号令之体。""臣常论朝廷号令之体不当首末作检正官名目……何必须曰某房哉!"⑤中书检正官设立于北宋神宗时期,负责文书的上呈与行下。据杨绘所言,进奏院所发布四方及吏部流内铨吏出榜公示的相关条例,只经过检正官"申具""所定",而不经中书、门下审覆集议,因此也就"殊失朝廷号令之体"。由此似可以推知,吏部相关榜文的发布,须经中书、

①李心传.建炎以来系年要录:一[M].胡坤,点校.北京:中华书局,2013:374.

②张志云,汤勤福.北宋太常礼院及礼仪院探究[J].求是学刊,2016（3）:151.

③李焘.续资治通鉴长编:第四册[M].北京:中华书局,2004:1866.

④脱脱,等.宋史:第一二册[M].北京:中华书局,1977:3782.

⑤李焘.续资治通鉴长编:第九册[M].北京:中华书局,2004:5346.

门下审定，然后才能颁布。

熙宁七年（1074），神宗下诏由曾布与吕惠卿一起查办市易司违法案。有人向曾布建议："中书每以不便事诘（吕）嘉问，嘉问未尝不巧为蔽欺，至于案牍往往藏匿改易，如不惩革此弊，虽根究无以见其实。"曾布又听说吕嘉问"已呼胥吏持案牍还私家隐藏更改"，于是上奏"乞出榜以厚赏募告者"。次日，神宗批复："依奏付三司施行"。曾布"即榜嘉问所居"。第二天，吕惠卿到三司后召见魏继宗，"再三诱胁继宗，令诬布以增加所言"。魏继宗并未听从，且将这一情况告知曾布。曾布向神宗直言与惠卿所持政见不同，不可共事，并请罢免自己的官职，但未得到答复。此时中书主张："三司承内降当申中书覆奏取旨，乃擅出榜欲按治"。结果"诏官吏特释罪，其元批依奏指挥更不施行，榜仍缴纳中书。"对此，曾布论辩道："三司奏请御批，例不覆奏，且三司尝申知中书，虑无罪可放"①。中书与曾布对待内降的不同态度，反映出当时大臣对内降、御笔合法性的争议，以致神宗对内降（内批）的态度也摇摆不定。史载，熙宁元年（1068）九月，神宗下诏："自今内批指挥并作奉圣旨施行"②，使内降不经中书、门下共议而直接成为圣旨；十二月又下诏更正："自今内批指挥事，俟次日覆奏行下。"③中书称不"覆奏取旨"而出榜的行为为"擅出榜"，并将"榜仍缴纳中书"，体现出中书对相关内容的榜文的发布负有管理职能。

2. 多部门同时出榜

宋代敕榜虽常以皇帝的名义发布，但负责具体出榜事宜的，往往是诸如尚书省、御史台等职能部门。以今所见榜文为例，其中以专司执行皇帝诏令的尚书省发布者尤为常见。如，建炎四年（1130）六月，高宗下诏："行在受纳米斛、钱帛仓库，今后须管两平交纳，不得大量升合，非理退剥，阻节骚扰。如违，许纳人经尚书省越诉，其合干官吏并科二年之罪。及许人告捉，每名支赏钱二百贯。仍令尚书省出榜晓示"。④有时皇帝颁布诏令所涉及的政务分属于多个不同的衙署，因此就需要这些部门同时分别出榜。如，高宗建炎四年（1130）六月，尚书省奏言反映三省、枢密院、六曹、百

①李焘.续资治通鉴长编：第十册［M］.北京：中华书局，2004：6140.

②佚名.宋史全文：上［M］.李之亮，点校.哈尔滨：黑龙江人民出版社，2005：555.

③佚名.宋史全文：上［M］.李之亮，点校.哈尔滨：黑龙江人民出版社，2005：556.

④徐松.宋会要辑稿：14［M］.刘琳，刁忠民，舒大刚，等校点.上海：上海古籍出版社，2014：8339.

司人吏"自军兴以来，全无忌惮，请托受赇，弊端不可概举"，并提出"理合检会条法，申严晓告"。高宗于是"诏三省、枢密院、六曹令尚书省出榜，百司等处令六曹随所隶出榜，并于门首晓谕"①。

3. 中央台、省、寺、监等出榜于外须照会

据相关史料显示，中央台、省、寺、监向县发出榜文前，须向所在州、府发牒文书照会。李焘《续资治通鉴长编》记载，神宗熙宁四年（1071）七月，御史丞杨绘"具录前后论助役法四奏以自辨"："臣所论超升等第不便者，据百姓论诉尔。其论诉者止东明等数县百姓而已，祥符县百姓未尝论诉，岂得加诬臣以为独掩而不言乎？大凡省寺出榜于外县者，未有不先牒本州照会。昨司农寺出榜于外县升等第事，不曾牒开封府照会，此臣所以奏弹也"②。由杨绘弹奏的理由可知，中央台、省、寺、监等出榜于外县须照会是惯例。

4. 出榜前不同官署以牒文书沟通

谢深甫《庆元条法事类》"牒"："内外官司非相统摄者，相移则用此式。"③可见牒主要是用于没有统属关系的监司与州之间往来的平行文书。此外，虽具有统属关系，但不能用申状、符的场合也用牒。④相关的官司在出榜前会用牒对即将出榜事宜进行沟通。如，徐梦莘《三朝北盟会编》"京都榜示铺户依旧开铺"云："都大提举京城四壁守御使司牒云：契勘金人已过黄河，中外民心已渐安贴，访闻在京金银物帛质库铺户尚怀疑惑，未肯依旧开铺，妨阻商旅交易，须至出榜，各令复业开铺"⑤。这是都大提举京城四壁守御使司与有关部门协商商旅"复业开铺"之事出榜前内部所发的牒。

（三）地方官府榜文

在宋代，与皇帝发布的敕榜及中央机构所发布的榜文相比，地方官府为处理具体

---

①徐松.宋会要辑稿：14[M].刘琳，习忠民，舒大刚，等校点.上海：上海古籍出版社，2014：8339.

②李焘.续资治通鉴长编：第九册[M].北京：中华书局，2004：5478-5479.

③谢深甫.庆元条法事类[M]//杨一凡，田涛.中国珍稀法律典籍续编：第1册.哈尔滨：黑龙江人民出版社，2002：349.

④平田茂树.由书仪所见宋代的政治构造[M]//邓小南，曹家齐，平田茂树.政书·政令·信息沟通：以唐宋时期为主：上册.北京：北京大学出版社，2012：188-194.

⑤徐梦莘.三朝北盟会编：上[M].上海：上海古籍出版社，1987：292.

公务而发布的如劝农文、劝谕文、救荒文和约束文等榜文在数量上占绝对多数，也体现出榜文作为政令传播、政务推行的辅佐工具在地方社会治理中的普遍性和重要性。总体来看，地方官府发布榜文须遵循以下规定。

1. 地方官府须转发敕榜及中央机构榜文

宋代诏敕政令的颁布依照行政管理的层级体系自上而下逐级传布，即如方沂《临海县重建宣诏亭记》所言："诏令肆颁，自朝廷历监司，监司历州，州历县。朝廷去民最远，监司次之，州县则近民之官也。而县最近，故民有休戚利病，县知之最悉"①。因此，对于监司、州县地方官而言，"宣诏令"是其政务中的头等大事。②皇帝、中央机构会依据政务需要向地方官府下达诏令、指挥，有些明言需要出榜州县、晓示吏民。如，朝廷出卖没官、户绝田及承佃田等事宜通过出榜的方式通知民户周知。绍兴二十九年（1159）七月，高宗诏令"两浙、江东西、湖南、福建、二广、（西）〔四〕川提举常平司，疾速行下所部州县遵依施行。仍令州县分明大字多出文榜州县要闹及乡村坐落去处，晓谕民户通知，无令藏匿"③。徐梦莘《三朝北盟会编》中所载百官许乘轿的榜文，是尚书省给开封府札子后出榜："尚书省今月二十四日，奉圣旨勘会百官，马既行根括殆尽，不可徒行，今检政和三年大雪例，许乘轿子出入，仍不得入皇城门。右札付开封府出榜晓示者"④。庆元二年（1196）八月，宁宗诏令户部行下浙西提举司"严立赏榜，遍于诸州县城郭乡村散榜晓谕，自后辄敢将陂塘淹渎等应干潴水之处增围旧田及新创围田，并虽系旧围之田，如已经浸没，或围岸已倒者，不得再行修围"⑤。庆元五年（1199）三月，宁宗诏令"客旅兴贩驮载物货内有及格尺壮马，并不得辄往沿边界首。

---

① 曾枣庄，刘琳. 全宋文：第三四四册 [M]. 上海：上海辞书出版社；合肥：安徽教育出版社，2006：391.

② 张纲将有监察州县之权的地方长官监司的职责概括为七个方面："夫守令之治，其大略有七：一曰宣诏令，二曰厚风俗，三曰劝农桑，四曰平狱讼，五曰兴学校，六曰理财赋，七曰实户口"。张纲《华阳集》，商务印书馆 1936 年版，第 684 页。

③ 徐松. 宋会要辑稿：7[M]. 刘琳，刁忠民，舒大刚，等校点. 上海：上海古籍出版社，2014：4129.

④ 徐梦莘. 三朝北盟会编：上 [M]. 上海：上海古籍出版社，1987：550.

⑤ 徐松. 宋会要辑稿：12[M]. 刘琳，刁忠民，舒大刚，等校点. 上海：上海古籍出版社，2014：7541.

先次揭榜乡村晓谕。仰帅臣、监司常切觉察，旬具有无透漏，结罪保闻奏"①。

地方官府依据封建层级行政体制的要求，必须转发皇帝的诏敕（敕榜）、中央机构的榜文及公文。《庆元条法事类》记载有："手诏，黄纸录副本连于榜前，仍书臣名。"②由此知，御笔诏书发布为榜文，就是将诏书内容粘贴在执行皇帝旨意的地方榜文之前，再公示于民众。但是，皇帝或中央机构的诏令、指挥也并非要求地方官府全部揭榜谕民。以赦书为例，有研究者"从《宋会要辑稿》中辑出该明堂赦书共 54 条，其中只有 4 条明确要求监司和州县镂版出榜晓示。赦书明确要求出榜晓示的内容均为与民众相关而又分布范围较广，诸处知会不便者，所以此类内容多是对民户的约束或通知"③。同时，传至地方官府的诏敕、赦书等也并非全都要榜示民众，而是要依据上级的指挥有所选择；此外，州县官府依据政务的不同，还可以对上级官府榜文的内容予以适当删节后发布。李新《乞州郡讲习五礼新仪札子》言："臣尝谓吉凶二礼，士民所常用。今州郡将新仪指摘出榜，书写墙壁，务为推行之迹。"④徽宗接受了李新的建议。对于皇帝"尽去苛刻之政""宽恤民力"的诏令，参知政事张纲考虑到"颁降重复、官吏奉行不虔，恐民庶不能通知"，"乃令有司看详，取其切于利民者得八十余事，止标大意及降旨月日，其间繁文一切削去，奏乞镂版宣布中外，仍令州县揭诸粉壁。于是天下晓然皆知吾君之德意矣"⑤。此事在《宋史·张纲传》中也有记载："高宗频谕辅臣宽恤民力，盖惩秦桧苛政，期安黎庶。纲乃摘其切于利民八十事，标以大指，乞镂版宣布中外，于是人皆昭知上德意。"⑥"镂版宣布中外"当为将删减的皇帝的旨意而成"切于利民八十事，标以大指"，以榜文的形式公诸民众。

一般而言，下一级地方官府需要转发、执行上一级官府榜文中的政令、指挥，但也有例外。元丰年间，刘绚任长子县令，这一年适逢大旱，田税按朝廷规定应当减免

①徐松.宋会要辑稿：15[M].刘琳，刁忠民，舒大刚，等校点.上海：上海古籍出版社，2014：9166.

②谢深甫.庆元条法事类[M]//杨一凡，田涛.中国珍稀法律典籍续编：第 1 册.哈尔滨：黑龙江人民出版社，2002：335.

③郭艳艳.宋代赦书研究[D].开封：河南大学博士研究生学位论文，2011：119.

④曾枣庄，刘琳.全宋文：第一三三册[M].上海：上海辞书出版社；合肥：安徽教育出版社，2006：328.

⑤张纲.华阳集[M].上海：商务印书馆，1936：806.

⑥脱脱，等.宋史：第三四册[M].北京：中华书局，1977：11953.

十分之七八,但"府遣官覆视,所蠲才二三"。刘绚"力争不能得,乃封还其榜请改之",并未听从上级榜文中的指令。后来"民诣阙诉,诏遣通判躬按,卒得如君言"。①但这样的事例毕竟是少数。

2.地方官府根据政务需要自行发布榜文

地方官员根据具体行政事务,如初次上任、依时劝农、捕贼缉盗等,颁布带有劝谕性榜文。新官上任发布榜文宣示其施政理念、方针。如,孝宗时,朱熹知南康军伊始,便发布《知南康榜文》,宣布将广泛听取社会各界人士意见、敦劝风俗和改进学校教育等施政举措。为使这道榜文家喻户晓,朱熹还特意做了相应安排:"并牒三县照会及别给印榜,每县各一百道,委巡尉分下乡村张挂,不得隐匿"②。 为使流移民户能安心回归故里,保证他们的切身利益不受到侵害,朱熹发布的《晓谕逃移民户》中有:"已散榜管下县分,元给晓谕切虑文榜沉匿,合行再给文榜晓谕"。③也就是说,朱熹"切虑文榜沉匿",为同一件事两次发布榜文,以期让最大范围的吏民知晓国家及地方的律令、政策。

宋廷给予地方官府发布相关榜文一定的自主灵活性。哲宗元符元年(1098)十二月,权殿中侍御史邓棐弹劾新任知河中府贾青在苏州、杭州和常州三地为官的劣迹,其中任职苏州时"粉壁出赏"召求"秽语人","每获秽语人,罚钱入官,聚所罚钱,盖造乐籍堂。贫民力不能输金而自缢死者数人"。④贾青的出榜行为为邓棐所弹劾,可见其并非获得上级许可,因而可断定是自行出榜。由此可以看出,地方官员对是否出榜(粉壁)有较大的自主权。从宋代许多由地方官员如朱熹、真德秀、黄榦等人发布的榜文内容来看,多属于他们在地方农业生产、税赋征收和礼俗教化等方面施政过程中应对具体政务而自主制定的。地方行政部门及官员可以根据政务处理情况在榜文的发布上具有较大的自主权,这从自然灾害发生时监司、漕宪和仓司等部门为博取令名竞相出榜之举可见一斑:"部内若有灾伤,监司更不严督州郡及时检放,漕、宪、仓司各掠美名,

①朱熹.伊洛渊源录[M]//朱熹.朱子全书:第12册.朱杰人,严佐之,刘永翔,主编.上海:上海古籍出版社;合肥:安徽教育出版社,2002:1023.

②朱熹.晦庵先生朱文公文集[M]//朱熹.朱子全书:第25册.朱杰人,严佐之,刘永翔,主编.上海:上海古籍出版社;合肥:安徽教育出版社,2002:4581.

③朱熹.晦庵先生朱文公文集[M]//朱熹.朱子全书:第25册.朱杰人,严佐之,刘永翔,主编.上海:上海古籍出版社;合肥:安徽教育出版社,2002:4591.

④李焘.续资治通鉴长编:第二十册[M].北京:中华书局,2004:12016.

争出文榜，不候申闻朝省，辄将人户新旧税尽行倚阁，以示宽恤"①。此外，地方官府为完成程限之内的紧急公事，如缉捕盗贼之类，常用"画时出榜""立赏出榜"的举措。如，李元弼《作邑自箴》中有"形势公事入禁画时出榜，立赏钱"②，"应禁勘罪人，仰本案取覆，立赏出榜"③。即对于重大刑事案件要立即出榜告示，并设立赏钱。这些榜文都是处理紧急事务的，不必向上级请示。

地方官虽可以根据政务的实际需要自行发布榜文，但对于某些涉及朝政的重要政务，仍须得到朝廷或上级官府的指示后方可出榜。黎靖德《朱子语类》记载，朱熹知潭州时，"闻孝宗讣三日后易服，心下殊不稳。不免使人传语官员，且着凉衫。后来朝廷行下文字来，方始敢出榜晓示"④。虽"凉衫近丧服"⑤，但"易服"事关重大，最终也得等朝廷的旨意后行事。再者，涉及本地区重大事件，诸如群体性事件的处置、突发灾情的赈济等，地方官也往往须报经上级批准后作出相应的安排。建炎元年（1127）八月，河北转运副使权北京留守张益谦奏称北京设置招抚司不当，并请高宗下旨。这道圣旨"凡千余言，痛诋招抚司，令北京行下州县"。圣旨"出榜后数日"，张益谦"关过尚书省"⑥方才看到。因事涉重大，故而须请示皇帝后由皇帝直接发布敕榜。

臣僚及中央机构给皇帝奏言中反映的地方州县存在的问题得到御批，也会成为当地官府具体政务的重要内容而出榜告示吏民。如，针对臣僚奏言反映民间偷漏典卖田宅印契税的现象，高宗采纳户部建议，"将人户今日以前违限不投税，再与展限一季，许将未投契自陈免罪，只令倍纳税钱。如违今来所展日限，告赏、断罪并依已降指挥施行。仍令州县将今来所降指挥分明大字镂板，多出文榜，遍于乡村等处晓谕民户通知，

①徐松.宋会要辑稿：5[M].刘琳，刁忠民，舒大刚，等校点.上海：上海古籍出版社，2014：2663.

②李元弼.作邑自箴[M]//杨一凡.历代珍稀司法文献：第一册.北京：社会科学文献出版社，2012：33.

③李元弼.作邑自箴[M]//杨一凡.历代珍稀司法文献：第一册.北京：社会科学文献出版社，2012：47.

④黎靖德.朱子语类[M]//朱熹.朱子全书：第18册.朱杰人，严佐之，刘永翔，主编.上海：上海古籍出版社；合肥：安徽教育出版社，2002：3990.

⑤袁文，叶大庆.瓮牖闲评·考古质疑[M].李伟国，校点.上海：上海古籍出版社，1985：60.

⑥李纲.李纲全集：下[M].王瑞明，点校.长沙：岳麓书社，2004：1641.

务要投纳契税。今后更不得申乞再展限"。① 南宋时，铜钱的外流及民间销铸使得钱荒严重，为此政府实行钱禁，宁宗准允尚书省奏言："已札下诸路提刑、提举、转运、市舶司，日下各严切行下所部州军，差人严行搜检船户，不许偷载铜钱下船"，同时"仍仰州县分明重立罪赏，多出文榜晓谕，常切从公缉捉，无使透漏"。②

宋朝一直对寺观占田采取限制政策。天一阁藏明钞本《天圣令·田令》第3条有："诸官人、百姓，并不得将田宅舍施及卖易与寺观。违者，钱物及田宅并没官。"③ 天圣四年（1026）六月，朝廷派遣屯田员外郎辛惟庆去福州处置官田，仁宗批准他处理僧户租佃的官田的措施："按佃户名亦有僧户，元条僧人不得买田，已牒州县出榜告示，许本主收买"④。熙宁八年（1075）四月，神宗批复司农寺进言："州县百姓多舍施、典卖田宅与寺观，假托官司姓名。欲令所属榜谕，听百日自陈，改正为已业，仍依簿法通供敷纳役钱"⑤。宋廷委托民间牛商代理国内耕牛贸易，并出榜民间寻求牛商。如，高宗听从权兵部侍郎陈俊卿的进言，"令州县出榜，招人贩卖，沿路与免商税"⑥。南宋时沿海地区海贼猖獗，而大部分都是迫不得已卷入海贼团伙的农民和渔民，因此政府对这些人基本采取了以招安为主的安抚政策。孝宗在诏书中对这些人表示同情："访闻诸路州县饥贫小民，或于乡村山谷，或在海啸聚，止因阙食，情实可矜。仰州县出榜晓谕，候赦书到日，限一月于所在州军自首，日前罪犯一切不问"⑦。绍兴二年（1132）二月，淮南东路提举茶盐司因"本路累经兵火，亭户未肯归业"，为吸引制盐的亭户回归本业，特公布官府有关"盐价及支散钱、牛接济等"优惠政策。高宗遂"诏令逐州

---

① 徐松.宋会要辑稿：11[M].刘琳，刁忠民，舒大刚，等校点.上海：上海古籍出版社，2014：6756-6757.

② 徐松.宋会要辑稿：14[M].刘琳，刁忠民，舒大刚，等校点.上海：上海古籍出版社，2014：8370-8371.

③ 戴建国.唐《开元二十五年令·田令》研究[J].历史研究，2000（2）：37.

④ 徐松.宋会要辑稿：10[M].刘琳，刁忠民，舒大刚，等校点.上海：上海古籍出版社，2014：5954.

⑤ 李焘.续资治通鉴长编：第十一册[M].北京：中华书局，2004：6401.

⑥ 徐松.宋会要辑稿：10[M].刘琳，刁忠民，舒大刚，等校点.上海：上海古籍出版社，2014：6012.

⑦ 徐松.宋会要辑稿：14[M].刘琳，刁忠民，舒大刚，等校点.上海：上海古籍出版社，2014：8865.

军镂板，遍于县镇乡村分明晓示"。^①绍兴十二年（1142）十二月，两浙转运副使李椿年实行经界法前，为达到"要在均平，为民除害，更不增添税额"的目的，请求朝廷允许他"出榜晓谕民间通知"，以防"民间不知，妄有扇摇，致民情不安"^②的情形出现。

地方官府得到皇帝的诏令、中央机构的指挥处置屡禁不止或偶发事件，也须出榜示众。南宋时，东南地区盛行"吃菜事魔"之风，参与者夜聚晓散，人数众多，已成为社会不安定的因素，这引起宋廷的高度警觉。绍兴年间，高宗就多次下诏，责令地方采取措施严加管控。其中，绍兴十二年（1142）七月的诏书称："自今指挥下日，令州县多出印榜晓谕，限两月出首，依法原罪。限满不首，许诸色人告如前。及令州县每季检举，于要会处置立粉壁，大字书写。仍令提刑司责据州县有无吃菜事魔人，月具奏闻"。^③淳熙六年（1179）十月，知温州胡与可查获刘端等伪造的度牒，孝宗下诏"令胡与可速疾根勘"，并"令江浙、福建路州军多出文榜晓谕，如僧道有收买到刘端等伪造度牒，自指挥到，限两月经所在官司陈首，与免科罪"。^④绍熙五年（1194）九月，光宗对"湖、广等处州县杀人祭鬼及略（赏）〔卖〕人口"的现象发明堂赦予以严禁："可令守令检举见行条法，镂板于乡村道店、关津渡口晓谕，许诸色人告捉，依条施行。仍仰监司严行觉察，毋致违戾"。^⑤

大凡需要吏民知晓的事情发榜示众虽为惯例，但朝廷对地方官府发布的内容不尽妥当的榜文也会出面干预。大中祥符二年（1009）八月，真宗"诏开封府，凡出榜示众，并当具事听朝旨"。发布这一诏旨是因为，"初，本府榜街，止绝牙保引致民家卑幼举借回鹘财者"。也就是说，当初开封府出榜街道，杜绝民众向回鹘人借高利贷，从而引发争议。考虑到宋廷要招徕西域客商进行贸易，真宗予以宽容对待："国家惠绥

① 徐松 . 宋会要辑稿：11[M]. 刘琳，刁忠民，舒大刚，等校点 . 上海：上海古籍出版社，2014：6561.

② 徐松 . 宋会要辑稿：10[M]. 刘琳，刁忠民，舒大刚，等校点 . 上海：上海古籍出版社，2014：6106.

③ 徐松 . 宋会要辑稿：14[M]. 刘琳，刁忠民，舒大刚，等校点 . 上海：上海古籍出版社，2014：8343.

④ 徐松 . 宋会要辑稿：6[M]. 刘琳，刁忠民，舒大刚，等校点 . 上海：上海古籍出版社，2014：3389.

⑤ 徐松 . 宋会要辑稿：14[M]. 刘琳，刁忠民，舒大刚，等校点 . 上海：上海古籍出版社，2014：8354.

远人，天下无外，京师四方所凑，岂可指言回鹘耶？"①此外，地方官办案时常以发布榜文寻求办案线索，但过于依赖发布榜文召人告发，使得地方官府办案人员产生依赖，多不愿再花费气力去亲自查访案件。对此，仁宗下诏禁止"出榜召人首告"："诏诸路监司案所部官吏不法者须密切体访，毋得出榜召人首告"，并将"此诏遍下诸州，令在处法司有之"。②神宗也"诏案察之司，采访所部官署罪犯不得出榜召人告论，其犯私罪杖以下离任，无得案发"③。谢深甫《庆元条法事类》记载："诸按察官知所部官有犯，若事理重者，躬亲廉察"，"所委官司于按章内明坐所差官体究到事因，并不得出榜召人首告"。④这一举措在一定程度上具有杜绝懒政的意味。

州县下传至乡村的榜文多由胥吏领取、张布。李元弼《作邑自箴》记载："诸榜示责主管人领状连入案。（不用者勾收毁抹讫，朱批元领状后押官。）逐案置发引帖簿，抄上所给日限，令承差人批领去日时。"⑤这里的"主管人"，似应当指胥吏。诸多榜文告示责成胥吏领取文状后，接着到各部门，这些部门设有"发引帖簿"即收发簿，将规定的期限抄在上面，让承办人注明领取时间。也就是说，地方官府下至乡村的榜文也应由胥吏领取。南宋时，曾任泉州同安县丞的石子重奉命检视旱情，"既行视归，即揭榜喻民，蠲之什九，然后言府。且亟召乡吏闭廨中，使乡为一榜，户列所蠲与其当输之数。既成，立授里胥，使走揭于其所。于是上官不得变其说，乡吏无所呈其奸，邑人便之"。⑥里胥"走揭于其所"，即里胥复责将榜文张贴于乡村闾里。

3. 地方官府榜文用印

谢深甫《庆元条法事类》云："诸官司应铸印记，先具以某字为文，保明申所隶……再行审验，关申尚书礼部。"⑦榜文作为官府文书，出榜之前须钤官府印鉴，以示威严庄重。

---

① 李焘.续资治通鉴长编：第三册 [M].北京：中华书局，2004：1631-1632.

② 李焘.续资治通鉴长编：第五册 [M].北京：中华书局，2004：2689.

③ 李焘.续资治通鉴长编：第九册 [M].北京：中华书局，2004：5489.

④ 谢深甫.庆元条法事类 [M]// 杨一凡，田涛.中国珍稀法律典籍续编：第1册.哈尔滨：黑龙江人民出版社，2002：129.

⑤ 李元弼.作邑自箴 [M]// 杨一凡.历代珍稀司法文献：第一册.北京：社会科学文献出版社，2012：32.

⑥ 朱熹.晦庵先生朱文公文集 [M]// 朱熹.朱子全书：第25册.朱杰人，严佐之，刘永翔，主编.上海：上海古籍出版社，合肥：安徽教育出版社，2002：4242.

⑦ 谢深甫.庆元条法事类 [M]// 杨一凡，田涛.中国珍稀法律典籍续编：第1册.哈尔滨：黑龙江人民出版社，2002：362.

朝廷诏令地方政府检放税赋，州县也会将朝廷的相关税收政策以榜文的形式公示民众。复原的宋《赋役令》23 条有："诸有杂物科税，皆明写所须物数及应出之户，印署，榜县门及村坊，使众庶同知"[①]。"印署"即是有县令签署名字并加盖县府官印。此前所述，两浙、福建转运司为保护《方舆胜览》版权而发布的榜文的"录白"中均具行文时间，并在文末钤有官印。

二、榜文发布的违规与违反榜文内容的处罚

（一）榜文发布中的违规现象

1. 出榜稽缓

公文的拟写、传递等都有时限规定，超过时限，称为稽缓。对于榜文而言，出榜稽缓即是未能按照皇帝、中央机构及地方官府对出榜时间的要求公开榜示。出榜不得稽缓不仅是对公文的一般要求，也是与榜文内容所涉及政务的时效性密切相关的。公文是"政事之先务"[②]，其中下行公文的功能主要体现在将上级政令下达民众，用以指导他们在生产、生活中遇到的实际问题，即如徐望之所指出的，下行公文须"事前体察周祥，令出务求实效"[③]。而政务处理都有着时效性要求，因此，官府对包括榜文在内的下行公文的拟制时限和传递期限都有严格的规定。榜文的时效性主要体现在两方面：

首先，榜文的时效性取决于其所涉及政务内容的时效性要求。有些榜文因内容所涉及的事情（件）本身具有紧迫性，因此，处理这些紧迫性事情（件）的榜文也随之就具有了时限性。如，对处置涉及天灾人祸等突发事件内容的榜文，宋廷均对相关部门及官员提出了明确的公示时间限制，不许稽迟。规定须即时出榜的时限要求，其目的不仅在于要减少灾害造成的损失，还有一个现实的考量，就是要杜绝有些地方官员罔顾朝廷规定，将朝廷检放的信息隐匿或不及时以榜文的形式公告民众，以致他们无从知悉政府救荒措施。有关赈灾救荒的榜文最能体现榜文发布的时效性。宋代进行灾害救助的一般程序包括诉灾、检放和抄札，即如臣僚所言："今所在州县间遇歉岁，至

---

①天一阁博物馆，中国社会科学院历史研究所.天一阁藏明钞本天圣令校证（附唐令复原研究）：下册 [M].北京：中华书局，2006：391.

②詹锳.文心雕龙义证：中 [M].上海：上海古籍出版社，1989：942.

③徐望之.公牍通论 [M].北京：档案出版社，1988：37.

八月则收状（指诉灾），至九月则检放，至十月则抄札"①。朱熹说："救荒之务，检放为先。"②县邑检视及州郡检覆的要点在于确定受灾伤田亩数，以便确定灾伤程度。灾民向县衙诉灾后，"令佐受诉，即分行检视，白州遣官覆检"③。检视之前还得先行榜示诉状内容及格式，以便灾民知悉。元符元年（1098）二月，哲宗批准的户部奏言称："州县遇有灾伤，差官检放，乞自任受状至出榜，共不得过四十日"④。也就是说，州县官府接收到灾民诉状，就必须派出官员到相关地区视察，最终由州官员决定减放税租的种类及数量，并且出榜示众，这个过程前后不得超过四十日。到了孝宗淳熙年间依然规定："其籍候检毕，缴申州，州以状对籍点检，自往受诉状，复通限四十日，具应放税租色额外分数榜示"⑤，即在四十天内将减放的税赋的种类、数量公告百姓周知。由此可见，出榜是宋廷救灾过程中"差官检放"程序的组成部分，在州县遇有灾伤的非常时期显然有助于起到稳定民心、扼制混乱的作用。李元弼《作邑自箴》也提到，"凡遭旱蝗水溢，须早出榜示并状式，不可直候逼限出榜，有误远乡披诉"⑥。

正因如此，宋廷对遭遇灾荒不及时出榜的稽迟行为予以处罚。据董煟《救荒活民书》载，仁宗嘉祐年间，河北蝗涝灾害肆虐，霸州文水县官府"不依编敕告示灾伤，百姓状诉，及本州不以时差官检视"。收到转运使的奏言，仁宗下诏："朝廷之政寄于郡县，郡县之政寄于守令，守宰之官最为亲民，民无灾伤，尚当存恤，况有灾伤而不为管理，岂有心于恤民乎？"并对县府官员进行相应处罚："主簿赵师锡罚铜九斤，司户晁舜之、录事参军周约、判官冯珌，各罚铜八斤，通判王嘉锡罚铜七斤，知县雷守臣冲替"。仁宗并对大臣说明处罚的目的："所以必行罚者，欲使天下官吏，知朝廷恤民之意。"⑦南宋后期亦较重视对官吏检放的督察，其中对蠲减田租的及时榜示也有要求。

---

① 徐松.宋会要辑稿：12[M].刘琳，刁忠民，舒大刚，等校点.上海：上海古籍出版社，2014：7370.

② 朱熹.晦庵先生朱文公文集[M]//朱熹.朱子全书：第20册.朱杰人，严佐之，刘永翔，主编.上海：上海古籍出版社；合肥：安徽教育出版社，2002：643.

③ 脱脱，等.宋史：第一三册[M].北京：中华书局，1977：4163.

④ 李焘.续资治通鉴长编：第十九册[M].北京：中华书局，2004：11744.

⑤ 董煟.救荒活民书 附拾遗[M].北京：中华书局，1985：45.

⑥ 李元弼.作邑自箴[M]//杨一凡.历代珍稀司法文献：第一册.北京：社会科学文献出版社，2012：42.

⑦ 董煟.救荒活民书 附拾遗[M].北京：中华书局，1985：18.

理宗绍定四年（1231）二月，臣僚奏言："乞申饬诸路州县：自今遇诉灾伤，邑委佐官，州委幕职，于秋成以前务核的实蠲减田租，仍以分数揭之通衢。如或稽慢，守令镌斥，漕臣觉察不严，一体议罚"①。将蠲减田租的种类、数量揭榜通衢须及时，"如或稽慢"，守令及漕臣均会受到责罚。

其次，朝廷及地方官府为使政务正常运行，对所处置的一些行政事务需要人为规定时间界限，用以助推政务的榜文因而就有了明确规定的出榜期限。如，政府为确保商品交换的正常进行，禁止交易双方私下草签而未到官府印押的契约，采取的措施即是限时榜示交易双方相关事宜。乾道九年（1173）正月，孝宗下诏："仰自今降指挥到日，出榜立限一月自行陈首，与免罪赏。自投状日，限一季送纳税钱。如限满不首，许元典卖及诸色人陈告，其物产以一半给告人充赏，余一半没官"②。出榜招告的时限为一月。谢深甫《庆元条法事类》："诸税租合支移及科折之物，转运司量地里远近审量丰歉、土产有无，于起纳九十日前以物名数行下，仍具月日申尚书户部。州限三日以应支移等第及受纳处送县，县限五日出榜晓示。其创支移者，具奏听旨。"③其中对税租收取前转运司、尚书户部以及州的处置时间，县出榜晓示民众的时限均有明确规定。相关事例尚有许多。如，绍兴年间，叶衡任於潜县知县时，"征科为期限榜县门，俾里正谕民，不遣一吏而赋自足"④。李衡知溧阳县，"夏秋二税，以期日榜县门，乡无吏迹，而输送先他邑办"⑤。公示于县门的榜文都言明征税的时限，敦促民户及时纳税。

商业活动中最能体现榜文时效性的莫过于招标榜文，招标内容及规定期限均会在榜文中明确告知民众。熙宁三年（1070）十二月，神宗批准的中书奏言称："开封府优轻场务，令府界提点及差役司同共出榜，召人承买，仍限两月内许诸色人实封投状，委本司收接封掌。候限满，当官开拆，取看价最高人给与。仍先次于榜内晓示百姓知委"⑥。同时，将招标结果榜示众人，以示招标结果的公开、公正和透明。熙宁四年

---

①佚名.宋史全文：下[M].李之亮，点校.哈尔滨：黑龙江人民出版社，2005：2173-2174.

②徐松.宋会要辑稿：15[M].刘琳，习忠民，舒大刚，等校点.上海：上海古籍出版社，2014：8189.

③谢深甫.庆元条法事类[M]//杨一凡，田涛.中国珍稀法律典籍续编：第1册.哈尔滨：黑龙江人民出版社，2002：658.

④脱脱，等.宋史：第三四册[M].北京：中华书局，1977：11822.

⑤脱脱，等.宋史：第三四册[M].北京：中华书局，1977：11947.

⑥李焘.续资治通鉴长编：第九册[M].北京：中华书局，2004：5300.

（1071）二月，神宗御批的司农寺的奏言称："相度京西差役条目内，酒税等诸般坊店场务之类，候今界满拘收入官，于半年前依自来私卖价例要闹处出榜，召人承买……限满，据所投状开验，著价最高者方得承买，如著价同，并与先下状人，其钱听作三限，每年作一限送纳"①。相关史料表明，政府制定的以应出榜文为限定的投标时限有四个：一是，一月时限。乾道四年（1168）十月，孝宗下诏："淮东州军有败阙停闭酒坊，出榜限一月召人酬价，不以及与不及元额，但（折）〔拆〕封日取酬价最高人给付"②。二是，两月时限。神宗熙宁三年（1070）十一月，陕西常平仓司上奏："乞应系自来衙前人买扑酒税等诸般场务……于半年前依自来私卖价数，于要闹处出榜，限两个月召人承买"③。三是，一百日时限。徽宗宣和元年（1119）八月，农田所奏言，请将浙西地区的逃田、荒地、沙涂、退滩等召佃耕种，办法是："以田邻见纳租课比扑，量减分数，出榜限一百日，召人实封投状，添租请佃"④。四是，一季时限。为改变田赋不均的状况，神宗"诏司农以《方田均税条约并式》颁之天下"，将田地重新丈量，"以地及色参定肥瘠而分五等"，并以此来确定纳税额。第二年三月官府将结果"揭以示民，一季无讼，订立户帖"。⑤

政府采购活动要求必须提前通知被征购者，做到信息公开。如，谢深甫《庆元条法事类》载："诸军须河防物，并预先约度，支系省钱置场，或差衙前，许于出产处计会官司收置。如须至科率，即申转运司相度，于形势之家及第三等以上户税租内折纳。仍即时具科买、折纳名数及人户姓名榜示"。⑥若超过时限或不提前榜示要加以处罚："诸科买及折纳物，官司违限或不预榜示而急为期限，致贩人乘时邀利者，杖一百，即与贩人同情为弊者，各徒二年，许人告"⑦。官府对"不预榜示而急为期限"的告发者

①李焘.续资治通鉴长编：第九册［M］.北京：中华书局，2004：5336.

②徐松.宋会要辑稿：11［M］.刘琳，刁忠民，舒大刚，等校点.上海：上海古籍出版社，2014：6449-6450.

③李焘.续资治通鉴长编：第九册［M］.北京：中华书局，2004：5274-5275.

④徐松.宋会要辑稿：13［M］.刘琳，刁忠民，舒大刚，等校点.上海：上海古籍出版社，2014：7716.

⑤脱脱，等.宋史：第一三册［M］.北京：中华书局，1977：4199.

⑥谢深甫.庆元条法事类［M］//杨一凡，田涛.中国珍稀法律典籍续编：第1册.哈尔滨：黑龙江人民出版社，2002：659.

⑦谢深甫.庆元条法事类［M］//杨一凡，田涛.中国珍稀法律典籍续编：第1册.哈尔滨：黑龙江人民出版社，2002：657.

也有奖励。①

官府出榜稽缓还有一种原因是官员的徇私舞弊。哲宗元符二年（1099），在对辽的作战中，"勘会钟传统领两路大军出界，元奏斩获三千五百二十级，今勘得共实获二百九十级，外有三千三百三十级系虚冒"。但朝廷网开一面，允许"虚奏功赏，保明不实，情涉欺罔"的钟传、王舜臣等人自行坦白交代即可免罪。与钟传一同参与谋划的、时任秦凤路经略使的陆师闵"六月十四日承受朝旨：'妄冒入限一月许自陈，与免罪。'至十八日榜，秦州等所勘详，陆师闵直至十八日方行出榜，及奏状内称'寻行出榜'情罪，合取自朝廷指挥。"②陆师闵虽说"寻行出榜"，实际是在领旨四日后才出榜。对此，法寺称："许首朝旨出榜稽违，官减外，杖六十，公罪"③。可见，出榜稽缓已属公务上的过失罪。正如右正言邹浩所奏："不即出榜，事属稽慢。夫欺罔稽慢，乃臣子大罪。"④陆师闵因此遭处罚也是咎由自取。此外，地方官员对于朝廷要求颁下的催科和宽恤榜文持有不同态度。南宋时，有淳安县民上书道："一有上司催科之榜，则宣之扬之，以揭通衢之墙壁，惟恐其不张皇。一有圣恩宽民之旨，则秘之密之，以涂时人之耳目，惟恐其有见闻"⑤。也从另一方面体现了地方官员对朝廷政令存在的选择性发布的情形。

2．"擅收敕榜"

榜文的发布有一定严格的程序。同样，榜文尤其是敕榜所宣示民众实施的内容因故暂停或终止，此时，官府或撤收榜文，或另行发布榜文，这些也都有相关规定约束，而不能任由官员随意而为。钦宗靖康元年（1126）年二月，针对太学生陈东等为时局伏阙而引起民众广泛参与的群体事件，开封府衙此前"出榜学门，指伏阙上书为意欲作乱"⑥，最后也因迫于情势，以官府"弭榜"结束。

————————

①谢深甫．庆元条法事类［M］//杨一凡，田涛．中国珍稀法律典籍续编：第1册．哈尔滨：黑龙江人民出版社，2002：661．

②李焘．续资治通鉴长编：第二十册［M］．北京：中华书局，2004：12087．

③李焘．续资治通鉴长编：第二十册［M］．北京：中华书局，2004：12087．

④李焘．续资治通鉴长编：第二十册［M］．北京：中华书局，2004：12176．

⑤方逢辰．蛟峰集［M］//景印文渊阁四库全书：第1187册．台北：台湾商务印书馆，1985：603．

⑥陈东．辞诰命上钦宗皇帝书［M］//丁守和，等．中国历代奏议大典（辽宋金元卷）．哈尔滨：哈尔滨出版社，1994：410．

与遭遇民众抵触而迫使官府主动撤榜不同的是，有的榜文因非人为因素的改变，此前所出榜文具有的行政约束力也随之失去。度宗咸淳七年（1271），黄震时任抚州知州，当地发生粮荒，百姓饥贫潦倒。抚州本地人有饮用红酒的习惯，而红酒大多由红曲酿造，需要耗费大量的粮食，这种做法在灾荒年无疑是与民争食，必须禁止。为此，黄震连续发布三篇禁造红曲的榜文①。三篇榜文针对的是发生灾荒缺粮时民间须禁造红曲的特殊情况，因此一旦粮荒过后，禁造红曲这一政令也就不再适宜，而禁造红曲榜文的行政约束力也就自动消失。

不仅是地方官府榜文，已发出的敕榜因当时情势发生变化，朝廷也会收回，停止所发布政令的执行。元丰四年（1081）九月，环庆路副都总管林广的奏言称，蛮贼乞弟"送降状，前后反复，必无降意，但欲迁延月日，以款师期"。神宗批准奏言，"今相度降去敕榜如未可分付，更不须赉送，速进兵平荡"②。钦宗靖康元年（1126）正月，金国入侵南宋，宋廷"遣使议和，须籍金帛以结盟好"，但因不能满足金国的要求，宋廷不得已再次出榜："今来计无所出，遂将前后所出黄榜并行拘收，别出榜文，训谕朝廷爱民忧国之意"③。此时宋廷"计无所出"，只得"拘收""前后所出黄榜"，另外出榜安抚国民。佚名《宋史全文》记载，靖康元年（1126），钦宗听从中书侍郎王孝迪的建议，"揭榜立赏，括在京军民官吏金银，违者斩之，都城大扰"④。括银期限届满，钦宗听从京城四壁守御使李纲"民力已竭""恐生内变"的警示，令李纲"可往收榜"。李纲"因巡城，过榜所，令传圣旨收榜。归行营司移牒孝迪照会，人情稍安"⑤。

而相较于一般的官府榜文，敕榜的收回更非随意而为之事。绍圣四年（1097）冬十月，侍御史董敦逸出于正义，冒着被贬官的风险，为哲宗不喜欢的孟后仗义执言、申述冤屈，加上蔡卞的诽谤，哲宗便借"御史台知班李奇擅收敕榜"，董敦逸"以不觉台吏擅收敕榜，因奏御不实也"为罪名，被贬出任兴国军知军⑥。由此可见，敕榜及官府榜文既由皇帝及相关衙署发布，其因故收回也应该由皇帝、朝廷及官署负责，其他人是无权收回的，

①黄震.黄氏日抄［M］//黄震.黄震全集：第7册.张伟，何忠礼，主编.杭州：浙江大学出版社，2013：2211-2213.

②李焘.续资治通鉴长编：第十三册［M］.北京：中华书局，2004：7652.

③徐梦莘.三朝北盟会编：上［M］.上海：上海古籍出版社，1987：226.

④佚名.宋史全文：中［M］.李之亮，点校.哈尔滨：黑龙江人民出版社，2005：845-846.

⑤李纲.靖康传信录［M］.北京：中华书局，1985：9.

⑥李焘.续资治通鉴长编：第十九册［M］.北京：中华书局，2004：11711.

否则就是"擅收敕榜",而擅收敕榜足以成为官员获罪的理由。此外,敕榜代表皇帝的旨意,如若朝令夕改,难免失信于民。英宗治平元年(1064)十一月,知谏院司马光曾上奏提及,朝廷"昔康定、庆历之间,籍陕西之民为乡弓手,始者明出敕榜云使之守护乡里,必不刺充正军屯戍边境。榜犹未收,而朝廷尽刺充保捷指挥,令于边州屯戍",以致民户纷纷逃避于外。如此,"朝廷号令失信,前后已多,虽州县之吏遍至民家,面加晓谕,亦终不肯信"。[①]由"明出敕榜"与"榜犹未收"可以窥知敕榜的公示和收回均有相应的规制。

3. 出榜泄密与违规用纸

榜文虽是皇帝、朝廷及地方官府向吏民公示信息、戒谕等内容的下行公文,但并非朝廷、官府所有的政务内容都需要且适宜于公开告知民众。宋代规定,官司收到皇帝制书后要"誊报编录",而制书内容涉及保密的则不能"榜示":"诸被受条制应誊报编录而不誊报编录,及应注冲改而不注,若缘边事应密行下而榜示者,各徒二年",[②]严防泄漏机密要政。

宋廷对地方官府转发皇帝敕令制书的公文用纸也有相应的规定。谢深甫《庆元条法事类》云:"诸翻录制敕、赦书、德音,其纸用黄。(须无粉药者)。"[③]徽宗宣和年间,殿中侍御史许景衡在奏疏中提到:

> 伏见国朝踵唐故事,制敕并用黄纸为之,所以严天子命令,示朝廷之尊崇,非百司庶府文移之比也。其敕令制书播告天下者,有司行下所属,仍用素纸以为符檄,连附于后,盖其所从来旧矣。近者开封府被受御笔诏书,民间有合通知者,并不依令录副本连于榜前,辄纯用黄纸誊写,揭示通衢,见者愕然,以为黄纸敕榜,尚书省之出也,开封府亦得为之哉![④]

①李焘.续资治通鉴长编:第八册 [M].北京:中华书局,2004:4916—4917.

②谢深甫.庆元条法事类 [M]//杨一凡,田涛.中国珍稀法律典籍续编:第1册.哈尔滨:黑龙江人民出版社,2002:333.

③谢深甫.庆元条法事类 [M]//杨一凡,田涛.中国珍稀法律典籍续编:第1册.哈尔滨:黑龙江人民出版社,2003:344.

④许景衡.乞增重朝廷制书奏 [M]//曾枣庄,刘琳.全宋文:第一四三册.上海:上海辞书出版社;合肥:安徽教育出版社,2006:321.

从奏书中可以得知，皇帝赦书、诏令需要播告天下的，相关部门以黄纸誊录而成副本，后面附上书于白纸的"符檄"转发下属。但这一规定在地方官府的具体执行过程中未能得到有效执行。地方官府接收到皇帝御笔诏书，如有需要依圣旨出榜告知民众相关事宜的，要"依令"抄录副本，而这个副本只能是录以黄纸——也就是所说的"翻黄"，后面附上用"素纸"——白纸录写的地方官府榜文，而不能用黄纸誊写——只有尚书省才能出黄纸敕榜，否则就属违规发布榜文。

4. 藏匿遮收

负载皇帝的诏敕、中央机构的指挥及地方官府的政令且需要公示民众的榜文，通常粘贴、钉挂于墙壁，于是言及诏书、赦书等"徒挂墙壁"成为某些地方官员有令不行的代称。绍兴二年（1132）十一月，高宗下诏给江、湖、闽、浙、广南路州县官吏，其中有云："虽诏书宽恤，赦令蠲除，以时而下，尚虑奉行之吏，便文自营，徒挂墙壁"[①]。依常理而言，皇帝的赦书须告示天下民众，但也因赦书"多因诸部条具而去取之，文词虽繁，卓然可行者少，故州县亦视为常程，未免徒挂墙壁"[②]。

而相对于有令不行的"徒挂墙壁"而言，更极端的做法是，有些官员若得知皇帝要求榜示民众的诏令于己为官施政不利，便采取匿藏或遮收榜文的做法，如此百姓便无从了解皇帝诏令、中央机构指挥的内容，更谈不上去接收（受）、执行。宋朝政府明确规定，在实封投状请买官田前要榜示，但在实际的操作中仍然存在奸官猾吏隐匿而不榜示的情况。绍兴二十九年（1159）二月，有臣僚奏称，"出卖没官田宅，见有承佃去处，令知、通、令、佐监督合干人估定实价"，"分明开坐田段坐落、顷亩、所估价直，出榜晓示，仍差耆保逐户告示"；"如限满未有人承买，再榜一月"。同时，对于在此过程中出现的官员徇私舞弊行为予以查处："其承买人计嘱官吏低估价钱，藏匿文榜，见佃人巧作事端，故意阻障，及所委官吏容心作弊，即仰常平司觉察，取旨施行"[③]。奏议得到高宗恩准。同年七月的诏书提及，在地方官府出卖没官、户绝田产时，"访闻常平司并州县人吏多受情嘱，邀阻乞觅，及不将前后措置多出文榜晓示；虽出文榜，

---

①李心传.建炎以来系年要录：三[M].胡坤，点校.北京：中华书局，2013：1194.

②周必大.论详议明堂赦书札子[M]//曾枣庄，刘琳.全宋文：第二二八册.上海：上海辞书出版社；合肥：安徽教育出版社，2006：82.

③徐松.宋会要辑稿：12[M].刘琳，刁忠民，舒大刚，等校点.上海：上海古籍出版社，2014：7443-7444.

随即隐藏，不令人户通知。或州县作弊，欲使人（抵）〔低〕价买得，榜内更不写出田段、价直，却令买田人先低价投状，临时于纸缝内用纸搀入所买田土，外人无从得知，致出卖稽违"。之所以会有这一诏书，源自中书门下省的奏言，其中有："盖缘常平官视为虚文，不切督责，及州县知、通、令、丞弛慢，全不究心觉察，容纵吏人受嘱，高下估价，隐匿文榜，百端欺弊，致出卖稽违"。①诏书中所谓"虽出文榜，随即隐藏"即由此而来。孝宗淳熙十四年（1187）六月，臣僚进言称："在法，没官、户绝之产，逐时榜卖，收到价钱，常平封桩。近年州县不复榜卖，其产岁岁增多，尽为猾吏隐匿，顽民冒占"②。其中也提到胥吏在将官府诸多措置落实为榜谕的过程中"隐匿榜文"的弊端。

与出卖官田相类似，对于赈济灾荒榜文的行下州县，宋廷规定有须即时出榜的时限，一方面是要求地方官府及时应对，尽可能减少灾害造成的损失；还有一个现实的考量，就是防备有些地方官罔顾朝廷政令，将朝廷检放的信息隐匿而不及时公告民众。对此，绍兴府金判王十朋有所揭示："伏睹主上躬断以来，宽恤之诏，下无虚日，然而实惠未孚于民者，盖由守令不能奉行之弊。昔人谓徒挂墙壁，今则初未尝挂，凡遇诏下，事有便于民而不便于吏者，或宣毕而遂匿，或略挂而遽收。故上虽有良法美意，下不得而知者多矣，况欲被其惠邪！"③孝宗淳熙九年（1182）六月，浙东地区出现旱灾，皇帝、朝廷救荒的圣旨、指挥甫一颁布，时任浙东仓司的朱熹便"将第四、第五等人户合纳今年夏税、和买役钱并特与展限两月起催"，他"窃虑州县奉行不虔，仰稽睿泽，即已镂版，多印小榜，散下绍兴府五县晓示去讫"④。与朱熹的做法形成鲜明对比的是，其下属的知衢州李峄却"恬然略不加恤"，怠于政务，无视荒政，"所蒙圣恩拨赐米斛共六万石……并不科拨下县，亦不晓谕民间"。这种做法致使"诸县官吏尚有初不闻者，

① 徐松．宋会要辑稿：7[M]．刘琳，刁忠民，舒大刚，等校点．上海：上海古籍出版社，2014：4129.

② 徐松．宋会要辑稿：12[M]．刘琳，刁忠民，舒大刚，等校点．上海：上海古籍出版社，2014：7454.

③ 王十朋．王十朋全集[M]．梅溪集重刊委员会，编；王十朋纪念馆，修订．上海：上海古籍出版社，2012：924.

④ 朱熹．晦庵先生朱文公文集[M]//朱熹．朱子全书：第20册．朱杰人，严佐之，刘永翔，主编．上海：上海古籍出版社；合肥：安徽教育出版社，2002：780.

况于穷民，何缘得知圣主大地涵育之恩？"①南宋廖刚在奏状中也述及赦书张挂的"略行"与"收藏"："大抵赦书多只略行张挂，随即收藏，盖奸贪之吏尚欲取之于民，故不乐使之通知。"②

总体看来，"或宣毕而遂匿，或略挂而遽收""略行张挂，随即收藏"和"徒挂墙壁"等，都是地方官员在以榜文助推政务运行方面怠政懒政的表现，对此皇帝心里也很清楚。绍兴二十八年（1158）八月，知桂阳军程昌时卸任回京，向朝廷反映州县官吏勾结豪右科配细民、社会税负严重不公平的问题。高宗对大臣说："科敷不均，最为民害。出榜之说，朝廷累有指挥，唯是官吏为奸，恐民间尽知数目不得而欺隐，所以不肯出榜耳。"③对于隐匿榜文之举，有些地方官员也有应对之策。朱熹知南康军后发布的《知南康榜文》即强调："并牒三县照会及别给印榜，每县各一百道，委巡尉分下乡村张挂，不得隐匿"④。同时，虽"已散榜管下县分"，但"切虑文榜沉匿"而起不到应有的效果，有时会"合行再给文榜晓谕"⑤，即再次发放榜文，这样做增加了民众借助榜文了解朝廷法令、法规的机会。与此同时，宋廷对官员隐匿榜文的行为予以惩罚。如，谢深甫《庆元条法事类》"职制敕"规定："诸受圣旨宽恤事件，奉行不虔及隐匿晓示者，徒一年。监司知而不按劾，与同罪"⑥。由此也可反映出，隐匿皇帝及中央机构的榜文而不予示众，已成为宋代政令下行过程中普遍存在的痼疾。

（二）违犯榜文内容规定的惩罚

宋代榜文依据其内容和功能大致可分为三类：一是劝谕性榜文。这类榜文的主要内容是皇帝、中央机构及地方官府着眼于当下时弊，申明纲常礼教和治国之道，以对官吏、民众的告谕、教化为宗旨，继而达到约束言行、扬善抑恶的目的。二是法律政

---

①朱熹.晦庵先生朱文公文集[M]//朱熹.朱子全书：第20册.朱杰人，严佐之，刘永翔，主编.上海：上海古籍出版社；合肥：安徽教育出版社，2002：774.

②廖刚.高峰文集[M]//景印文渊阁四库全书：第1142册.台北：台湾商务印书馆，1985：359.

③佚名.宋史全文：中[M].李之亮，点校.哈尔滨：黑龙江人民出版社，2005：1503.

④朱熹.晦庵先生朱文公文集[M]//朱熹.朱子全书：第25册.朱杰人，严佐之，刘永翔，主编.上海：上海古籍出版社；合肥：安徽教育出版社，2002：4581.

⑤朱熹.晦庵先生朱文公文集[M]//朱熹.朱子全书：第25册.朱杰人，严佐之，刘永翔，主编.上海：上海古籍出版社；合肥：安徽教育出版社，2002：4591.

⑥谢深甫.庆元条法事类[M]//杨一凡，田涛.中国珍稀法律典籍续编：第1册.哈尔滨：黑龙江人民出版社，2002：333.

令性榜文。皇帝、中央机构以榜文的形式公布的法律、政令，要求臣民一体遵守，是常用的施政举措。此外，皇帝、中央机构及各级官府依据相关律令处理施政过程中新近出现的情况、事件等形成的决策，同样也是具有法律的规范性和强制性的文书，是封建王朝法律体系的有机组成部分和有效补充。三是行政性榜文。这类榜文用于皇帝、中央机构及地方各级官府等日常推行相关政务。由此看来，违犯皇帝、中央机构及地方官府榜文规定的惩罚条款多在具有法律功效的榜文中出现。

1. 给出具体惩罚措施

揆诸史实，相当数量的榜文所公示的是皇帝、中央机构及地方各级官府依据有关法律、政令处理所面临的具体政务，实现社会的有序运转，进而推进社会治理的进程。就此而言，榜文虽并非宋代的法律形式，但却具有相应的约束性。如，徽宗针对社会上多年来存在的"吏辄托法自便，废格违戾，夺其农时，害其常生，役使无艺"的现状，下诏整治："其令诸路监司检举前后不得科买、科配、率敛、差顾、假借、制造纽折之类条诏，申明榜谕，咸使知之"，并提出惩戒措施："自今后有违者，罪加一等，吏人配二千里。即以（疆）〔强〕为和、以抑勒为情愿者，罪亦如之。因而乞取，以自盗论赃，轻配千里；若陈诉而不为理直者，徒二年"。①绍兴年间，东南地区民众"吃菜事魔"之风盛行，且"蛊惑众听，劫持州县"②，已演化成为当时突出的社会问题。高宗为此频频下诏，出台严厉处罚措施对此风进行遏制。如，绍兴十一年（1141）正月，尚书省查考《绍兴敕》后重申："诸吃菜事魔或夜聚晓散、传习妖教者绞，从者配三千里，妇人千里编管。托幻变术者减一等，皆配千里，妇人五百里编管。情涉不顺者绞。以上不以赦降原减。情理重者奏裁，非传习妖教流三千里。许人捕至，（死）〔以〕财产备赏，有余没官。其本非徒侣而被诳诱，不曾传授他人者，各减二等。"③

地方官的职责之一是勤于政务，抑制豪强，维护农民的利益。朱熹在漳州任地方官时发布《约束侵占田业榜》，对"豪势等第并官户公吏等人不曾经官请佃，擅收侵占，暗收花利，不纳官租"的现象出榜予以禁止："今出榜遍于县镇乡村张挂晓示，限一月

---

①徐松.宋会要辑稿：14[M].刘琳，刁忠民，舒大刚，等校点.上海：上海古籍出版社，2014：8315.

②徐松.宋会要辑稿：14[M].刘琳，刁忠民，舒大刚，等校点.上海：上海古籍出版社，2014：8342.

③徐松.宋会要辑稿：14[M].刘琳，刁忠民，舒大刚，等校点.上海：上海古籍出版社，2014：8343.

经官陈首，与免罪，从公纽立租课，就行给佃，更与免追日前冒占花利"，对违反规定的"定当送所司根究，从条断罪，追日前花利入官，仍尽给告人租佃"。[①] 显示出惩治犯罪的措施非常严厉。此外，推广文教事业、移风易俗，也是地方官员的职责所在。铺翠销金的奢靡之风为帝王所屡屡禁绝。嘉定八年（1215）正月，宁宗批准的臣僚进言称："窃见京城内外有专以打造金箔及铺翠销金为业者不下数百家，列之市肆，藏之箧盎，通贩往来者往往至数千人"。因此"乞行下临安府，检坐见行条法，申严榜示，其打造金箔及销金铺翠工匠等人，仰日下改业，将应干作具经官首纳"[②]。

宋政府对许多常规性物品的采购都建立起了提前计划、及时安排的制度，其中之一便是要求必须以"榜示"的形式预先通知被征购者，做到信息透明公开。如规定："诸军须河防物，并预先约度，支系省钱置场，或差衙前，许于出产处计会官司收置。如须至科率，即申转运司相度，于形势之家及第三等以上户税租内折纳。仍即时具科买、折纳名数及人户姓名榜示"[③]。如果不提前公示要加以处罚："诸科买及折纳物，官司违限或不预榜示而急为期限，致贩人乘时邀利者，杖一百，即与贩人同情为弊者，各徒二年，许人告。"[④] 而对告发者则予以奖励："告获科买及折纳物官司违限，或不预榜示而急为期限致贩人乘时邀利，与贩人同情为弊者，钱五十贯。"[⑤]

2. 笼统表达惩罚措施

宋代商业贸易的繁荣，货币流通和信用也随之发展起来，政府初步建立起信用管理制度，其中就包括对私营高利贷利息的限制。太宗颁下《禁约民取富人谷麦贷息不得输倍诏》，其中有："宜令州县吏，戒里胥乡老，严察部民，有取富人家谷麦，贷息不得输倍；未输税不得先偿私负，违者加罪。所在粉壁，揭诏书示之"[⑥]。宋朝在与西

① 朱熹. 晦庵先生朱文公文集［M］// 朱熹. 朱子全书：第 25 册. 朱杰人，严佐之，刘永翔，主编. 上海：上海古籍出版社；合肥：安徽教育出版社，2002：4604-4605.

② 徐松. 宋会要辑稿：14［M］. 刘琳，习忠民，舒大刚，等校点. 上海：上海古籍出版社，2014：8367.

③ 谢深甫. 庆元条法事类［M］// 杨一凡，田涛. 中国珍稀法律典籍续编：第 1 册. 哈尔滨：黑龙江人民出版社，2002：659.

④ 谢深甫. 庆元条法事类［M］// 杨一凡，田涛. 中国珍稀法律典籍续编：第 1 册. 哈尔滨：黑龙江人民出版社，2002：657.

⑤ 谢深甫. 庆元条法事类［M］// 杨一凡，田涛. 中国珍稀法律典籍续编：第 1 册. 哈尔滨：黑龙江人民出版社，2002：661.

⑥ 佚名. 宋大诏令集［M］. 司义祖，整理. 北京：中华书局，1962：732.

夏和辽的关系紧张时期，对边境地区蕃汉民众、商旅出入边境给予约束和限制。景德元年（1004）五月，真宗下诏："自今中国人不得辄随外国进奉人等出境。边吏专知伺察，违者论如律，仍缚送阙下。所在粉壁写诏书以示之"①。熙宁年间，为打击市场上流通泛滥的私钱，政府强制推行省样钱，但也带来一些问题，如，陕西自从罢用滥钱后，"军民交易，尚为兼并之家不肯以省样铁钱与铜钱一般行使，亏损官私，深属不便"。为此，神宗下诏："可令两路转运司分明榜谕州县，如有所犯，即行严断，仍令众五日"。②淳熙元年（1174），张栻任广南西路静江府知府，"访闻管下旧来风俗不美"，即所辖境内存在很多陋俗和迷信现象，如百姓有灾病信巫医邪说，因年岁不利掘坟再葬等。他作《谕俗文》榜示民众，进行规劝，其中有："岂有自己祖先既已归土，妄谓于己不利，自行发掘，于天理人情，岂不伤害？"并出榜限期改正："榜到日，如有出祖未归土者，仰限一月，各复收葬，过限不葬，及今后有犯上项事节，并许人陈告，依条施行"。③

由以上史料可见，宋廷对违反规定的人、事榜文虽予以警示，但并无具体的惩罚措施，所言"违者加罪""依法施行""即行严断"和"依条施行"等带有惩戒性的语言几成套语。

①徐松.宋会要辑稿：15[M].刘琳，习忠民，舒大刚，等校点.上海：上海古籍出版社，2014：9186.

②李焘.续资治通鉴长编：第十一册[M].北京：中华书局，2004：6771.

③张栻.张栻集[M].邓洪波，校点.长沙：岳麓书社，2017：632.

第三章

宋代榜文的载体、复制方式及传播空间

公文的文本总是依附于某种载体的。同时，"在繁杂的政务运作中，一件公文因发放的对象不同，有时需要将正本抄录或刊刻若干份，这便形成了副本"①。公文要得到副本就需要复制，从这个意义上说，公文的文本是公文的内容与载体、复制形式相结合而成的统一体。作为公文的榜文亦是如此，并且榜文文本载体材质类型的不同决定了其复制形式各异。宋代榜文的载体有纸张、木板（版）、碑石、墙（粉）壁的区别，其复制形式则有手工书写、雕版印刷、勒石刻碑和"刻木立牌"的不同。力求广泛传播的榜文的载体、复制和传播空间与其所要达到的传播效果之间有密切的关系：书写的榜文，其优长在于大字醒目、简便易行；雕版印刷的榜文，其特点是复制速度快、数量多；勒石刻碑及书写、镂刻于木版的榜文厚重庄严且留存时间相对久远。

官府发布榜文务求广而告之，而实际效果的取得离不开榜文在空间中的传播。从传播学的视域来看，宋代官方榜文的传播者（发布者）为皇帝、中央机构和地方官府，传播对象上至官僚，下至军民，涉及人员范围广泛。榜文作为行政命令推行的辅助工具，因传播者、传播对象的不同，传播媒介（榜文）所张贴、钉挂及置立的空间分布及其传播内容各有差异。传播媒介是"信息传播过程中从传播者到接收者之间携带和传递信息的一切形式的物质工具"②。即便在传播工具、形态等并不发达的宋代，人们对传播媒介的选择也是将传播内容的特点和传播媒介的优劣结合起来考量。宋代敕榜、中央机构及地方官府榜文的载体、复制形式与传播空间相得益彰，共同促成其传播效

---

① 刘江."备录行遣"：公文副本与宋代地方政务信息传递［J］.档案学研究，2019（4）：136.

② 董璐.传播学核心理论与概念［M］.北京：北京大学出版社，2008：67.

果的实现。就此而言，载体形态、复制形式和空间分布各异的榜文成为官方施政信息传布至基层社会的一个有效途径，也是助推中央和地方行政事务开展的得力媒介。

第一节　宋代榜文的载体与复制方式

一、榜文的载体

宋代榜文的载体有纸张、木板（版）、粉（墙）壁及石碑等，其中，纸张是常用且重要的载体。

（一）纸张

古人以黄色为尊，因而黄色为帝王所专用。这一规制在公文中也得以体现，就是用黄纸来起草、书写诏书。据《三国志》记载，景初二年（238），魏明帝接受刘放等人的建议，"以黄纸授放作诏"[①]。迨至唐代，政府依照不同文书形制所使用的材质来界定轻重等级："唐中书制诏有四：封拜册书用简，以竹为之；画旨而施行者曰'发日敕'，用黄麻纸；承旨而行者曰'敕牒'，用黄藤纸；敕书皆用绢黄纸，始贞观间。或云，取其不蠹也。纸以麻为上，藤次之，用此为重轻之辨。学士制不自中书出，故独用白麻纸而已，因谓之'白麻'"。到了北宋，情况发生了变化："今制不复以纸辨，号为白麻者，亦池州楮纸耳。曰'发日敕'，盖手诏之类；而敕牒乃尚书省牒，其纸皆一等也"[②]。即当时虽不再以公文所使用的纸质来界定其轻重，但这些命令文书的等级依然存在。

宋代以皇帝名义发布的各种诏令文书仍用黄纸。如，谢深甫《庆元条法事类》就明确记载："诸被受手诏以黄纸造册编录"[③]，"诸翻录制敕、敕书、德音其纸用黄，须无粉药者"[④]。榜文因用黄纸写就或印制，称为"黄榜"。如，绍兴元年（1131）十二月，高宗颁下手诏："比缘国难，盗起未息者，盖奸赃之吏，无恤民意……可将建炎三年以前积欠，除形势户及公人外，一切蠲除。如州县不奉诏，及监司迫胁州县，

①陈寿.三国志：第二册[M].北京：中华书局，1959：459.

②叶梦得.石林燕语[M].宇文绍奕，考异；侯忠义，点校.北京：中华书局，1984：37.

③谢深甫.庆元条法事类[M]//杨一凡，田涛.中国珍稀法律典籍续编：第1册.哈尔滨：黑龙江人民出版社，2002：334.

④谢深甫.庆元条法事类[M]//杨一凡，田涛.中国珍稀法律典籍续编：第1册.哈尔滨：黑龙江人民出版社，2002：340.

巧作催科者，并除名，令御史台纠察，多出黄榜晓谕"。[1]黄榜不仅是一种文书书仪形式，更是封建王朝政治制度的别样体现。大中祥符六年（1013）八月，真宗批准的学士院谘报称："今定文武官待制、太卿监、观察使以上用白诏纸，三司副使、阁门使、少卿监、刺史以上用黄诏纸。自余非巡幸、大礼敕书、敕榜外，并用黄表纸"。[2]宋政府虽有相应的规定，但在具体行政实施过程中官员也并未完全遵守。马端临《文献通考》记载："是岁（绍熙五年）五月，以孝宗大渐，尝肆赦。七月，上登极。九月，宗祀明堂。尚书省契勘：'一岁之间，三行赦放，恐有凶恶累犯之人指恩作过。内曾犯徒流罪已经登极赦恩免罪，后再犯徒流，以情理深重者未曾断遣，别听朝廷指挥。'其指挥与赦文同降，但以白纸连书于黄牒前云。盖前所未有。"[3]对此，有学者认为："赦文以黄纸印制颁下，其规格是最高的。而行政命令只能用白纸。在规章制度上，赦文的公文等级高于政府行政命令。在以往宋代政治社会中，用白纸书写的指挥是不能与赦文同时颁布的，而宁宗绍熙五年明堂赦文破天荒与政府行政命令同时颁布于天下，反映出南宋中期大赦泛滥的趋势"。[4]除敕榜用黄纸外，其他中央机构、地方官府榜文只能用用"素纸"，也就是白纸。

（二）粉壁、墙壁、榜壁、厅壁、"官舍之壁"、屋壁

粉壁是将政令法律书写于墙壁，以便于民众诵读知晓的一种政令公布方式[5]。前文

---

① 李心传.建炎以来系年要录：三[M].胡坤，点校.北京：中华书局，2013：1038.

② 徐松.宋会要辑稿：5[M].刘琳，刁忠民，舒大刚，等校点.上海：上海古籍出版社，2014：3182.

③ 马端临.文献通考：第八册[M].上海师范大学古籍研究所，华东师范大学古籍研究所，点校.北京：中华书局，2011：5178.

④ 戴建国.唐宋大赦功能的传承演变[J].云南社会科学，2009（4）：142.

⑤ 见高柯立的《宋代的粉壁与榜谕：以州县官府的政令传布为中心》一文，刊载于邓小南的《政绩考察与信息渠道：以宋代为重心》一书（北京大学出版社2008年版）第261页。也有人认为："宋代对于官方讯息传递到地方各处，除了采用告示的布告之外，更施行'粉壁'的方式，即将相关官方讯息直接粉刷于墙壁之上，以达到讯息流通的目的"（连启元《宋明以来官方讯息传播的演变》，载杭州社会科学院、浙江大学历史系《第三届海峡两岸"宋代社会文化"学术研讨会论文集》，浙江大学出版社2013年版，第175页）。其中以"将相关官方讯息直接粉刷于墙壁之上"解释"粉壁"，殊为牵强。粉壁是粉刷过的墙壁，似应在其上书写（"誊写"）官府榜文、告示，而非"粉刷"。《作邑自箴》："通知条法，大字楷书榜要闹处，晓告民庶。乡村粉壁，如法誊写。"见杨一凡的《历代珍稀司法文献：第1册》一书（社会科学文献出版社2012年版）第28页。

述及汉唐时期粉壁即用于政务活动中。宋代中央机构、地方官府承继了使用粉壁发布诏书、政令的做法，使其成为连接官府与民间有效沟通的载体。如，太平兴国三年（978）四月，太宗下诏："方春阳和，鸟兽孳育，民或捕取，甚伤生理。自今宜禁民二月至九月无得捕猎，及持竿挟弹，探巢摘卵。州县长吏严敕里胥，伺察擒捕，重致其罪。仍令州县于要害处粉壁揭诏书示之"[1]。元丰七年（1084）四月，神宗下诏："河北保甲司以保甲买卖、质借、投托为名，状实强盗，应在各所粉壁晓示"[2]。宣和元年（1119）四月，徽宗针对"访闻沧、清、恩州界日近累有夜聚晓散公事"下诏："仰本路提点刑狱司检会条贯申明行下，令逐州县镇粉壁晓示，重立告赏。其为首人于常法之外，当议重行断罪"[3]。对于一些重要的刑法，宋廷采取粉壁晓示的形式让吏民知晓，以起到警示作用："诸生子孙而杀或弃之罪赏条约，州县乡村粉壁晓示，每季举行，监司巡历常点检"[4]。正是因为粉壁常常用来公示朝廷及各级官府的法律政令，因此史籍中才有用"粉壁"代指禁令之说。如，庆元四年（1198）五月，为革除私铸的弊端，臣僚进言："乞下所属监司州县，督责厢分，警饬巡尉，严保伍之法，申粉壁之禁，使盗铸之弊销，般贩之习戢，行用之患革"[5]。

作为诏书、政令等的传播媒介，粉壁在乡村、通衢和要路上广泛设置，民众因此有了更多了解朝廷政令的机会。宋代法律规定诉讼须循次第逐级而上，禁止越诉。如，太祖颁诏书强调："自今应有论诉人等，所在晓谕，不得蓦越陈状"；对违法的"先科越诉之罪，却送本属州县诉依理区分"，追究当职官吏的罪责，"仍令于要路粉壁揭诏书示人"。[6]对于与封建传统观念相悖的群体活动，官府也通过设在要路的粉壁向民众提出警示。仁宗天圣五年（1027），右司谏刘随请求将禁夜聚晓散和造仪仗祀神二事"散

①徐松.宋会要辑稿：14[M].刘琳，刁忠民，舒大刚，等校点.上海：上海古籍出版社，2014：8387.

②李焘.续资治通鉴长编：第十四册[M].北京：中华书局，2004：8275.

③徐松.宋会要辑稿：14[M].刘琳，刁忠民，舒大刚，等校点.上海：上海古籍出版社，2014：8323.

④谢深甫.庆元条法事类[M]//杨一凡，田涛.中国珍稀法律典籍续编：第1册.哈尔滨：黑龙江人民出版社，2002：118.

⑤徐松.宋会要辑稿：14[M].刘琳，刁忠民，舒大刚，等校点.上海：上海古籍出版社，2014：8358.

⑥徐松.宋会要辑稿：14[M].刘琳，刁忠民，舒大刚，等校点.上海：上海古籍出版社，2014：8397.

下诸道，令乡村要路粉壁书写，重新晓谕，使民知禁，不陷刑章"[①]。同时，一些官员将必须遵守的职责规范也以粉壁的形式明示。如，为保证仓粮的安全，仓场实行"押宿"制度，即晚上诸仓监须轮流在仓场值班。真宗的诏书即要求："若轮当押宿官，遇起居日，权免朝参。须平明方得开门，所在粉壁晓示。"[②]此外，对于公文依类入斥堠铺，法律有条文规定。如，"应官司非急速军期及盗贼探报文字辄入斥堠铺者，官员勒停，吏人决配。仍不分首从。如不应入斥堠铺文字，所至官司承受、不即申举者，与同罪。及专责县尉，每月遍诣斥堠铺点检。其提〔举〕马递铺官吏有失觉察，与擅发斥堠铺官吏同罪"。这些均须"及于市曹出榜，道路粉壁晓示"。[③]

榜文也通常粘贴、钉挂于粉壁、墙壁上，其中多见将诏书副本书写于纸，直接贴在粉（墙）壁上。胡太初《昼帘绪论》载："爱民之要，尤先于使民远罪……令宜以其条律之大者，榜之墙壁，明白戒晓，曰某事犯某法，得某罪，使之自为趋避。"[④]一般说来，位置醒目、具有开放性且易为人们看到、比较固定的地方常是出榜之地，而衙署为政权的实体象征而为民众所敬畏，其门口的墙壁因长期书写、张贴榜文而有"榜壁"的固定称谓。如，真宗《令八月一日已后持杖强盗南郊赦恩不原诏》云："凶狡之徒，希望恩宥，民之多僻，无甚于兹。其八月一日已后，持杖强盗，遇南郊赦恩，不在原免之限，令所在榜壁告示"[⑤]。乾兴元年（1022 年）十二月，有官员在奏言中谈到，政府给纳税户认定税赋后，给每户颁发确定税额的说明书"户帖"；同时，为防止官吏作弊，"今欲申明旧敕，令于逐县门榜壁晓示人户"，且"与限百日，许令陈首改正，

---

①刘随.上仁宗乞禁夜聚晓散及造仪仗事神[M]//曾枣庄，刘琳.全宋文：第七册.成都：巴蜀书社，1990：412.

②徐松.宋会要辑稿：6[M].刘琳，刁忠民，舒大刚，等校点.上海：上海古籍出版社，2014：3700.

③徐松.宋会要辑稿：16[M].刘琳，刁忠民，舒大刚，等校点.上海：上海古籍出版社，2014：9487.

④胡太初.昼帘绪论[M].北京：中华书局，1985：3.

⑤见佚名《宋大诏令集》一书（司义祖整理，中华书局 1962 年版）第 745 页。也有人据此得出："'粉壁'类似一种耻辱刑，官府在违法犯罪人家门前立粉壁，上具姓名，违法犯罪情由，使犯过错之人受到社会舆论的谴责，感到耻辱，以达到惩戒的目的。"禹竹蕊《权利保障视野下的违法行政信息公告研究》，知识产权出版社 2017 年版，第 27 页。

限满不首，及今后更敢违犯，许人陈告"。^①即有百日公示宽限期，有不实情况可以申述更正，且允许告状。

至于粉壁的制作，有学者认为，宋代诏令里所说的粉壁，就是指用石灰水将墙壁刷白，以便在其上书写告知民众的内容。^②这于史料有佐证。太祖《禁越诉诏》云："仍令诸州府于要路粉涂壁，揭诏书示之。"^③由此可见，"粉壁"似由"粉涂壁"简称而来。《宋史·刘琦传》记载："琦在扬州，命尽焚城外居屋，用石灰尽白城壁，书曰：'完颜亮死于此。'。"^④粉壁常常会因自然和人为因素受到破坏，官府为此提出对粉壁实行维护的要求。宣和五年（1123），徽宗下手诏云："访闻保甲法行既久，州县玩习弛废，保丁开收既不以实，保长役使又不以时。如修鼓铺、饰粉壁、守败船、治道路、给夫役、催税赋之类，科率骚扰不一，遂使寇贼奇邪无复纠察，良法美意浸成虚文"。^⑤虽然这条手诏强调的是保甲法觉察防弊的作用，但从中可以了解到"饰粉壁"已成为乡村保丁的劳役负担。李元弼《作邑自箴》记载，乡村耆长必须对"里堠粉壁及榜示常切照管，不得稍有损坏"^⑥。也就是说，粉壁的设立和维护原本就是地方乡村的职责和义务。徽宗时，通判李新《乞州郡讲习五礼新仪札子》也谈到粉壁存在的缺点："今州郡将新仪指摘出榜，书写墙壁，务为推行之迹。而苟简灭裂，增损脱漏，诵读不行，未越旬时，字画漫灭，不可复考"。^⑦

宋代大力推行州县建造粉壁。臣僚进言"欲乞应管下县镇于逐乡村置粉壁一座"^⑧获得徽宗批准。隆兴二年（1164）九月，孝宗批准臣僚奏言，惩处"浮浪不逞之人""诱略良民妇女"的犯罪活动，为此下诏："行下四川监司，遍牒所部州县，置立粉壁，令

---

①徐松.宋会要辑稿：10[M].刘琳，刁忠民，舒大刚，等校点.上海：上海古籍出版社，2014：5951.

②王兆鹏.宋代的"互联网"：从题壁诗词看宋代题壁传播的特点[J].文学遗产，2010（1）：57.

③佚名.宋大诏令集[M].司义祖，整理.北京：中华书局，1962：729.

④脱脱，等.宋史：第三三册[M].北京：中华书局，1977：11408.

⑤脱脱，等.宋史：第一四册[M].北京：中华书局，1977：4788-4789.

⑥李元弼.作邑自箴[M]//杨一凡.历代珍稀司法文献：第一册.北京：社会科学文献出版社，2012：58.

⑦李新.乞州郡讲习五礼新仪札子[M]//曾枣庄，刘琳.全宋文：第一三三册.上海：上海辞书出版社；合肥：安徽教育出版社，2006：328.

⑧徐松.宋会要辑稿：7[M].刘琳，刁忠民，舒大刚，尹波，等校点.上海：上海古籍出版社，2014：4359.

民间通知。仍仰巡尉常切觉察，如有违犯人，收捕赴官，依法施行。"①南宋时期，鉴于沿边州军对禁止私自渡淮及招纳叛亡之人"督责不严"，孝宗为此下诏："仰所隶地分官都巡检使严行关防。如能用心捕获，所立赏格外，更优推恩"，并将赏罚"仰沿边州军置立粉壁，帅、宪司多出文榜晓谕，各具知禀闻奏"。②或许正因如此，粉壁建造之多竟成劳民之举。王庭珪在给朋友的信中就提到："至于比年以来，御书宽恤及平反刑狱等诏，则虽墙壁亦未尝挂。顷传大旆压境之始，纷然劳民，造亭宇粉壁，榜其上。"③高宗曾就臣僚上书陈言置立粉壁的弊端下诏："今后诸路有颁降诏令，并仰监司关报州县，真书文字，镂版印给于民间。仍约束巡尉不得以修葺粉壁为名，差人下乡骚扰。"④粉壁建造过多使得以其为载体而发布的政令不少成为"具文"。朱熹在《与赵帅书（子直）》中详细讨论了民户生子附籍、立保请米的措施，其中言及官府"置立粉壁"的相关安排"全是文具"："近日仓司所行全是文具，委官散榜，编排甲户，置立粉壁，处处纷然，而实无一文一粒及于生子之家。愚意此可以为戒而不可学也"。⑤绍兴四年（1134）十月，宰执在进呈臣僚的奏疏中说到："车驾进发有日，恐州县以供亿扰民，朝廷虽已降约束，乞粉壁晓谕"。高宗下诏："朕常出使河朔，见宣和间茶盐条法粉壁列屋长廊，徒为文具，适以害民，不如多出文榜。"⑥虽然高宗诏令可以多用文榜即纸质榜文替代粉壁，但这似乎并未影响粉壁的建造，此后仍存在大量使用粉壁的情形。另外，宣和年间的"茶盐条法粉壁列屋长廊"，距离当时绍兴四年（1134）已最少有十年的时间，从一个侧面说明粉壁较之在纸张上书写的榜文要经久耐用。

有学者认为："至于榜文的形制则因时因地而异，或录写于木板，或直接誊写于粉壁上，如《作邑自箴》所言；或者录于纸上，如前引出土文书。到宋代，监司和州开

① 徐松.宋会要辑稿：14[M].刘琳，刁忠民，舒大刚，等校点.上海：上海古籍出版社，2014：8385.

② 徐松.宋会要辑稿：16[M].刘琳，刁忠民，舒大刚，等校点.上海：上海古籍出版社，2014：9538-9539.

③ 王庭珪.卢溪文集[M]//景印文渊阁四库全书：第1134册.台北：台湾商务印书馆，1986：218.

④ 徐松.宋会要辑稿：14[M].刘琳，刁忠民，舒大刚，等校点.上海：上海古籍出版社，2014：8375.

⑤ 朱熹.晦庵先生朱文公文集[M]//朱熹.朱子全书：第21册.朱杰人，严佐之，刘永翔，主编.上海：上海古籍出版社；合肥：安徽教育出版社，2002：1185.

⑥ 徐松.宋会要辑稿：14[M].刘琳，刁忠民，舒大刚，等校点.上海：上海古籍出版社，2014：8376.

始用镂版的文告，但它们都需要有粉壁的依托。实际上要闹处出榜也要悬挂或张贴于粉壁上，出榜之地就是粉壁之所。"①其中"到宋代，监司和州开始用镂版的文告了，但它们都需要有粉壁的依托。实际上要闹处出榜也要悬挂或张贴于粉壁上，出榜之地就是粉壁之所"的观点似有偏颇之处。相关史料表明，榜文张贴之处多样，并不拘泥于粉（墙）壁。李心传《建炎以来系年要录》载，高宗绍兴二十六年（1156）六月，"右正言凌哲乞下诸路州县，将去年十月以后所降宽恤指挥，并臣僚论列得旨章疏，如约束、受纳、催科、推排、差役之类，榜之通衢，揭之粉壁，使民通知。从之"②。据此，该学者认为："对此处'榜之通衢、揭之粉壁'不可泥于字面，它实际上与'榜之粉壁，揭之通衢'是同义的，此为古代汉语中所谓'互文'法。'榜之通衢、揭之粉壁'就是将录有诏敕之榜文揭于通衢的粉壁之上"③。从常理上讲，在通衢、闹市和津渡等民众汇集之地置立粉壁专事于榜文的发布，尚可理解且为可行。除此之外的以上文中涉及的其他场合（详见本章第二节），并无先必设置粉壁而后发布榜文的必要（即便那些设置了粉壁的地方，也会出现"灭裂文具"④"挂之墙壁而人不视"的现象），或根本没有条件建造粉壁。因此，粉壁虽为官府榜文公示之所，但不能反过来说"出榜之地就是粉壁之所"——榜文的刊布载体并非只有粉壁一种，尚有纸张、木板（版）、石碑等。在"出榜之地就是粉壁之所"的立论下，对一些史料的理解也会出现偏颇，如认为："《清明集》卷一四《惩恶门·霸渡》中收入《霸渡》和《晓示过船榜文仍移文邻郡》两判，从中可以看到在津渡所在当设有发榜之粉壁。在上述交通线上的要点设立粉壁可以通过往来的人群来传布诏敕政令"⑤。实际上，《霸渡》中言及发榜的文字为："余照厅所拟行下，仍榜诸处津渡"⑥；《晓示过船榜文仍移文邻郡》中言及发榜的文字为："备

---

① 高柯立. 宋代粉壁考述：以官府诏令的传布为中心 [J]. 文史，2004（1）：127-128.

② 李心传. 建炎以来系年要录：八 [M]. 胡坤，点校. 北京：中华书局，2013：3305-3306.

③ 高柯立. 宋代粉壁考述：以官府诏令的传布为中心 [J]. 文史，2004（1）：128.

④ 王庭珪《卢溪文集》卷二十七《与宣谕刘御史书》云："至今提刑司出榜放，转运司出榜催。两司争为空文，俱挂墙壁。以此罔百姓可也，朝廷可欺乎？至于比年以来，御书宽恤及平反刑狱等诏，则虽墙壁亦未尝挂。顷传大斾压境之始，纷然劳民，造亭宇粉壁，榜其上。视其后，乃绍兴三年三月书。其灭裂文具，虽儿戏尚不如此。"［见王庭珪《卢溪文集》，景印文渊阁四库全书（第1134册），台湾商务印书馆1986年版，第218页］.

⑤ 高柯立. 宋代粉壁考述：以官府诏令的传布为中心 [J]. 文史，2004（1）：128.

⑥ 名公书判清明集：下 [M]. 中国社会科学院历史研究所宋辽金元史研究室，点校. 北京：中华书局，1987：553.

榜峡江北津,仍请沿流一体晓示"①,两处并未言明或隐含"津渡所在当设有发榜之粉壁"之意。这位学者还认为,《清明集》中有些判文要'榜地头',就是要在民户私家的粉壁上张榜",并认为这种做法在元代也盛行,还列举《元史·刑法志》"红泥粉壁书过于门""曾经红泥粉壁",《元典章》"于门首大字粉壁书写"等予以佐证。②元代门户前有粉壁,言之凿凿;而宋代官府判词"榜地头",并未言明须在粉壁,也无直接的史料证明。而据后文对"地头"出榜的分析,所谓"地头"可指代多个地点,有些仅是一些随机事件发生后的临时出榜地,因而也就不存在专为发布某一(类)榜文而兴土木建立粉壁的记载。因此,按照常理及对榜文刊布空间的考索,榜文张贴(挂)、置立的方式、地点及载体多样,并非粉壁不可。再者,乾道四年(1168)八月,为禁止沿边州军私渡,孝宗下诏:"仍仰沿边州军置立粉壁,帅、宪司多出文榜晓谕,各具知禀闻奏"③。"置立粉壁"与"出榜晓谕"需"各具知禀闻奏",可见"置立粉壁"与"出榜晓谕"无疑是官府发布公告的两种主要方式,因而"榜之通衢、揭之粉壁"无法用互文去强行解释。

此外,宋代巡检、县尉出巡辖区,还要在印历上书写其巡历程限,其中也涉及"粉壁"。

> 诸乡村巡检、县尉每月遍诣巡捕,(地界阔远处所,巡、尉更互分巡。)于
> 要会处置粉壁,州给印历,付保正、副掌之,巡、尉所至,就粉壁及取历亲书
> 到彼月日、职位、姓名,书字,仍与本身历对行抄转,(本身历候遍责赴州印押,
> 州限当日给还。)主管官逐季点检。若有职事合赴县禀议,除程限两日回任。④

宋代县尉、巡检分别负责乡村治安。从此项史料可见,巡检应该每月出巡辖区一次。各乡在交通要道处设立粉壁,乡村保正副持有州府发的印历,巡检、县尉每到一

---

① 名公书判清明集:下[M].中国社会科学院历史研究所宋辽金元史研究室,点校.北京:中华书局,1987:554.

② 高柯立.宋代粉壁考述:以官府诏令的传布为中心[J].文史,2004(1):131.

③ 徐松.宋会要辑稿:16[M].刘琳,刁忠民,舒大刚,等校点.上海:上海古籍出版社,2014:9539.

④ 谢深甫.庆元条法事类[M]//杨一凡,田涛.中国珍稀法律典籍续编:第1册.哈尔滨:黑龙江人民出版社,2002:133.

地，须在粉壁和印历上亲自书写月日、职位、姓名。如果不出巡或者辖区没有全部巡遍，且让他人"代书粉壁"，会受到刑事处罚："诸巡检、县尉应出巡而不出，若限内不遍，或令人代书粉壁并历及代之者，各徒一年"[①]。但是，这里所说的"粉壁"并非我们所讨论的用以向吏民公布皇帝诏令、中央机构及地方官府指挥、政令等的载体、媒介，而是县尉、巡检出巡需要登记月日、职位、姓名的"粉壁"，是设立于室外的"签到处"。类似的例子还有。宣和二年（1120）二月，提举京畿京西路盐香茶矾事司卢知原奏言："私盐及茶、矾、香盗贩，全借巡捕官不住遍诣巡警，则私贩不致透漏。虽前后立法约束，不能奉行。欲乞应管下县镇于逐乡村置粉壁一座，依巡辖马递官法，每月躬诣地头，于粉壁上亲书出巡月日。一月之间，责其一遍，亦不为劳。如不亲书，及坐罪立法"。尚书省检会政和敕有："诸巡、尉下乡巡捕，应书历而令人代书及代之者，各杖一百。欲依所请，诸巡检、县尉应出巡而不出，或限内不遍及不书粉壁者，各杖一百。"[②]因此，徽宗批准卢知原奏言。巡捕官是巡检、县尉等巡逻、捕捉寇盗官的通称，专事负责稽查私盐及茶、矾、香的盗贩。巡辖马递铺官是负责递铺的监察官。巡辖马递铺使臣和所在县的县尉经常到铺检查公文是否有稽违等事宜，而且巡辖使臣还要来回巡视各铺，且都会记录在历簿和粉壁上，因此卢知原建议巡捕官借鉴巡辖马递铺官的做法。嘉定八年（1215）九月，臣僚在谈到赈济时官吏检灾、抄札的弊端时称："臣来自吴门，沿路见日来所差检踏灾伤官与抄札赈恤之官不能遍走阡陌，就近城寺院呼集保甲，取索文状，令人粉壁书衔，以为躬亲下乡巡行检责抄札了当"[③]。官员的敷衍塞责使救灾赈济的效果大打折扣，灾民得不到应有的救助。由此可知，"粉壁书衔"是朝廷规定的"检踏灾伤官与抄札赈恤之官""躬亲下乡巡行检责"的必要手续。因此，此"粉壁"与我们所讨论的用于官府榜文公示的"粉壁"名称相同，但内涵各异。两种粉壁形式或有相同之处，但功能绝不相类，是同一名称的两种性质的东西。因此，有人在论及作为榜文形式之一的粉壁时，认为："宋代还因此形成了一整套关于粉壁的巡检管理制度，

———————————

①谢深甫.庆元条法事类［M］//杨一凡，田涛.中国珍稀法律典籍续编：第1册.哈尔滨：黑龙江人民出版社，2002：133.

②徐松.宋会要辑稿：7［M］.刘琳，刁忠民，舒大刚，等校点.上海：上海古籍出版社，2014：4359.

③徐松.宋会要辑稿：12［M］.刘琳，刁忠民，舒大刚，等校点.上海：上海古籍出版社，2014：7373-7374.

包括粉壁的书写、检视及校核"；"可知宋代粉壁管理颇为严格。在书写粉壁时，需要州级官府颁发许可粉壁的凭证，并须将副本交由保正保管，以备将来查证之用；粉壁须由巡检县尉亲自核对无误之后再行书写；并有专员进行逐季点检。该规定经皇帝批准之后'著为令'。由此可知宋代对于粉壁的管理已经形成定制，并纳入国家正式法律的框架之中。"[1] 这一认识不尽符合史实。这反而再次证明粉壁并非"泛指在特定场所公布诏敕政令""出榜之地就是粉壁之所"的说法。[2]

（三）木板（版）

宋代官府时常以木板（版）为载体，采用书写、雕刻的复制方式发布榜文，史籍中称之为"版（板）榜"。宋代的商人分为大贾和小贾。"凡商贾之赋，小贾即门征之，大贾则输于务。"[3] 城门是征收小贾过税的重要关卡。北宋都城开封府城的过税征收机构商税院也设在城门内外，常将过税征稽项目列在版榜上。大中祥符三年（1010）五月，真宗诏"商税院并依版榜例收税，仍取脚地引看验；如无引，每千收税三倍"。[4] 仁宗庆历六年（1046）十二月，福建路转运使蔡襄鉴于"闽俗左医右巫，疾家依巫作祟，而过医门十才二三，故医之传益少"的实情，将"通方伎之学"的郡人何希彭从《太平圣惠方》中选出"便于民用者"六千多方，"因取其本誊载于版，列牙门之左右"。[5] 仁宗嘉祐七年（1062），苏轼任凤翔府签判，见"镂板模印，以赐郡县"的《简要济众方》"已而县与律令同藏，殆逾一纪，穷远之民，或莫闻知"，于是将其"书以方板，揭之通会。不独流传民间，痊痾（疴）愈疾，亦欲人知上恩也"[6]。

官府以木板（版）作为榜文的载体，看重的是醒目易辨的属性。同时，木质榜文也较纸质的经久耐用。如，政和二年（1112）二月，徽宗在诏书中说"契勘内外试院，自来晓示试人宗庙名讳，久例全书，兼张挂于墙壁，或铺陈于涂路，与文榜杂处，略

①徐燕斌.唐宋粉壁考 [J].华东政法大学学报，2014（5）：152.

②高柯立.宋代粉壁考述：以官府诏令的传布为中心 [J].文史，2004（1）：128.

③徐松.宋会要辑稿：6[M].刘琳，刁忠民，舒大刚，等校点.上海：上海古籍出版社，2014：3710.

④徐松.宋会要辑稿：6[M].刘琳，刁忠民，舒大刚，等校点.上海：上海古籍出版社，2014：3728.

⑤蔡襄.蔡襄集 [M].吴以宁，点校.上海：上海古籍出版社，1996：519.

⑥苏轼.书《济众方》后 [M]// 苏轼.苏轼文集：下.顾之川，校点.长沙：岳麓书社，2000：810.

无分别","自今后仰离拆书写,(假令"渎"字曰"水卖"之类。)仍置木榜,张挂于屋下"。[①]"仍置木榜,张挂于屋下",即将"晓示试人宗庙名讳"的榜文写于木板上,不与其他榜文混杂,这样做可以达到突出、醒目的效果。绍兴二十五年(1155)十二月,高宗"诏令户部检坐见行条法申严行下,委监司约束所部州县不得过收加耗,仍于受纳处大书板榜晓谕"[②]。这一规定禁止的是胥吏借民户输纳两税时趁机勒索,而特将相关"条法"用大字书写于板榜,不仅内容醒目,木质的榜文也比纸质的经久耐用。宋代市令司承担着政府采购职能,且经常以低于市场的价格强购。潭州知州真德秀提出"不许州县抑勒行铺买物",并将相关禁令"仍给版榜,本镇市曹钉挂晓示",若有官吏违反而"科敷民户","许径诣本司陈诉,定将官员案刻,公吏决配施行"。[③]版(板)榜较之于写在纸上的榜文保存时间较长,并可以钉挂起来,醒目易识且传布广泛。

官府也有以"黑漆白字"做的板榜。江宁县《转运副使真公德秀板榜》云:"其本府合解本司钱,却正行催理,自今岁以为常。案造板榜一面,黑漆白字,陷置本司厅壁,庶几后政永远遵守,牒本府金厅照会"[④]。板榜表面涂以黑漆,可以防其腐朽,且嵌入厅壁,经得起长久的日晒雨淋;"黑漆白字",醒目易识。宋代地方官员违法任用公吏的现象严重。乾道六年(1170)八月,孝宗批准的权户部侍郎王佐奏言,扼制官员的冒职行为:"委有违条冒役,即行勒罢。如收叙应法,自合听令在役。仍将各县公吏姓名揭于板榜,其再入役者,略(其)〔具〕所叙之因,俾民通知,岁终一易"[⑤]。之所以"揭于板榜",也是考虑到版榜结实耐用,可以"岁终一易"。

与皇榜、黄榜相类,将皇帝相关诏令书于版榜,称为"黄版"。嘉定年间,书肆托名伪造之风盛行。臣僚列举"年来伪楮日甚"的诸种情形,提出应对措施:"乞条具累朝伪造官会之禁,严立黄版,揭示都闉,仍下逐路镂版,其有犯者,断在必行。官

①徐松.宋会要辑稿:9[M].刘琳,刁忠民,舒大刚,等校点.上海:上海古籍出版社,2014:5320.

②徐松.宋会要辑稿:10[M].刘琳,刁忠民,舒大刚,等校点.上海:上海古籍出版社,2014:6178.

③真德秀.西山先生真文忠公文集[M].上海:上海书店,1989:126.

④周应合.景定建康志:四[M].南京:南京出版社,2009:1017.

⑤徐松.宋会要辑稿:7[M].刘琳,刁忠民,舒大刚,等校点.上海:上海古籍出版社,2014:4130.

司或失觉察，并置典宪，仍重捕获之赏"。^① 这一奏言得到宁宗批准。"严立黄版，揭示都阃"与"逐路镂版"两相结合，以期禁令更为广泛地传播。

由此可见，将榜文书写、镂刻于木板（版）适合于官府传布较长时期内具有连续性的政策时使用。有时根据实际情况，榜文需要采取"刊印成册""镂板"和"书写板榜"三种复制方式。绍兴二十六年（1156）十月，吏部奏言："欲依臣寮所请，将治县善最并七条之目刊印成册，凡县令授记，即给付一本。并将逐项治民条法镂板，遍下诸路州军及监司等处，行下所部县分正厅，令大字书写板榜，常切遵奉，毋致违戾"^②。多种复制方式相结合，以期相关政令得到广泛传播。

（四）石碑

石碑的原料石材因其善治易得、材质坚韧耐磨，是古人所希冀的信息传播久远的首选媒介，并被赋予庄重威严的特征。宋人对金石情有独钟，且有相关论述，如，"知古人欲传远者，必托之金石，有以也夫！"^③ "大者镂之金石，以传久远"^④；"小则镂板，大则刻石。传播中外，自以为能"^⑤，等等。清人龚自珍对古人刻石纪文的偏好做一总结："国之大政也，史之大支也。或纪于金，或纪于石。石在天地之间，寿非金匹也，其材巨形丰，其徙也难，则寿侔于金者有之，古人所以舍金而刻石也与？"^⑥ 宋人正是充分利用碑石的这一特性，在保存、传播信息方面逐渐形成了与手工书写、雕版印刷并存的勒石刻碑的公文复制方式。

二、榜文的复制方式

公文有正本与副本之分。正本是供受文者使用的具有法定效力的正式文本，副本是依照原样对正本文字、格式等不加删改而成的文字文本。一般公文有正本即可，有

① 徐松.宋会要辑稿：14[M].刘琳，刁忠民，舒大刚，等校点.上海：上海古籍出版社，2014：8373.

② 徐松.宋会要辑稿：7[M].刘琳，刁忠民，舒大刚，等校点.上海：上海古籍出版社，2014：4333-4334.

③ 钱仲联.陆游全集校注：第一册[M].杭州：浙江教育出版社，2011：245.

④ 苏轼.苏轼文集：上[M].顾之川，校点.长沙：岳麓书社，2000：326.

⑤ 李焘.续资治通鉴长编：第十二册[M].北京：中华书局，2004：7266.

⑥ 龚自珍.龚自珍全集[M].杭州市上城区文化馆，编；刘麒子，整理.杭州：浙江古籍出版社，2014：143.

些公文因政务需要仅有正本是不够的，还需要有副本。因此，就其所包含的内容来说，副本因依照正本文书的样式誊写，对于正本而言似乎毫无意义；但就保护信息源和保存信息空间而言，副本具有正本无法替代的作用。文书的正本与副本在使用目的、功能和数量等方面存在着不同之处。就目的而言，正本在于"记言、记事、记数"，而副本在于"保留信息""扩大文本的持有人或场所"；就功能来说，正本在于"延伸人类记忆力""保留信息""传递信息""备忘查证"，而副本在于"保留信息""备忘查证""多方持有共同的信息"；就数量而论，正本为"一件"，副本则可是"多件（或任意多件）"。[①]榜文副本的重要作用在于保留信息，让更多的人或场所持有、存留相同内容的文本，使得朝廷、官府的政令信息更为广泛地被吏民士卒所了解、接受，在政府的行政管理中发挥重要作用。总体而言，宋代榜文的复制方式主要有以下几种。

（一）手工书写

宋代在雕版印刷技术用于公文复制之前，榜文多采用书写的复制方式，因所用以复制的载体有纸张、木板（版）、粉（墙）壁等，因而榜文文书也就有了书榜、版（板）榜和粉壁等不同称谓。在文献中，以手书榜文告示民众相关信息的情形经常可以看到。如，为了增强士兵士气，大中祥符八年（1015）六月，真宗下诏禁止军队将领"取受本指挥兵士及诸色配役人等钱物"等违规事项，"如违，许人陈告"，犯者"当行决配"，并"令各置板榜抄录，宣念于本营张挂"。[②]钦宗靖康元年（1126）十二月，"粘罕（改作尼堪）、斡离不（改作斡里雅布）遣书来，索金银表段犒军，书榜示于市"[③]。陆游《老学庵笔记》记载，"田登作郡首，自讳其名，触者必怒"，"于是举州皆谓灯为火。上元放灯，许人入州治游观，吏人遂书榜揭于市曰：'本州依例放火三日'"[④]。朱熹初任同安县主簿，曾记述其发布补试榜文的情形："初任同安主簿，县牒委补试。唤吏人问例。云：'预榜晓示，令其具检颇多。'即谕以不要如此，只用一幅纸写数榜，但云：

①吕静.中国古代文书副本之考察：兼论先秦社会汉字使用场的扩大 [J].史林，2010（5）：48.

②宋真宗.戒约忠翊六军人员十将不得取受本指挥兵士等钱物诏 [M]// 曾枣庄，刘琳.全宋文：第六册.成都：巴蜀书社，1989：636.

③徐梦莘.三朝北盟会编：上 [M].上海：上海古籍出版社，1987：549.

④陆游.老学庵笔记 [M].杨立英，校注.西安：三秦出版社，2003：167.

县学某月某日补试，各请知悉。临期吏复云：'例当展日'，又谕以"断不展日'"。① 朱熹初任不熟悉的主簿一职，需要发布补试县学生的榜文，征询吏人，了解旧例，得知事项"颇多"，但最终"只用一幅纸写数榜，但云县学某月某日补试，各请知悉"，并未循旧例出榜。宋元易代之际，元人一路南下，一些南宋地方官吏与守臣纷纷投降。负责守卫京口的洪起畏在"北军入境之初，尝大书揭榜四境曰：'家在临安，职守京口，北骑若来，有死不走。'其后举郡以降"②，颇有讽刺意味。

程式化的行文格式、简明易识的字体与通俗易懂的文体达到统一，是实现公文助推行政功能的必然选择。榜文的书写往往用端庄严谨、平正均衡及明辨易识的真书（楷书），是官牍正体。手写榜文与印刷榜文的字体均是楷书，即如官府要求的"通知条法，大字楷书榜要闹处，晓告民庶。乡村粉壁，如法誊写"③。对于税收事宜，地方官府的通常做法是"夏秋税差科才下，便榜逐村大字楷书，告示人户"④，劝民户即时缴纳。

（二）雕版印刷

现有史料表明，直至仁宗天圣二年（1024），宋政府才将雕版印刷技术用于官方文告的刊布。是年十月，仁宗批准的判刑部燕肃上奏称："每赦书德音，即本部差书吏三百人誊写，多是差错，致外州错认刑名，失行恩赏。乞自今宣讫，勒楷书写本，详断官勘读，匠人雕板印造发递"⑤。李焘《续资治通鉴长编》记载最初雕版印刷赦书的情形：天圣二年十月，"诏自今赦书，令刑部摹印颁行。时判部燕肃言，旧制，集书吏分录，字多舛误。四方覆奏，或致稽违，因请镂版宣布。或曰：'版本一误，则误益甚矣。'王曾曰：'勿使一字有误可也。'遂著于法。"⑥ 此条记载后尚有一小注："旧制，

① 黎靖德. 朱子语类 [M]// 朱熹. 朱子全书：第 17 册. 朱杰人，严佐之，刘永翔，主编. 上海：上海古籍出版社；合肥：安徽教育出版社，2002：3463.

② 周密. 癸辛杂识 [M]. 王根林，校点. 上海：上海古籍出版社，2012：102.

③ 李元弼. 作邑自箴 [M]// 杨一凡. 历代珍稀司法文献：第一册. 北京：社会科学文献出版社，2012：28.

④ 李元弼. 作邑自箴 [M]// 杨一凡. 历代珍稀司法文献：第一册. 北京：社会科学文献出版社，2012：34.

⑤ 徐松. 宋会辑稿：6[M]. 刘琳，刁忠民，舒大刚，等校点. 上海：上海古籍出版社，2014：3409.

⑥ 李焘. 续资治通鉴长编：第四册 [M]. 北京：中华书局，2004：2368.

岁募书写费三百千，今模印，止三十千。"①可见，雕版印刷而成的印榜相对于手写而成的书榜的优长是易于大量复制；也较手写榜文节省费用，雕印的赦书费用仅是手写的十分之一。雕版印刷用于赦书的行下公示，带来的不仅是其所负载的政治信息传递与沟通的快速与便利②，更是封建王朝政治宣传功能的增强、政治影响力的广泛延伸。

宋代朝廷所属监司行下的"条贯"由进奏院负责雕印，所需经费由朝廷支付。熙宁四年（1071）五月，神宗下诏："自今朝省及都水监、司农寺等处，凡下条贯，并令进奏院摹印，颁降诸路。仍每年给钱一千贯，充镂版纸墨之费"③。想必此后官府发布的榜文多为雕版印刷而成的印榜。绍兴四年（1134）宋廷更是将镂板雕印的诏书直接颁下至州县。是年二月，高宗下诏："今后诸路有颁降诏令，并仰监司关报州县，真书文字，镂版印给于民间"④。这样做可以使民众尽快获知诏令内容。此后，印榜广泛地应用于政务信息的传布。如，国家对无主田招人承佃的政策也以印榜传布至民间通知。绍兴三十二年（1162）五月，权兵部侍郎陈俊卿进言："耕熟田户未归业者，限自四月十一日为始，满一周年，如无田主识认，许诸色人经官投状，指占承佃。印榜民间，使之通知，庶得来年趁时耕种"⑤。孝宗时，权刑部侍郎汪大猷上书，认为"今所议六项法，犯者以法行之，非此而但取财，惟再犯者死，可谓宽严适中"。孝宗采纳了他的建议。但当汪大猷因贺正旦而出使金朝返回途经盱眙，"得印榜云：'强盗止用旧法，罢六项法'"。回朝后，汪大猷"自劾求去，上闻之，复行六项法"⑥。这里所谓的"印榜"，就是县衙发布的将皇帝诏令"翻黄"即用雕版印刷而成的榜文。

地方官府如有需要公开发布的行政命令，可以自行或在请示朝廷且得到同意后以雕版印刷的方式发布榜文。如，熙宁年间，河北、京东连年蝗旱、盗贼渐炽。苏轼在《论

①李焘.续资治通鉴长编：第四册[M].北京：中华书局，2004：2368.

②有学者研究，将隋代手工抄写700多字诏书和宋代雕版刻印相比，就效率而言，宋代是隋代的数百倍。详见孙小淳、曾雄生的《宋代国家文化中的科学》一书（中国科学技术出版社2007年版）第208页杨倩描的《印刷术在宋代的发展及其对宋朝政治的影响》一文。

③徐松.宋会要辑稿：5[M].刘琳，刁忠民，舒大刚，等校点.上海：上海古籍出版社，2014：3015.

④徐松.宋会要辑稿：14[M].刘琳，刁忠民，舒大刚，等校点.上海：上海古籍出版社，2014：8375.

⑤徐松.宋会要辑稿：10[M].刘琳，刁忠民，舒大刚，等校点.上海：上海古籍出版社，2014：6012.

⑥脱脱，等.宋史：第三五册[M].北京：中华书局，1977：12145.

河北京东盗贼状》中提出对策，并将此"元降敕榜，明言出自圣意，令所在雕印，散榜乡村。人非木石，宁不感动，一饮一食，皆诵圣恩"。① "令所在雕印，散榜乡村"，即是让地方官府雕印敕榜公示民众，从而起到感化、笼络人心的目的。绍兴时，鉴于"淮南人户逃窜，良田沃土，悉为茂草"，为吸引逃亡民众归乡，权发遣泰州邵彪向高宗提出建议，得到认可后，即将具体措施"镂板榜示"，以使"民间通知"。② 此外，为便于吏民识读榜文，皇帝、朝廷在诏令、指挥中常要求各级官府的榜文须"大字镂板行下"。绍兴十三年（1143）四月，高宗根据户部建议，整治十分严重的偷漏典卖田宅印契税现象，"将人户今日以前违限不投税，再与展限一季，许将未投契自陈免罪，只令倍纳税钱。如违今来所展日限，告赏、断罪并依已降指挥施行"，且"仍令州县将今来所降指挥分明大字镂板，多出文榜，遍于乡村等处晓谕民户通知，务要投纳契税"。③ 庆元三年（1197）十二月，有官员上奏陈说"州县之间，害民者莫甚于科罚，虐民者莫甚于惨酷"的诸多表现，鉴于事态严重，宁宗随即下诏将"前后禁约科罚、惨酷条令，大字镂板行下诸路郡邑，揭于通衢，其有犯者，必罚无赦"。④

较之手写的榜文，雕印的榜文易于复制且可四处张贴、散发，适用于需要民众广泛知晓的诏令颁布、税赋征免、灾害救助、医方普及等事宜。地方官府有些官员为扩大政令传布的范围，常用印榜辅助政务。如，宋代对教唆健讼之徒严加约束，在相关判词中有"仍镂榜遍行晓谕，其有堕此习者，宜知悔悟，毋犯有司"⑤之语。哲宗元祐五年（1090）浙西遭遇严重旱涝灾害，入冬以来"诸郡闭粜"，加之"税务用例违条，收五谷力胜钱"。时任两浙西路兵马钤辖的苏轼虽"用印板出榜千余道，止绝此两事"，紧急筹措官米"出粜救饥"，却也不能缓解当时的困局。苏轼此时只得向上级反映实际情况，请求出面干预，最终邻近州县终于不再禁止商人来售卖粮食。孝宗淳熙八年（1181）

---

① 苏轼. 苏轼文集：下 [M]. 顾之川，校点. 长沙：岳麓书社，2000：963.

② 徐松. 宋会要辑稿：10[M]. 刘琳，刁忠民，舒大刚，等校点. 上海：上海古籍出版社，2014：5996.

③ 徐松. 宋会要辑稿：11[M]. 刘琳，刁忠民，舒大刚，等校点. 上海：上海古籍出版社，2014：6757.

④ 徐松. 宋会要辑稿：14[M]. 刘琳，刁忠民，舒大刚，等校点. 上海：上海古籍出版社，2014：8357.

⑤ 名公书判清明集：下 [M]. 中国社会科学院历史研究所宋辽金元史研究室，点校. 北京：中华书局，1987：485.

八月，朱熹在浙东救荒时，也是采取"差官雇船前去收籴，及印榜遣人散于浙西、福建、广东沿海去处，招徕客贩"①的举措增加大米的供应量，有效地缓解了灾情。

对于书写而成的榜文即所谓书榜，文献中几乎都是用"榜要闹处""钉挂晓示""版榜揭示"等用语，意在体现榜文在固定地点公之于众的传播方式；对于印榜多用"散出"一词，这是在人流密集、流动性大的人群中榜文传布的方式。自然灾害发生后，实现官方与民间有关灾情信息的互通，也多仰赖于传播广泛的印榜。通常的做法是，皇帝颁布有关救灾的圣旨后，"委诸路漕臣散出文榜于乡村，晓谕应有灾伤去处，仰民户依条式于限内陈状"②，引导民户诉灾，为地方政府了解灾情提供依据。为劝人户修筑陂塘，朱熹也是"节次行下三县，及散榜、给印榜晓示人户，陂塘浅漏处，亦合并力开掘修筑。如有欠阙工料支费，并诣军县借米吃用修筑，次年送纳"③。南宋时，江西路安抚使张守访闻近年乡村有昏夜聚首素食名为"夜斋"的行为，与朝廷打击的夜聚晓散"吃菜事魔"有些类似，于是"已散榜行下本路州县乡村禁止外，更乞朝廷即下诸路施行。所有印榜连黏在前，伏乞睿照"④。李元弼《作邑自箴》谈及县令发布《劝谕民庶榜》时，要求做到"镇市中并外镇，步逐乡村、店舍多处，各张一本，更作小字刊板，遇有耆宿到县，给与令广也"⑤。就是说，劝谕榜文不仅要在村镇及之外的乡村、旅店等处广泛张贴，还要印制"小字"版本，遇到乡间有威望的人到县府就送给他们，通过他们所拥有的广泛的人际关系网络使榜文能够被更多的人知晓。印榜复制便捷且数量多，既可用于散发，也可附着于木板上以便"钉板"张挂。孝宗淳熙年间，为使民间便于识别官私钱的区别，打击非法私铸铁钱，叶适在两淮地区将"新旧诸样官钱，钉板印榜，晓谕民间，令其从便行使，亦立私钱样，令拣选不用"⑥。

①朱熹.晦庵先生朱文公文集[M]//朱熹.朱子全书：第21册.朱杰人，严佐之，刘永翔，主编.上海：上海古籍出版社；合肥：安徽教育出版社，2002：940.

②朱熹.晦庵先生朱文公别集[M]//朱熹.朱子全书：第25册.朱杰人，严佐之，刘永翔，主编.上海：上海古籍出版社；合肥：安徽教育出版社，2002：5012.

③朱熹.晦庵先生朱文公文集[M]//朱熹.朱子全书：第25册.朱杰人，严佐之，刘永翔，主编.上海：上海古籍出版社；合肥：安徽教育出版社，2002：5005-5006.

④张守.毗陵集[M].刘云军，点校.上海：上海古籍出版社，2018：31.

⑤李元弼.作邑自箴[M]//杨一凡.历代珍稀司法文献：第一册.北京：社会科学文献出版社，2012：51.

⑥叶适.叶适集：上[M].刘公纯，王孝鱼，李哲夫，点校.北京：中华书局，2010：20.

宋代史籍中也有篇幅小而便于人们散发、携带的被称为"手榜""小手榜"的印榜。[①]
董煟在《救荒活民书》中记载了诸多实用的治蝗良法，其中就有以"手榜"广而告之
捕蝗虫法："附郭乡村，即印捕蝗法，作手榜告示：每米一升，换蝗一斗。不问妇人小
儿，携到即时交与。如此，则回环数十里内者可尽矣"[②]。书中还有许多"手榜"的用
例。如："臣今录于后，或遇蝗蝻生发去处，宜急刊此作手榜散示，烦士夫父老转相告
谕，亦开晓愚俗之一端也"[③]。"其间有多徇私意者，须明赏罚以励之，断在必行，不
当姑息。仍多出手榜，严行禁约，更用苏次参实粘姓名、口数于门首之法。"[④]"今凡
赈恤，须频印手榜晓谕，以见行措置。发钱米下乡，未可轻动，恐名籍紊乱，反无所得，
庶革饥贫云集之弊"[⑤]，等等。

至于手榜、小手榜的大小，可从黎靖德《朱子语类》中窥见。朱熹"昔在同安作簿时，
每点追税，必先期晓示。只以一幅纸截作三片，作小榜遍贴云：本厅取几日点追甚乡分税，
仰人户乡司主人头知委。"[⑥]朱熹"窃虑州县奉行不虔"，还曾将朝廷减免措施"镂版，
多印小榜，散下绍兴府五县晓示"。[⑦]朱熹所说的"小榜"，大小仅是一幅纸的三分之
一，榜文形制小，易携带，便于传播。将写榜和印榜散发给流动性大、人流密集的民众，
其传播范围要比仅仅单纯在衙门前张贴书榜或印榜广泛得多，更便于政令的流播。

总体看来，"从政府的法令规章到政府文告，再到朝报，两宋印刷术在政府行政领
域的应用经历了北宋初期、北宋中期、北宋后期三个发展阶段。其中，宋仁宗时期是
印刷术应用于行政领域的一个最重要的时期。而到南宋，无论是政府的法令规章、政
府文告，还是朝报，则全都采用了雕版印刷的方式。这就说明：印刷术在宋代行政领

---

①饶节《倚松诗集》卷一《送庄季裕宣教》中有："松间经行倚松语，袖有普贤真行愿。"诗后
小字注云："季裕以行愿品作小榜袖之，随处散帖。""小榜"虽并非官府榜文，但从"小榜袖之"中
可以想见所言"小手榜"方便携带的情形。详见陈思编、陈世隆补《两宋名贤小集》[《文渊阁四库
全书》(第1362册)，上海古籍出版社1987年版。

②董煟. 救荒活民书 附拾遗[M]. 北京，中华书局，1985：86.

③董煟. 救荒活民书 附拾遗[M]. 北京，中华书局，1985：84-85.

④董煟. 救荒活民书 附拾遗[M]. 北京：中华书局，1985：88.

⑤董煟. 救荒活民书 附拾遗[M]. 北京：中华书局，1985：88-89.

⑥黎靖德. 朱子语类[M]// 朱熹. 朱子全书：第17册. 朱杰人，严佐之，刘永翔，主编. 上海：
上海古籍出版社；合肥：安徽教育出版社，2002：3463.

⑦朱熹. 晦庵先生朱文公文集[M]// 朱熹. 朱子全书：第20册. 朱杰人，严佐之，刘永翔，主编. 上
海：上海古籍出版社；合肥：安徽教育出版社，2002：780.

域的应用，南宋比北宋更为成熟、更为广泛"①。宋代印榜使用数量的增加，为榜文所负载的官方政令向社会更深广层面的传播奠定了坚实的技术基础。

（三）勒石刻碑

宋人常将一些具有较为重要政务内容的榜文刻于石碑，以便达到威严庄重、长期约束及戒谕的目的。地方官署里或署衙前的石碑或石壁上刻有《戒石铭》："尔俸尔禄，民膏民脂。下民易虐，上天难欺。"这是太宗对后蜀孟昶原有二十四句的《戒石文》删减而来。《戒石铭》正式的称谓是《外官戒谕辞》，主要训诫对象是不在京的外官和州县官。政和六年（1116）七月，为"戒群臣挟奸罔上"，徽宗颁御笔手诏："仍出榜朝堂，刻石尚书省。诏以御书大成殿榜，付国子监揭之"②。绍兴二年（1132）六月，高宗"颁黄庭坚所书太宗御制戒石铭于郡县，命长吏刻之庭石，置之座右，以为晨夕之戒"③。戒石铭一般置于州县衙署正厅或者衙署前。理宗绍定六年（1233），张思齐《澉浦镇新创廨舍记》言及澉浦镇镇治"靡有定寓，或借民庐，或泊僧舍"，即没有固定的办公场所，后从各方筹集资金，且"鸠工度财，分毫不扰于民"，终于实现了"宣诏有亭，戒石有铭，榜示有房"④。"戒石有铭"即指的是勒就《戒石铭》。

从现有史料看，政府多用刻石树碑的方式广泛传布医方，以期改变民众信巫不信医的落后观念以及民间缺少方药的状况。以医书勒石刻碑，看重的是碑刻内容易于广泛、长久的传播。如，太祖开宝四年（971），范旻任邕州知州，邕州民间"俗重祠祭"，民众得病不去就医，而是宰杀鸡豚向"淫昏之鬼"祈福。范旻下令禁止陋习，并"出俸钱市药物，亲为和合，民有言病者给之"，痊愈者数以千计，范旻"乃以方书刻石寘置厅壁，部内化之"⑤。太宗至道年间，"扬、楚间有窦家神庙，民有疾不饵药，但竭致祀以徼福"。时任淮南转运使的王嗣宗"彻其庙，选名方，刻石州门，自是民风稍变"⑥。

①杨倩描.印刷术在宋代的发展及其对宋朝政治的影响［M］//孙小淳，曾雄生.宋代国家文化中的科学.北京：中国科学技术出版社，2007：207.

②燕永成.皇宋十朝纲要校正：上［M］.北京：中华书局，2013：490.

③李心传.建炎以来系年要录：三［M］.胡坤，点校.北京：中华书局，2013：1126.

④常棠.绍定《澉水志》［M］//浙江省地方志编纂委员会.宋元浙江方志集成：第13册.杭州：杭州出版社，2009：6263.

⑤李焘.续资治通鉴长编：第一册［M］.北京：中华书局，2004：271.

⑥脱脱，等.宋史：第二八册［M］.北京：中华书局，1977：9648.

真宗咸平元年（998），陈尧叟为广南西路转运使，当时"岭南风俗，病者祷神不服药"，于是陈尧叟将自己辑录的《集验方》"刻石桂州驿"①，方便民众传抄。天禧年间，周湛任梓州路戎州通判，"戎州俗不知医，病者以祈禳巫祝为事"，周湛"取古方书刻石教之，禁为巫者"②。仁宗时，赵子渊出知宣州，"宣民素尚巫鬼，病者不医，以事祈禳"。赵子渊"择方书之验者，刻石示之，复出公帑缗为药剂，以时拯救，民脱横妖，因变其俗"③。赵温瑜任蕲水县令时，"蕲俗右鬼，有病用巫不用医"。赵温瑜"为教诸巫使习诊病，又择经方揭石于衢肆，由是人知用药，稍革旧俗"④。庆历八年（1048）二月，为了改变"南方病毒者，乏方药"的状况，朝廷编辑《庆历善救方》用于疫病救治，此举也得到了地方官吏的响应。时任鄞县知县的王安石将《庆历善救方》"谨以刻石，树之县门外左，令观赴者自得而不求有司"⑤。以出榜晓示、置立刻石的方式来广泛传播时疾的表现症状、医治处方，以便民众应对。神宗时，罗适任桐城尉，命人按照《伤寒救俗方》"召医参校刻石"，试图改变当地百姓"民俗惑巫，不信药"⑥的风气。

此外，地方官府将与百姓生活、生产切身相关的一些律令条文刻在石碑上，以便长时间保存，也起到警示吏民、净化风俗的作用。温益任福州知州时，鉴于当地诱略人口猖獗，发布了打击拐卖妇女的《戒生口牙》榜文，其中言及"切宜防备，敕条立碑晓谕"，并将"其碑立于威武军门之左"⑦。梁克家在淳熙《三山志》的"诫谕"序中言及内容源"自庆历、嘉祐、元符以来，积劝长吏，诲敕裁革，其见于碑刻榜谕者，今并存之"，从而使"庶观风宣化，傥犹有遗习可举而行也"⑧。

（四）设木牌刻字

唐代为保证公共场所的交通畅通制定了相应的规则："凡行路巷街，贱避贵，少避长，重避轻，去避来。"⑨宋代延续了这一做法。太平兴国八年（983）正月，大理寺丞

①脱脱，等．宋史：第二七册［M］.北京：中华书局，1977：9584.

②脱脱，等．宋史：第三〇册［M］.北京：中华书局，1977：9966-9967.

③韩琦.故尚书祠部郎中集贤校理致仕赵君墓志铭［M］//李之亮，徐志英.安阳集编年笺注.成都：巴蜀书社，2000：1522.

④苏颂.苏魏公文集：下［M］.王同策，管成学，颜中其，点校.北京：中华书局，1988：884.

⑤王安石.王文公文集［M］.秦克，巩军，标点.上海：上海古籍出版社，1999：325.

⑥陈振孙.直斋书录解题［M］.上海：上海古籍出版社，1987：390.

⑦梁克家.三山志［M］.福州市地方志编纂委员会，整理.福州：海风出版社，2000：634.

⑧梁克家.三山志［M］.福州市地方志编纂委员会，整理.福州：海风出版社，2000：632.

⑨萧嵩，等.大唐开元礼［M］.北京：民族出版社，2000：34.

孔承恭"举令文'贱避贵，少避长，轻避重．去避来'，请诏京邑并诸州于要害处设木牌刻其字，违者论如律"①。太宗以为可行，发布《刻仪制令诏》，其中有"宜刻其字，违者论法"②，赋予木牌所刻内容以法律效力。 "设木牌刻其字"，就是将需要公告的《仪制令》刻在木版上，树立于道路旁。与书写于纸上或木板上相比，刻字于木板可以使内容留存得更久。

与设木牌刻字类似的还有"立牌"。宁宗嘉定十六（1223）年正月，臣僚进言整治宫城外沿江的陆上交通："乞下殿前司，日下自和宁门相近八盘岭路口建立门关，丽正门西旧自有门，并行关闭。除巡徼军兵往来外，应干官员等轿马、买卖物货等人，并立牌禁止，不得经行。违者具名申尚书省，重作行遣。官兵并不许假徼巡之名，因而取道。仍乞指挥令临安府严揭赏榜禁约，增重帝都，实为利便"③。"立牌禁止"即是将官府禁约或写或刻于木板，以起到警示作用。

一般而言，来自皇帝和中央机构的榜文内容所涉及的政务具有普遍性，流播的覆盖面广；内容与地方政务有关的榜文，需要家喻户晓、尽人皆知，因此这两者都需要大量复制。有些只是针对某一地方具体事务而发的榜文，不具有广泛性和代表性，因此复制的数量有限。也就是说，榜文复制的数量取决于其本身内容所涉及吏民的范围。

传播史上，人们总是依据不同的传播需求、传播环境、对象和目的，不断地尝试着使用新的传播载体、途径和方法，以便得到最佳的传播效果。作为广而告之的榜文公文亦是如此。在榜文的传播过程中，竹简、木板（版）、纸张及石碑等多种载体及书写、雕版、铭刻等复制方式所占比例或有轻重，但并非非此即彼的替代关系，而是在一定时期内多种传播载体、复制方式共存于不同行政层级的政务活动和不同的发布场所（传播空间）中。因此可以说，载体形式、复制方式与传播空间各异的榜文成为宋代官方

---

①脱脱，等《宋史》（第二八册），中华书局1977年版，第9390-9391页。按："设木牌刻其字"，李焘《续资治通鉴长编》作"设木刻其字"："承恭又言：《仪制令》有云：'贱避贵，少避长，轻避重，去避来。'望令两京、诸道，各于要害处设木刻其字，违者论如律，庶可兴礼让而厚风俗"［李焘《续资治通鉴长编》（第一册），中华书局2004年版，第538页］。佚名《宋史全文》卷三《宋太宗一》："孔承恭言：《仪制令》有云：贱避贵，少避长，轻避重，去避来。望令于要害处设木刻其字，庶可兴礼让而厚风俗。'诏行其言。"详见佚名《宋史全文》，李之亮点校，黑龙江人民出版社2005年版，第111页。

②佚名．宋大诏令集［M］．司义祖，整理．北京：中华书局，1962：545.

③徐松．宋会要辑稿：14［M］．刘琳，刁忠民，舒大刚，等校点．上海：上海古籍出版社，2014：8373.

政治信息布达民间的一个有效途径和助推中央与地方行政事务开展的得力工具。

第二节 宋代榜文的传播空间

榜文的发布场所即构成榜文的传播空间。榜文的传播空间的选定是由皇帝、中央机构及各级地方官府传达的政务信息内容及晓谕对象所决定的。宋代官方榜文的发布者为皇帝、中央机构和地方政府，传播对象上至朝臣、地方官僚，下至吏民、将士，涉及人员范围广泛。官府发布榜文的目的在于行政命令的推行。因榜文所涉及的政务内容、负责处置的官署、晓谕对象的不同，榜文的内容与书写、张贴及置立的空间分布等各有其差异性。

一、官方机构

官方机构是官员处理公务的活动场所，既包括皇宫朝堂、各级官署衙门以及官方所属的书院、府学、边塞、城门、铺驿等，是封建权力集中且具体体现的空间，也是封建权力观念的现实依托，因此官方机构及所属场所自然成为榜文传布的不二之选。

（一）皇宫朝堂

皇宫朝堂是皇帝与朝臣决策国事军机的重要场所，也是法律、政令形成、发布的主要源头所在，其内部相关政令信息的传播也常用到榜文。最为常见的榜文是皇帝处理政务、以诏敕出榜晓示朝臣的敕榜。《宋史·礼制》云："徽宗初建明堂，礼制局列上七议……六曰：古者以明堂为布政之宫，自今若有御札、手诏并请先于明堂宣示，然后榜之朝堂，颁之天下。"[1] 由此也出现"自非趋朝之人，莫之得见，所询者狭"[2] 的情形。

北宋前期，文德殿是文武百官按惯例每日朝会的地方[3]，"敕榜朝堂"之"朝堂"通常即指文德殿门外[4]，那里是百官上下朝聚集的地方，朝廷有重要的诏令文书通常会

---

① 脱脱，等.宋史：第九册 [M].北京：中华书局，1977：2771-2772.

② 司马光.司马光奏议 [M].王根林，点校.太原：山西人民出版社，1986：353.

③ 满中行.上神宗乞厘正文德正衙之制 [M]// 赵汝愚.宋朝诸臣奏议：下.北京大学中国中古史研究中心，校点整理.上海：上海古籍出版社，1999：995.

④ 王得臣《尘史》卷上《朝制》："文德殿门外为朝堂，常以殿前东庑设幕，下置连榻，冬毡夏席，谓之百官幕次。凡朝会必集于此，以待追班然后入。"，详见王得臣《尘史》一书（上海古籍出版社1986 年版）第 5 页。

在此榜示。如，宋廷禁止未经批准在邸报上公布臣僚章书，对违反规定的臣僚进行弹劾、问责，并将结果"仍令御史台榜示朝堂"①。"真宗、仁宗两朝，是宋代致仕制度确立的重要时期。"②随着入仕人数的增加，员多阙少的矛盾日益凸显。天圣时，监察御史曹修古上奏："近年以来，中外臣僚有年仅八十尚未辞官，既心力之尽衰，何职务之能济？……或贪财暴法，或见姓书名，以此临民，何以致理！"有鉴于此，曹修古请求"自今除元老勋贤询议军国自有典章外"，其余文武官员并七十岁致仕，"不自陈乞者，委审官、三班、吏部勘会岁数以闻，特与致仕"，"以示戒贪之道""崇老之风"。仁宗即"诏御史台榜朝堂门，及下诸路转运司"③，以便遵照执行。"榜朝堂门"应是较"敕榜朝堂"更为具体的出榜之所。

朝堂张榜具体由御史台负责执行。如，欧阳修为英宗撰制的《榜朝堂手诏》就要求："宜令中书门下俾御史台出榜朝堂，及进奏院遍牒告示，庶知朕意"④。皇帝对官员的贬谪和责罚有时也通过专司"纠察官邪，肃正纲纪"⑤之职的御史台出榜朝堂，以示戒谕。如，景祐三年（1036）五月，仁宗因孔道辅等人"上疏请对，直露事状，曾不缄封，传布喧然，深骇物听"，不仅"各罚铜二十斤"，且"令其御史台于朝堂出榜晓示，各令知委，及都进奏院遍牒三京，并诸道州府军监县等"⑥。由此可知，《责孔道辅等令御史台敕榜朝堂敕》由御史台负责榜示于朝堂，三京、各地方官府也须同时出榜。与此同时，范仲淹被贬官之事也是"敕榜朝堂，戒百官为朋党"⑦。皇祐年间，唐介曾因揭发当朝宰相文彦博用蜀灯笼锦贿赂张后事，被仁宗贬谪岭外，因此而颁布的《贬唐介后榜朝堂》文末有"各守尔典，免陷匪彝。宜令御史台出榜朝堂"⑧。

朝堂是君臣各种政见交汇、博弈的场所，官员之间的政争以及皇帝对政事的裁夺、处置也会榜示朝堂。其中，朝臣对当前国计民生或政治问题的言论、奏折，皇帝认为

---

①李焘.续资治通鉴长编：第六册[M].北京：中华书局，2004：3362.

②苗书梅.宋代官员选任和管理制度[M].开封：河南大学出版社，1996：525.

③徐松.宋会要辑稿：9[M].刘琳，刁忠民，舒大刚，等校点.上海：上海古籍出版社，2014：5161.

④欧阳修.欧阳修全集：第五册[M].李逸安，点校.北京：中华书局，2001：1866.

⑤脱脱，等.宋史：第十册[M].北京：中华书局，1977：3869.

⑥佚名.宋大诏令集[M].司义祖，整理.北京：中华书局，1962：706.

⑦脱脱，等.宋史：第二八册[M].北京：中华书局，1977：9831.

⑧佚名.宋大诏令集[M].司义祖，整理.北京：中华书局，1962：710.

朝臣须周知的，也要公布于朝堂。① 在"濮议之争"中欧阳修备受争议，此后又遭受人格诋毁。神宗派人调查，真相水落石出后，颁下《赐参政欧阳修诏》对他予以抚问慰安，"仍出榜朝堂，使中外知其虚妄。事理既明，人疑亦释，卿宜起视事如初，无恤前言"②。

中央机构、臣僚的弹劾文字有时也会出榜朝堂。如，天圣年间，御史奏弹虞部员外郎李文晟、国子博士陈宗宪"违诏押赐衣袄"，仁宗"诏罢之，仍以弹文榜朝堂"。③ 熙宁时，侍御史周尹弹奏河北西路转运判官李稷，"乞罢稷职事，勒令葬父，废弃终身，牓示朝堂，戒敕臣僚，使知忘亲悖逆之人，不容于圣世"。神宗"诏札与李稷令知"，后李稷改任军器丞。④ 相应地，臣僚对所受皇帝及中央机构处分的申辩也以出榜朝堂的形式予以公开。绍圣时，权户部尚书吴居厚受到处分，"臣僚上言辨雪吴居厚事，令本台榜朝堂者"⑤。这种朝臣之间有关是非曲直的公开辩论无疑增加了行政运行的透明度。

"在宋代崇儒的社会背景下，作为社会中的精英阶层，士人往往被看成是社会稳定的基石。这种作用往往突出地显现在官方的表达中，特别是皇帝发布的一些诏令更是直接地表达了朝廷对于士人的期望。"⑥ 如，嘉祐三年（1058）五月，仁宗发布《责降郭申锡仍榜朝堂诏》："朕常患民之好争，而风俗渐靡于薄也，思有以革正。非吾士大夫躬率以义，而道之于善，则何以哉？三司盐铁副使郭申锡官职事任不为轻矣，所宜慎守所举，以道吾民者。属与参决，何议论之异，遂成忿争。章奏累上，辩诉纷然，敢为抵欺，行之自若。以至兴大狱，置对逾旬，参验所陈，一无实者。士人之行乃至是，使吾细民何所视效？其降申锡知滁州，仍榜示朝堂"。⑦ 可见，朝廷希望"士大夫躬率以义，而道之于善"，而对郭申锡不能"慎守所举"引以为鉴。在元兵入侵之际，以陈宜中、夏贵为首的大臣却"往往避匿遁去"，谢皇后"命揭榜朝堂曰：'我国家三百年，待士大夫

<hr>

① 赵汝愚《宋名臣奏议》卷一八所收苏舜钦《上仁宗乞追寝戒越职言事诏书》（苏舜钦《苏学士集》卷一一题为《乞纳谏疏》），篇前附注景祐三年五月丁亥仁宗"敕榜朝堂"的文字，但文集篇前不载。《宋名臣奏议》卷五五陈尧臣《上徽宗乞重惜宪台之权》注："诏所陈甚当，出榜朝堂及吏部。"

② 佚名.宋大诏令集［M］.司义祖，整理.北京：中华书局1962：689.

③ 李焘.续资治通鉴长编：第四册［M］.北京：中华书局，2004：2449.

④ 李焘.续资治通鉴长编：第十一册［M］.北京：中华书局，2004：6795.

⑤ 蔡蹈.再论沈铢缴还吴居厚词头奏［M］//曾枣庄，刘琳.全宋文：第一〇二册.上海：上海辞书出版社；合肥：安徽教育出版社，2006：255.

⑥ 胡荣明.制度、观念与实践：南宋理学家视野下的士人法律身份问题［J］.朱子学刊，2012（1）：217.

⑦ 曾枣庄，刘琳.全宋文：第二三册［M］.成都：巴蜀书社，1992：321.

不薄。吾与嗣君遭家多难，尔小大臣不能出一策以救时艰，内则畔官离次，外则委印弃城，避难偷生，尚何人为？亦何以见先帝于地下乎？'"①谢皇后在危急关头质问官员"避难偷生，尚何人为"，并"揭榜朝堂"，呼号百官"以救时艰"，试图力挽破败的时局。

（二）官署衙门

"公宇观瞻，所以政令出焉。"②我国自"郡县制确立以后，地方政治体制与地方城市密切结合，由于政治统治的需要，要建各级地方官吏守土治民的府舍，以这些官吏府舍为中心修建的地方城市，在城市形制上必然是以官府为中心的布局"③。毫无疑问，宋代府、州、军、监以及县的衙署也是地方行政布局中最为重要的部分。衙署建筑物是政权的象征，并体现着官府的威严；府、州、军、监和县的官员与上司、民众间的交流与沟通，大都是在以其所在衙署为中心的空间内完成。宣示诏敕、政令等榜文的传播，也是围绕衙署为中心向四周扩散。

阁门。曾肇《上哲宗进仁宗朝戒饬内降诏书事迹乞禁止请谒》："臣窃观前史，伏见仁宗在位四十余年，下诏书约束臣下干求内降，令中书、枢密院，如内降与臣僚迁官及差遣者，并具条执奏以闻，推劾干请之人，明正其罪，下御史台、阁门榜谕，仍著为法。"④史料中的"阁门"应为"閤门"。"'閤'字在唐宋时期的基本含义是指'殿后之便室'，君主每次御殿听政之前，从禁中行至宫殿，会先在殿后便室中稍作休息，等殿上官员班次集合并整顿完毕后，再由便室进入正殿视朝。便室左右各有小廊直通宫殿两侧的东西正廊，'閤门'就是便室联通东西正廊之门，即宫殿东西侧门，故称'东西閤门'"⑤。

尚书省门、六部门。欧阳修知贡举，为了杜绝挟书作弊现象，他向仁宗皇帝上《条约举人怀挟文字札子》，"乞立定巡捕官赏格及怀挟人责罚刑名，添入贡院新定条制。

---

①脱脱，等.宋史：第二五册[M].北京：中华书局，1977：8659.

②项公泽，修；凌万顷，边实，纂.淳祐玉峰志[M].北京：中华书局，1990：1065.

③徐苹芳.马王堆三号汉墓出土的帛画"城邑图"及其有关问题[M]//李学勤.简帛研究：第1辑.北京：法律出版社，1993：108-112.

④曾肇.上哲宗进仁宗朝戒饬內降詔书事迹乞禁止请谒[M]//赵汝愚.宋朝诸臣奏议：上.北京大学中国中古史研究中心，校点整理.上海：上海古籍出版社，1999：227.

⑤周佳.沟通内外：北宋閤门的位置与功能考论[J].文史，2015（2）：94.

仍榜南省门，及下进奏院，颁告天下"。①南省即尚书省的别称。六部即吏部、户部、礼部、兵部、刑部和工部，属于中央政府行政机构内部六个核心管理部门，统归于尚书省。绍兴五年（1135）闰二月，高宗"手诏卿大夫奉法守公、克勤庶务，令尚书省给黄榜于六部门晓谕"②。

待漏院。据《朝野类要》记载："宫内之前待漏院，所以俟候宫门开。及阁门呼报排班，则穿执而入也。又名待班阁子。"③可见待漏院是百官在上朝之前，等候开宫门的地方。太平兴国九年（984）正月，太宗下诏："宜令三馆以《开元四部书目》阅馆中所阙者，具列其名，于待漏院出榜告示中外，若臣僚之家有三馆阙者，许诣官进纳"④。皇帝诏令三馆将《开元四部书目》中所缺失内容的名录榜示于待漏院，告知百官可以进献。

登闻检院。登闻检院在南宋时"掌收接朝廷命官各色人有关机密军国重事、军期朝政阙失，论诉在京官员不法，及公私利害之事"⑤。乾道四年（1168），孝宗根据登闻检院的上奏，下发诏令："检坐祖宗故事，令尚书省出榜于登闻检院晓谕"⑥。开禧三年（1207）十二月，臣僚在奏言中重申"孝宗皇帝备举天圣诏文，给黄榜下登闻检院晓谕"的典故，并进言："近年以来，上书进状者日益稀少，权臣畏人议己，沮抑下情，不令上达。今日朝廷清明，大开言路，乞检照孝宗皇帝典故，令三省给降黄榜付登闻检院晓谕士庶，凡军国大事、朝政得失及事属冤抑者，并许上书投进，本院官吏不得沮遏"⑦。

总体而言，衙署张贴的面向民众的榜文都有约定俗成的固定地点，一般是司、州及县的衙门前等地。如：

监司、州县"县门""门首"。谢深甫《庆元条法事类》记载："诸被受手诏及宽

---

①欧阳修.欧阳修全集：第四册［M］.李逸安，点校.北京：中华书局，2001：1677-1678.

②李心传.建炎以来系年要录：四［M］.胡坤，点校.北京：中华书局，2013：1633.

③赵升.朝野类要［M］.王瑞来，点校.北京：中华书局，2007：23.

④程俱.麟台故事校证［M］.张富祥，校证.北京：中华书局，2000：254.

⑤龚延明.宋代官制辞典［M］.上海：上海古籍出版社，2014：167.

⑥徐松.宋会要辑稿：5［M］.刘琳，刁忠民，舒大刚，等校点.上海：上海古籍出版社，2014：3088-3089.

⑦徐松.宋会要辑稿：5［M］.刘琳，刁忠民，舒大刚，等校点.上海：上海古籍出版社，2014：3091.

恤事件若条制，应誊报者，誊讫，当职官校读，仍具颁降被受月日……事应民间通知者，所属监司印给榜要会处，仍每季检举。其手诏及宽恤事件即榜监司、州县门首（手诏，以黄纸录副本连于榜前，仍书臣名）。"① 这是地方官府接到御笔手诏后的相关登记、誊报及榜示的具体要求。《名公书判清明集》中也有诸多相关记载，如，"备榜县门，申州并提举司照会"②；"案给断由付江氏收执，当官除附，备榜县门，申州并提举司照会"③；"牒报尉司，仍榜县门"④ 等等。司马光《涑水记闻》记载，种世衡"尝知武功县，用刑严峻，杖人不使执拘之，使自凭栏立砖上受杖，杖垂毕，足或落砖，则更从一数之。人亦服其威信，或有追呼，不使人执帖下乡村，但以片纸榜县门，云：'追某人，期某日诣县庭。'其亲识见之，惊惧走告之，皆如期而至。"⑤ 朱熹《漳州晓谕词讼榜》末有："右今榜州门张挂晓谕，各令知悉"⑥。

"州前"。在《名公书判清明集》所收录的《钉脚》案中，婺州判词末有："自今以后，应有此自残之人，例不受理，仍备榜州前与诸县晓谕"⑦。黄震《黄氏日抄》记载，"师巫庙祝之徒"在城内外到处张贴"婺源庙注疏印榜"向民众宣扬自己的信仰，官府则"遍在城内外揭毁其榜，搜逐其人，限一日取肃静状申外，四县帖请一体行"，并"榜示州前，仰吾民各自敬畏天地，孝养父母，遵守国法"。⑧

"牙门""衙门""衙前"。蔡襄出任福州知府，将郡人何希彭选编的《圣惠方选》，"因

---

①谢深甫.庆元条法事类[M]//杨一凡,田涛.中国珍稀法律典籍续编：第1册.哈尔滨：黑龙江人民出版社,2002：335.

②名公书判清明集：上[M].中国社会科学院历史研究所宋辽金元史研究室,点校.北京：中华书局,1987：139.

③名公书判清明集：上[M].中国社会科学院历史研究所宋辽金元史研究室,点校.北京：中华书局,1987：247.

④名公书判清明集：下[M].中国社会科学院历史研究所宋辽金元史研究室,点校.北京：中华书局,1987：501.

⑤司马光.涑水记闻[M].邓广铭,张希清,点校.北京：中华书局,1989：170.

⑥朱熹.晦庵先生朱文公集[M]//朱熹.朱子全书：第25册.朱杰人,严佐之,刘永翔,主编.上海：上海古籍出版社；合肥：安徽教育出版社,2002：4616.

⑦名公书判清明集[M].中国社会科学院历史语言研究所宋辽金元史研究室,点校.北京：中华书局,1987：504.

⑧黄震.黄氏日抄[M]//黄震.黄震全集：第7册.张伟,何忠礼,主编.杭州：浙江大学出版社,2013：2220-2221.

取其本誊载于版，列牙门之左右"①。牙门即衙门②，也就是将刻有《太平圣惠方》的板榜陈列在衙署门左右，供吏民抄传。此外，在《名公书判清明集》中也有诸多出榜衙门、衙门前的例证，如，"仍追吴杰赴本司，仍榜本司衙门，许被害人陈诉"③；"余照勘官所拟，仍榜衙门，并申省部、御史台"④；"仍传示诸邑，以为慢令虐民之戒。仍榜衙前及本县，余照拟行"⑤；"牒州牢固拘管，备榜衙前，以明禋在近，特免监脏，断讫押遣，仍申"⑥，等等。

官署"厅壁""屋壁"。官署衙门附近多是公众活动的场所，也是官民联系的关节点，来往人员较多，能将相关信息以最快的速度传播开来。而有关政策规章之类的榜文通常首先在衙署厅壁或屋壁公布。公布于厅壁、屋壁的榜文，面向的读者是官员，其作用在于备忘或戒谕。如，宋廷对于"常税名物，令有司件析颁行天下，揭于版，置官署屋壁，俾其遵守"⑦。太平兴国三年（978）四月，侍御史赵承嗣"坐监郑州市征，与吏为奸，隐没官钱巨万计"。有司称当依法施以绞刑，太宗"特命斩之，并吏七人皆斩于市。仍诏诸道转运使布告州县以儆群吏，揭于所居官舍之壁"。⑧这种重惩赃吏、正式公开的形式既树立了转运使的权威，又强化了对基层官吏作奸犯科行为的震慑作用。屋壁是指官舍的墙壁。太宗《商旅细碎交易不得商其算诏》云："自今除商旅货殖外，其贩贸细碎交易，并不得商其算，违者罪之。仍令有司件析，颁行天下。揭于版，悬于官寺之屋壁以遵守焉"⑨。这是于屋壁悬版榜。厅壁即官厅的墙壁。宋代一些重要

---

①蔡襄.蔡襄集［M］.徐焓，等编；吴以宁，点校.上海：上海古籍出版社，1996：519.

②张政烺.中国古代职官大辞典［M］.郑州：河南人民出版社，1990：124.

③名公书判清明集：上［M］.中国社会科学院历史研究所宋辽金元史研究室，点校.北京：中华书局，1987：56.

④名公书判清明集：下［M］.中国社会科学院历史研究所宋辽金元史研究室，点校.北京：中华书局，1987：482.

⑤名公书判清明集：下［M］.中国社会科学院历史研究所宋辽金元史研究室，点校.北京：中华书局，1987：418.

⑥名公书判清明集：下［M］.中国社会科学院历史研究所宋辽金元史研究室，点校.北京：中华书局，1987：476.

⑦脱脱，等.宋史：第一三册［M］.北京：中华书局，1977：4541.

⑧李焘.续资治通鉴长编：第二册［M］.北京：中华书局，2004：427.

⑨佚名.宋大诏令集［M］.司义祖，整理.北京：中华书局，1962：733.

的法规，朝廷要求内外官司"写录厅壁，朝夕看读"①，以便官员熟稔于心，提高办事效率。

（三）太学、府学、县学、小学、书院

太学、府学、县学、小学、书院等教育机构也常以发布榜文处理相关事宜。宋代太学最为发达，学生人数大增，且经常参与政治活动。北宋末年，金兵包围汴京，太学生伏阙上书，表达对时局的不满，却受到朝廷的压制。如，靖康元年（1126）二月，聂山论伏阙札子中提及："开封三衙犹榜大学门"。"榜曰：准殿前司牒，准内降御宝批：朝廷方大开言路之时，应文武臣下、士庶秀才等，宜以忠嘉之言谠论建陈，当用纳亲览。于其可否，一一施行。然有似此伏阙上书为名者，意在作乱之人，仰三衙立便收捉，当行军法。奉御笔付王宗濋等出榜，如有似此之人，斩讫奏闻。"②。

府学、县学均以榜文告示相关规定。仁宗至和元年（1054）四月的《京兆府小学规》（原题《府学榜》③）详细规定了入学程序、学习内容、违规者的惩罚措施等内容，榜文首句为"府学榜准使帖指挥于宣圣庙内"，末有"右事须给榜小学告示，各令知委"④。理宗淳祐八年（1248）《绍兴府学整复赁钱榜》述及府学据以办学的田地房屋，因掠钱人（即收租人）与租赁户"转相买嘱，巧立名色，易见钱为旧会"，致使办学日艰。府学教授朱从政等特乞使府给榜晓示，严加整顿。官府特从其请予以处理，并"右榜府学前张挂，各令通知"⑤。《名公书判清明集》所收李文溪《诸户绝而立继者官司不应没入其业入学》中将判词"榜县学前，仰周起宗前来本司，供合立嗣人名，以凭给据"⑥。

宋代封建王权对书院的控制不断加强，书院的官学化已经完成。⑦书院的学规也以

①徐松.宋会要辑稿：14[M].刘琳，刁忠民，舒大刚，等校点.上海：上海古籍出版社，2014：8293.

②徐梦莘.三朝北盟会编：上[M].上海：上海古籍出版社，1987：300.

③王铭.公文选读[M].沈阳：辽宁大学出版社，2000：270.

④王昶.金石萃编：第四册[M].北京：中国书店，1985：250.

⑤北京图书馆金石组.北京图书馆藏中国历代石刻拓本汇编：第44册[M].郑州：中州古籍出版社，1989：108.

⑥名公书判清明集：上[M].中国社会科学院历史研究所宋辽金元史研究室，点校.北京：中华书局，1987：258.

⑦顾宏义.试论宋代书院的官学化[M]//朱汉民，李弘祺.中国书院：第2辑.长沙：湖南教育出版社，1998：88-101.

榜文呈现。如，孝宗淳熙八年（1181），白鹿洞书院建成后，朱熹为防止有人干扰甚至破坏正常的教学秩序而发布《洞学榜》，其中有："窃虑向后诸色等人不知上件事理，或有毁坏，以至偷盗文籍、侵占田土，及过往之人妄有搔扰，事属不便，须至晓示者。右出榜白鹿洞书院张挂，各请悉知"①。

（四）宫门、城门

宫门指帝王、公侯所居宫室之门，也是出榜之地。如，靖康元年（1126）三月，"宰执奏事延和殿，进呈车驾出郊诣资福寺迎奉道君仪注"。耿南仲建议，"欲尽屏道君左右内侍，出榜宫门，敢留者斩"。②

城门是连接城乡和人们进出城必经之处，具有沟通城郭内外及防卫的功能。进出城门的民众熙熙攘攘，络绎不绝，张榜于城门无疑可以扩大榜文内容的传播范围，因而也是官府出榜的首选地点之一。

朱雀门是北宋东京城内城（里城）的正南门，位于东京城中轴干道御街上。靖康二年（1127）正月，钦宗批准的枢密院札子称："访问旧城里外诸坊巷居民等，近来往往撰造言诏，唱说事端聚众，以防护为名于炉头打造兵器，虑恐引惹生事，却致惊扰，深属不便"，于是"札送开封府，疾速出榜晓谕，约束施行"。开封府"不得擅打军器"的榜文即是在朱雀门揭示："右出榜朱雀门晓示，并铁炉户，自今后不得依前乱有打造，如违，收捉赴官，重法断遣。"③这是枢密院的命令，而交由开封府代为出榜示众。

宣德门是北宋东京皇城的正南门，具有连接宫内宫外的政治功能和公众性、开放性。仁宗时，司马光上奏："臣愚窃以宣德门者，国家之象魏，所以垂宪度布号令也"④。由此可知，宣德门是重要的朝廷政令的榜示地点。如，钦宗靖康二年（1127），留守司"札付本府将文武百官及致仕在京宫观人，并分拨赴秘书省，僧道赴宣德门外西阙亭，军员赴大晟府集议，不管稍阙，须至指挥"。开封府即"出榜宣德门张挂，各令知悉"⑤。《中兴遗史》记载，靖康二年（1127）二月，京城留守范琼迫使徽宗和皇子、贵妃赴金营，

①朱熹.晦庵先生朱文公别集［M］//朱熹.朱子全书：第25册.朱杰人，严佐之，刘永翔，主编.上海：上海古籍出版社；合肥：安徽教育出版社，2002：5000.

②李纲.靖康传信录［M］.北京：中华书局，1985：21.

③徐梦莘.三朝北盟会编：上［M］.上海：上海古籍出版社，1987：578.

④黄淮，杨士奇.历代名臣奏议：三［M］.上海：上海古籍出版社，1989：2540.

⑤徐梦莘.三朝北盟会编：上［M］.上海：上海古籍出版社，1987：603.

留守司、开封府对此事保密，"然其事渐彰，人情方忧惧"。直至"宣德门前揭示黄榜，备坐金人节次移文"，"民间始知欲立异姓，相顾号恸陨越，皆悔不令上皇东巡上迁都也"。① 南宋时都城临安花卉、珍禽消费极为兴盛，有些需要从外地输入，非常耗费财力。为此，高宗下诏禁止："访闻行在渐卖花木窠株，或一二珍禽，此风不可长……花木窠株、珍禽可札下临安府诸门晓示，不得放入"。②

北宋皇城中偏南有一条横街，东西两端各开辟一门，东为东华门，西为西华门，是通往皇帝办理政事及举行仪式的必经之地③。靖康元年（1126）四月，李刚"奏上三十余事"，钦宗认为非常合理，并"降付三省，已而揭榜通衢曰：'知枢密院事李纲陈请裁减下项。'又榜东华门曰：'守御使司给诸军卸甲钱多寡不均，御前特再行等第支给'"④。

皇城司负责宫城城门的守卫和巡逻、警戒，其主要职责是"掌宫城出入之禁令，凡周庐宿卫之事、宫门启闭之节皆隶焉"。"凡臣僚朝觐，上下马有定所，自宰相、亲王以下，所带人从有定数，揭榜以止其喧哄"。⑤ 从皇城司的职责来看，揭榜之地应在宫城门。

京都的城门也叫都门。绍兴元年（1131）十一月，高宗"诏令尚书省出榜都门晓示：'应有劳绩功赏、整会叠转授之人，今后并仰经所辖官司陈诉，从本处勘会诣实，关申所属施行，即不得依前越诉。如违，重行典宪'"⑥。

（五）隘所

隘所是人们利用自然地形构筑的人工建筑，同时也是官府进行行政、军事管理的重要机构。宋代的隘所的主要职能是军事防御，此外还有维护地区政治经济秩序、保持社会安定、增加国家财政收入和执行中央政权对外经略等职能。建炎年间，高宗下诏，

---

① 徐梦莘.三朝北盟会编：上 [M].上海：上海古籍出版社，1987：598.

② 徐松.宋会要辑稿：14[M].刘琳，刁忠民，舒大刚，等校点.上海：上海古籍出版社，2014：8342.

③ 胡小鹏.中国手工业经济通史：南宋卷 [M].福州：福建人民出版社，2004：259.

④ 李纲.靖康传信录 [M].北京：中华书局，1985：24-25.

⑤ 脱脱，等.宋史：第一二册 [M].北京：中华书局，1977：3932-3933.

⑥ 徐松.宋会要辑稿：15[M].刘琳，刁忠民，舒大刚，等校点.上海：上海古籍出版社，2014：8993.

对于把守"诸路州县应水陆控扼合行把隘去处"人员的"补授官资""优加旌赏"的条件以及对官员、商贾"阻当骚扰"的禁令，"仍多出文榜于隘所并州县，分明晓示"。[①]

（六）狱门、狱前

宋代提刑司的职能之一是对各种违法囚禁无辜百姓的现象进行纠举。[②]嘉泰元年（1201）正月，宁宗准许的臣僚奏言称："乞令诸路提刑司检坐应禁、不应禁条法，出给版榜，大字书写，行下逐州县，委自通判、县丞各于狱门钉挂晓示……内有不应禁而收禁者，提刑按劾守、令以闻"。[③]揭榜于狱前的，如《治推吏不照例襄被》："汪仁、刘友系两狱头名推吏，各刺配本州牢城，长枷榜示各狱前，使往来观看，举手加额，道一声称快，自足以感召和气"。[④]

（七）军营、军门、军器库、寨门

宋代军事开支庞大，时人有所谓"一岁所用，养兵之费常居六七，国用无几矣"[⑤]之论，更有一些官员借机截留、克扣士兵粮饷。粮饷事关士兵的士气和战斗力，处理不善甚至存在发生兵变的隐患，为此宋廷曾多次下诏训诫，并出榜军营公告。如，徽宗为有针对性地解决"侵夺兵食""公然乞觅""率敛钱物""刻剥钱数"而"致令诸军衣食不足"的问题，颁布的《抚恤军人诏》诏书"仍榜逐营，使军人咸识抚存之意"。[⑥]

宋代军队从事营利性的经营活动，称之为回易。军队利用自身的特殊身份经商，虽可以增加收入，缓解军饷的不足，但总体而言弊大于利，严重地扰乱了社会正常的经济秩序。绍兴年间，高宗针对军队包括回易所带来的诸多"奸弊"，下诏"内外诸帅戒约将佐，日下住罢，如有违戾，重致典宪。三省、枢密院觉察"，并将此诏"于军门榜谕"。[⑦]

---

①徐松．宋会要辑稿：14[M]．刘琳，刁忠民，舒大刚，等校点．上海：上海古籍出版社，2014：8610.

②戴建国．宋代的提点刑狱司[J]．上海师范大学学报（哲学社会科学版），1989（2）：97.

③徐松．宋会要辑稿：14[M]．刘琳，刁忠民，舒大刚，等校点．上海：上海古籍出版社，2014：8570.

④名公书判清明集：下[M]．中国社会科学院历史研究所宋辽金元史研究室，点校．北京：中华书局，1987：426.

⑤蔡襄．蔡襄集[M]．吴以宁，点校．上海：上海古籍出版社，1996：390.

⑥佚名．宋大诏令集[M]．司义祖，整理．北京：中华书局，1962：654-655.

⑦李心传．建炎以来系年要录：八[M]．胡坤，点校．北京：中华书局，2013：3486.

军器什物库简称军器库，负责保管军械。宝祐时，建康知府马光祖鉴于此前军器库"蠹弊百出，漫不可考"的情况，"修旧增新，申严约束"，"创置防虞约束监櫜之类，刊镂版榜，钉挂库厅，务令经久可守"。①"库厅"当为军器库官署大厅。

在战争环境下，榜文无疑是政府告知民众新近决策和通报战况的最为快捷的工具。出榜的地方常在军队驻扎的具有封锁和防御功能的营寨。如，绍兴二年（1132），针对当时使臣"收受馈送""乞觅钱物"的现象，高宗诏命"除依条法断罪外，并许人告，赏钱五百贯。仰主兵官密具姓名申尚书省，仍于寨门首置立板榜，晓谕通知"，②从而限制一些使臣利用职权向统兵官索取礼物的行为。隆兴二年（1164）正月，孝宗颁下同样内容的敕令，要求"仍于寨门首置立版榜，晓谕通知"③。对于一些主帅侵占、克扣营运息钱的现象，宁宗同意枢密院的请求，并下诏"令内外诸军主帅，应军士见欠营运息钱，日下并与除放，今后不许科抑，差拨不愿营运之人"，御史台、总领所等"各常切觉察，稍有违戾，取旨施行"，并将"今来所降指挥""仰主帅日下给榜，诸军寨门晓示"。④

（八）馆驿、递铺

馆驿是宋政府接待宾客的地方，主要接待国内因公务往来的官员以及国外和少数民族使节。⑤馆驿也借助榜文传递政务信息。如，景祐三年（1036）十一月，臣僚上言："诸州馆驿供给无限，主守患之，请给市估之制"。仁宗批准后，"仍命榜于驿厅事"。⑥

宋代实行驿与铺分离的制度，将原来由驿站担负的文书投递事务分离出来，交给新成立的递铺负责。⑦依据文书缓急和传递工具的不同，递制划分为步递、马递、急脚

---

① 周应合.景定建康志：二[M].南京：南京出版社，2009：580.

② 谢深甫.庆元条法事类[M]//杨一凡，田涛.中国珍稀法律典籍续编：第1册.哈尔滨：黑龙江人民出版社，2002：170.

③ 谢深甫.庆元条法事类[M]//杨一凡，田涛.中国珍稀法律典籍续编：第1册.哈尔滨：黑龙江人民出版社，2002：35.

④ 徐松.宋会要辑稿：14[M].刘琳，刁忠民，舒大刚，等校点.上海：上海古籍出版社，2014：8359.

⑤ 张锦鹏.南宋交通史[M].上海：上海古籍出版社，2008：244.

⑥ 徐松.宋会要辑稿：16[M].刘琳，刁忠民，舒大刚，等校点.上海：上海古籍出版社，2014：9470.

⑦ 李德辉.唐宋驿馆与文学[M].上海：中西书局，2019：142.

递三种。^①递铺藏匿、盗拆文书的现象屡有发生。如，乾道六年（1170）十一月，江州马递铺兵私自盗拆四川宣抚司递角，孝宗下诏"检坐见行条旨，并令责罚"，并"下诸路提举马递铺官于逐铺榜谕"。^②乾道时，兵部侍郎黄均针对盗拆递角之弊上书建言："凡有盗拆递角之人，并许收捕告官，即与推赏，犯人依建炎年军法处断"，要求立赏募告，并将"赏格镂榜，逐铺给示，使之通知"^③。孝宗采纳建议。将赏格镂版后逐铺发放、公示，使经过递铺的官员都能知晓。

（九）酒务

宋代实行榷酒制度，官营酿造买卖各种酒的酒务非常发达，州、军一级设置酿卖酒曲、征收酒课的机关称作都酒务，县一级谓之酒务。梅应发、刘锡《开庆四明续志》所载取消砂岸税场的告示，除了要"备榜府前、市曹"外，还要在"有砂岸县分及翁山诸坊、慈溪县酒务张挂晓示"^④。张挂榜文于酒务，是借助其场所人员流动性大的长处，榜文内容可得以广泛传布。

（十）榷货务、榷货务都茶场

宋政府对盐、茶、酒、曲、矾等实行榷卖制度，并有相应的机构、法规确保制度的实施。掌管入中、入钱请引、茶盐香药等禁榷物资的出售等事项的机构称榷货务，亦称榷务，是与财政收入、军需供应、茶盐流通密切相关的部门。^⑤主管茶盐等事务的重要机构称榷货务都茶场，主要职能为给卖茶引，随行在所于榷货务置场。^⑥对于茶事管理，宣和二年（1120）七月，徽宗下诏，提出"茶事司各路或不能按治州县，令提点刑狱及廉访使者互察以闻，仍并许民户越诉"；对于"扇摇茶法者，除依见行条法补官给赏外，更增立赏钱二千贯，许诸色人告。犯人除本罪外，仍以违御笔论"，并"令开封府及都

---

①李德辉.唐宋驿馆与文学［M］.上海：中西书局，2019：145.

②徐松.宋会要辑稿：16［M］.刘琳，刁忠民，舒大刚，等校点.上海：上海古籍出版社，2014：9501.

③徐松.宋会要辑稿：16［M］.刘琳，刁忠民，舒大刚，等校点.上海：上海古籍出版社，2014：9502.

④梅应发，刘锡.开庆四明续志［M］//宁波市地方志编纂委员会.宋元四明六志：四.宁波：宁波出版社，2011：328.

⑤徐海荣.中国茶事大典［M］.北京：华夏出版社，2000：426.

⑥徐海荣.中国茶事大典［M］.北京：华夏出版社，2000：427.

茶场出榜晓谕"。^①宣和六年（1124）九月，徽宗下诏："都茶场隶属应奉司外，其专一按治诸路违戾，可疾速行下诸路提举茶事官，仰躬亲巡历，严切戒饬州县遵奉成法，禁戢私茶，杜绝奸弊"，并要求"仍检会宣和二年七月二十七日指挥申严行下，及令都茶场出榜晓谕"。^②同年十一月，徽宗下诏指出，"茶法之成，推行日久，前后申明条约已得详尽，有司务在遵守"，"仰榷货务分明出榜晓谕客贩知委"，对于"妄说事端之人，许诸色人陈告，当议重行处断外，赏钱五千贯文，以犯人家财充"。^③

（十一）场务税亭、盐仓（场）前、务门、仓库、"依条法合置处"

宋朝对作为生活资料的柴薪买卖予以免税。庆元年间，臣僚奏言："广东、西去朝廷远，民有杭米柴薪一例收税，民食贵米，用贵柴，被害之甚"，于是朝廷"专委漕司严立版榜，于逐州场务税亭晓示，庶使客旅明知柴米不税。或别作名色收税，许经漕司投诉，以凭申奏，作违制论"。^④

宋廷在各盐产区设官盐仓、盐场，有专人负责盐业生产的监督和管理工作。为官府转运食盐的船工纲梢"盗卖官盐，反亏官袋运数"是积弊，其原因之一就是盐仓、盐场"不依时俵还水脚钱，及盐场、盐仓两处官吏皆有常例钱"。黄震在《禁约纲梢运盐积弊》中提出明确要求："今本司一一尽还今得水脚钱，盐仓、盐场并不许循习旧例，取受多搭"，"自今以后，不许少欠升合。仍帖仓场取各官朝典状、专秤决配状，并不许乞取纲梢分文。仍榜仓前，见运到盐催交足"。^⑤

政府为保证财政收入，对应该缴纳的税物不仅严格控制，且对所收"物名则例"于务门外出榜公示："州县税务凡应税之物，令（申）〔甲〕所载，以所收物名则例大书版榜，揭务门外晓示"。而对于地处偏远州县的税务人员"多不遵依省则"，"轻重

①徐松.宋会要辑稿：11[M].刘琳，刁忠民，舒大刚，等校点.上海：上海古籍出版社，2014：6702.

②徐松.宋会要辑稿：11[M].刘琳，刁忠民，舒大刚，等校点.上海：上海古籍出版社，2014：6705.

③徐松.宋会要辑稿：11[M].刘琳，刁忠民，舒大刚，等校点.上海：上海古籍出版社，2014：6705.

④徐松.宋会要辑稿：11[M].刘琳，刁忠民，舒大刚，等校点.上海：上海古籍出版社，2014：6384.

⑤黄震.黄氏日抄[M]//黄震.黄震全集：第7册.张伟，何忠礼，主编.杭州：浙江大学出版社，2013：2249.

高下，悉出己意"的"骚扰作弊"行为，政府也是"分明榜示，使商旅通知，如有违戾，重置典宪"，①以期杜绝官员的违法行为。类似的记载在谢深甫《庆元条法事类》中也有。《场务令》云："诸税务以收税法并所收物名税钱则例大书版榜，揭务门外，仍委转运司每半年一次再行体度市价，增损适中行下。应创立者，审定申尚书户部。仍并多给文榜，于要闹处晓示客旅通知。"②《受纳税租》云："诸受纳税租，所属起催前期具输纳条件，榜仓库、县门。"③高宗颁布的相关诏令也明确要求："应创置税务，日下禁止。令诸路转运司给版榜，于从来依条法合置处张挂，晓谕客旅通知。如无转运司所给版榜，见得是私置，许客人越诉，将违法收过税钱钱数纽计，申取朝廷指挥施行"④。"于从来依条法合置处张挂"，即将置立版榜的位置公之于众，既昭示朝廷爱民之仁德，又能防止地方官员暗中不奉诏令的可能性。

二、地方城乡

宋代官方榜文的传布依据封建管理层级结构自上而下纵向展开，即皇帝以及中央机构的榜文要下达至中央机构和路、州府军监、县；州县的榜文还需要下达到地方乡村，以便民众依据榜文所宣示的官府的劝谕、指挥行事。而榜文面向社会基层民众的不同的传播对象、内容，也决定了其向地头、居住地、寺庙和交通要路等地方城乡空间扩散的方向性。

（一）地头

宋代"地头"一词最基本的含义是田地的两端。这多见于村民田产之争的案件中。《名公书判清明集》中有多个案例，其中翁浩堂《伪将已死人生前契包占》："王明之、李日益所争破塘下东山边之田，皆出于吴家……上件交关契头亡殁，契字难明，只得

---

① 徐松.宋会要辑稿：11［M］.刘琳，刁忠民，舒大刚，尹等校点.上海：上海古籍出版社，2014：6369.

② 谢深甫.庆元条法事类［M］//杨一凡，田涛.中国珍稀法律典籍续编：第1册.哈尔滨：黑龙江人民出版社，2002：550.

③ 谢深甫.庆元条法事类［M］//杨一凡，田涛.中国珍稀法律典籍续编：第1册.哈尔滨：黑龙江人民出版社，2002：621.

④ 徐松.宋会要辑稿：11［M］.刘琳，刁忠民，舒大刚，等校点.上海：上海古籍出版社，2014：6373.

据供证，酌人情，作此结绝案，给榜下地头晓示，仰各照判佃业，不得妄有侵占"①。刘寺丞《母子不法同恶相济》："所索到契书，送金厅官并体究官逐一点检抄上，并官千乙、官千二、刘氏置到建阳县田业，申牒建宁府，请照条抄札，待凭并申尚书省，照近降指挥发纳安边所。仍榜地头。"②

值得注意的是，"地头"一词的另一含义是目的地，由此榜文中的地头所指随使用的具体语境而语义各异。一是指相关的山地。《名公书判清明集》中所载的翁浩堂所判"方伯达、徐应辰所争冈头山"案，判词最终"给榜示地头"，目的是向相关人员及知晓争山案的村民公示权利归属，并"催追未到四名"。③二是指祠堂、寺庙。《名公书判清明集》中多见在祠堂、寺庙出榜的记载。胡石壁《非敕额者并仰焚毁》："若今所谓禹庙，其名虽是，其实则非也，岂可堕于小人之奸哉！应非敕额，并仰焚毁，不问所祀是何鬼神。仍榜地头。"④《先贤不当与妖神厉鬼错杂》："所有见存敝祠，合行毁拆。仍榜地头。"⑤此两处的地头即指所说的"禹庙""敝祠"。三是指矿区附近。宋代对于采铜业的管理采用官设炉灶、募民开采、卖铜入官的办法。绍兴十三年（1143）正月，高宗诏令耿延年疾速躬亲去办理矿山事宜。耿延年"措置招召民户，从便采凿，卖铜入官。据逐官报到，各于地头榜谕，经今两月，并无情愿应募之人"⑥。官府在矿产区附近州县张榜通告，鼓励民户从事采冶，取其自愿，即为召募。四是指战地前线。朱熹在《与林择之书》中言及当时汀州一些农民造反，"想幕府无暇及他事矣。近例帅须亲到地头督战，此甚非策"。朱熹认为事情之所以到这种地步，"必是官司前后非理侵扰"所致，解决目前困局的方案是："仍计盗起县分合起发支遣钱物，并令一切倚阁，以慰人心，

①名公书判清明集：上[M].中国社会科学院历史研究所宋辽金元史研究室,点校.北京：中华书局，1987：307.

②名公书判清明集：下[M].中国社会科学院历史研究所宋辽金元史研究室,点校.北京：中华书局，1987：473.

③名公书判清明集：上[M].中国社会科学院历史研究所宋辽金元史研究室,点校.北京：中华书局，1987：159.

④名公书判清明集：下[M].中国社会科学院历史研究所宋辽金元史研究室,点校.北京：中华书局，1987：541.

⑤名公书判清明集：下[M].中国社会科学院历史研究所宋辽金元史研究室,点校.北京：中华书局，1987：543.

⑥耿延年.措置铅山采铜铅铁锡奏[M]//曾枣庄，刘琳.全宋文：第二五八册.上海：上海辞书出版社；合肥：安徽教育出版社，2006：149.

不令别致响应。即支遣不可阙者，令漕司拨钱应副"；并强调"此两项是第一义，若能行之，即一面多出印榜，简约其词，令人于地头散帖晓谕"。①"令人于地头散帖晓谕"有临阵宣传、瓦解敌寇的作用。

（二）保、里、村坊门、居住地

宋代对人户的管理有城乡之别：乡村户以乡、都（都保）、里作为管辖单位；城市人口称为坊郭户，以厢、坊作为管辖单位②。如，《名公书判清明集》中《以累经结断明白六事诬罔脱判昏赖田业》："仍帖本县备榜本保本里，使邻里通知。如日后再敢强割田苗，定照律条计赃绝配施行。所有原供，索到原案干照，除毁抹者外，各欲发遣。准提举台判：拟可谓详明，送案逐一施行，帖县给榜"③。窦仪等《宋刑统》云："其（指阑遗物）经叁拾日无主识认者，收掌，仍录物色目，榜村坊门，经壹周年无人认者，没官录账，申省听处分。"④

榜文有时也会张贴于某一事件当事人的居住地。如，熙宁七年（1074），天气大旱，反对变法的大臣乘机向神宗进言，攻击"市易务扰民不便者甚众"，于是神宗下令曾布与吕惠卿查究此事。有人向曾布建议："中书每以不便事诘（吕）嘉问，嘉问未尝不巧为蔽欺，至于案牍往往藏匿改易，如不惩革此弊，虽根究无以见其实。"曾布又听说吕嘉问"已呼胥吏持案牍还私家隐藏更改"，于是"奏乞出榜以厚赏募告者"。次日，神宗批复："依奏付三司施行"，曾布"即榜嘉问所居"。⑤

（三）"雕（刊）书籍去处"、书坊、"置炉去处"

为打击愈演愈烈的盗版活动，宋政府采取的措施之一就是由书坊主向官府申明书籍的版权，官府审核后发给证明版权所有的公据或榜文，书坊主则将公据、榜文文书附在所刊刻书籍中予以重申。前文述及，祝穆《方舆胜览》即附有两浙转运司于嘉熙

①朱熹.晦庵先生朱文公集[M]//朱熹.朱子全书：第21册.朱杰人，严佐之，刘永翔，主编.上海：上海古籍出版社；合肥：安徽教育出版社，2002：1188-1189.

②吴晓亮.宋代城市化问题研究[M]//吴晓亮，林文勋.宋代经济史研究.昆明：云南大学出版社，1994：158.

③名公书判清明集：下[M].中国社会科学院历史研究所宋辽金元史研究室，点校.北京：中华书局，1987：511.

④岳纯之.宋刑统校证[M].北京：北京大学出版社，2015：375.

⑤李焘.续资治通鉴长编：第十册[M].北京：中华书局，1985：6140.

二年（1238）十二月所发布榜文的"录白"，其中言明"右今出榜衢、婺州雕书籍去处张挂晓示，各令知悉。如有似此之人，仰经所属陈告追究，毁版施行。故榜"①。榜文张挂晓示的地方是"衢、婺州雕书籍去处"。近30年后的咸淳二年（1266），祝穆之子重新修订《方舆胜览》，又将福建转运使司禁止麻沙书坊翻版的榜文"录白"附于书首，文末有："右今榜麻沙书坊张挂晓示，各仰通知，毋至违犯。故榜"②。即榜文张挂晓示的地方是麻沙书坊。

宋朝严格管控盐业生产与销售，而将制铁业从生产到流通全都交付于民间。一些地方"贩卖私盐之公行"与"坑冶炉户之恣横"成为社会不安定的因素。庆元三年（1197）五月，得到宁宗批准的臣僚奏言提出相应的整治措施，并强调"仍于置炉去处揭立板榜，备坐指挥晓示，令本处巡尉逐月巡历，守倅常切觉察。如有违戾，令提刑司按劾"③。

（四）桥两岸、津渡、村乡镇市、河口、渡头

黄河上木质结构的浮桥是两岸交通的要道，但时有遭遇火患之虞。为保证桥路畅通，官府制定了严格的火禁规定。如，绍兴二年（1132）六月，宁宗准许的详定重修敕令所奏言称，"故烧黄河浮桥者，罪赏并依故烧官粮草法"，将所列火禁对引发火患的各种可能的处罚一一列出，并要求"本州置板榜书火禁于桥两岸晓示"④，以引起行人的注意。《名公书判清明集》中的《霸渡》判词，先列举敕、律中"持杖窃盗""强盗"等罪规定，对郑在九、朱再乙所犯罪行予以陈述并处罚后，"余照厅所拟行下，仍榜诸处津渡"⑤。范西堂《晓示过船榜文仍移文邻郡》则言"备榜峡江北津，仍请沿流一体晓示。"⑥绍兴年间，权知桂阳军程昌时建议："州县为民害者莫如科配，巧立名字，行之自如。欲望专委监司、郡守镂版大字，榜示诸村乡镇市，凡有科配，许民越诉。有司许

①杨守敬.日本访书志［M］.沈阳：辽宁教育出版社，2003：90-91.

②祝穆.方舆胜览：中［M］.北京：中华书局，2003：1237.

③徐松.宋会要辑稿：15［M］.刘琳，刁忠民，舒大刚，等校点.上海：上海古籍出版社，2014：8871.

④徐松.宋会要辑稿：14［M］.刘琳，刁忠民，舒大刚，等校点.上海：上海古籍出版社，2014：8229.

⑤名公书判清明集：下［M］.中国社会科学院历史研究所宋辽金元史研究室，点校.北京：中华书局，1987：553.

⑥名公书判清明集：下［M］.中国社会科学院历史研究所宋辽金元史研究室，点校.北京：中华书局，1987：554.

受其词，不许系其人。差官体问得实，申明朝廷。系不遵诏旨，宜以违制论，所科钱物，并以入己断罪"①。对于遭遇天灾人祸的流民，政府也有相应的救治安置与遣返还乡的措施。董煟《救荒活民书》记载，富弼在青、淄等州救济流民的措施颇得赞誉，其中之一便是对流民免收"税渡钱""房宿钱"："指挥出榜青、淄等州河口晓示，与免流民税渡钱，仍不得邀难住滞"；"指挥青、淄等州，晓示道店，不得要流民房宿钱事"，②以确保流民顺利返乡。为加强河渡管理，打击河渡中的违法行为，官府规定"所属县分于渡头出榜晓示，许人陈告，以所罚钱充赏"③。有时地方官府不考虑实际情况而匆忙出榜，并不能取得有效的结果。董煟《救荒活民书》记载，"近岁温、台、衢、婺流民过淮甸者接踵于道，冲冒风雪，扶老携幼，狼狈者不可胜言。而为政者不问，其留意者，不过张榜河渡，劝抑使还，岂知业已破荡，归无自安之路矣"④。

（五）寺庙（前）、寺观门首、祠堂、功德院

《名公书判清明集》中《不为刘舍人庙保奏加封》云："谨以固陋之见，冒昧申闻，并将谕俗印牒一本缴呈，伏望明公特赐嘉纳，焚之庙中，使此等淫昏之鬼有所愧惧，榜之庙前，使世间愚蠢之人有所觉悟，其于世教，实非小补。"⑤此外，与祠堂相关的事项，则在此榜示。《州学所塑陆文安公服色》文末有"帖报主簿，仍请备榜祠堂"。⑥真宗《敕禁山碑》，对茅山界内"不顾修法，擅行樵采，及放野火焚烧山林"的做法予以禁止，并要求"常令地分巡检官吏，耆生壮丁，觉察检校。如有违犯，便仰收捉，押送所属州县……仍将此宣命指挥，于寺观门首及往来要路镌石，晓示知悉"。⑦朱熹赴湖南任职，路过南岳衡山时，看到"近来官司失于守护，致得诸色等人妄行斫伐，林木摧残，土石破碎，无以保国威灵，停滀云气"，即由于政府监督力度不够，导致乱

①徐松.宋会要辑稿：10[M].刘琳，刁忠民，舒大刚，等校点.上海：上海古籍出版社，2014：6194-6195.

②董煟.救荒活民书 附拾遗[M].北京：中华书局，1985：68.

③王之望.汉滨集[M]//景印文渊阁四库全书：第1139册.台北：台湾商务印书馆，1986：723.

④董煟.救荒活民书 附拾遗[M].北京：中华书局，1985：9-10.

⑤名公书判清明集：下[M].中国社会科学院历史研究所宋辽金元史研究室,点校.北京：中华书局，1987：540-541.

⑥名公书判清明集：上[M].中国社会科学院历史研究所宋辽金元史研究室,点校.北京：中华书局，1987：95.

⑦周应合.景定建康志：二[M].南京：南京出版社，2009：416.

砍滥伐，生态环境受到严重破坏，于是"出榜岳山寺张挂，约束诸色等人不得依前于山内瞻望所及之处斫伐林木，穿毁土石"①，即出台相应措施加强管理。

唐宋时期为已逝王侯贵族做功德而建的寺院，称为功德坟寺、功德院，是一种建于贵族坟地上的私寺，通常为皇帝敕赐，也是对士大夫的特殊恩典。嘉定时，保康军度使、知大宗正事赵不懬等奏请在临安府北山剑门岭"禁止石宕打凿石段"，得到皇帝准许。但仍有乡民私自采伐石料买卖。赵不懬先祖"敕葬显明寺"，岳珂先祖岳飞"敕葬褒忠衍福寺"，且"坟地与所凿石宕相去并是逼近。今来穿穴不已，子孙之心委为痛切"，他不得不向朝廷控告，"仍乞从本府出给板榜，付不懬等各家功德院钉挂约束"②。

（六）要害处

"要害处"一词在宋代似有二义：一是指军事险要、关键的地方。真德秀主政泉州时，为肃清海寇，他不仅"亲授方略"，而且"遍行海滨，审视形势，增屯要害处，以备不虞"③。二是指"便于民众观瞻知晓的路旁建筑物"④，常作为官府出榜之地。如，太平兴国年间，太宗批准的有司奏言称："江南诸州榷茶，准敕于沿江置榷货八务，民有私藏茶者，等第科罪；匿而不闻者，许邻里论告，第赏金帛有差。仍于要害处张榜告示"⑤。有宋一代，因各种原因导致的流民人口众多，政府对此采取招徕与安抚措施，劝导耕种，并实行轻徭薄赋政策。如，太平兴国七年（982）二月，太宗念及"东畿近年以来，蝗旱相继，流民既众，旷土颇多"，诏令官府"设法招诱，并令复业"，同时将"旧所逋欠，悉从除免"，并将相关政策"仍于要害处粉壁，揭诏书而示之"⑥。

---

①朱熹.晦庵先生朱文公文集［M］//朱熹.朱子全书：第25册.朱杰人，严佐之，刘永翔，主编.上海：上海古籍出版社；合肥：安徽教育出版社，2002：4641.

②王曾瑜.鄂国金佗稡编续编校注：四［M］.北京：中华书局，2018：1477-1478.

③脱脱，等.宋史：第三七册［M］.北京：中华书局，1977：12960.

④王兆鹏.宋代的"互联网"：从题壁诗词看宋代题壁传播的特点［J］.文学遗产，2010（1）：57.

⑤徐松.宋会要辑稿：11［M］.刘琳，刁忠民，舒大刚，等校点.上海：上海古籍出版社，2014：6649.

⑥徐松.宋会要辑稿：13［M］.刘琳，刁忠民，舒大刚，等校点.上海：上海古籍出版社，2014：7697.

（七）要路、通衢、衢路、要会处

要路即主要或重要的道路[①]。在人来车往、川流不息的交通要道即所谓的通衢、要路和衢路等处张榜公布朝廷制定的政策、措施，是各级官府常用的施政方式。此外，朝廷招降纳叛、缉捕逃犯的敕令，官府的榜文也多"揭于要路"，说服叛逆者归顺，督促涉案人投案自首。如，元丰二年（1079）五月，朝廷在招安蛮人时"降敕榜于夷人出入要路，及遣招安将等深入夷界晓告之"[②]。

通衢是四通八达的道路。榜文也常"揭通衢"："凡军政申明约束，及更改法制者数十条，皆敕榜揭通衢，将士观者皆奋励"[③]。宋政府制定了有关收养的法规，鼓励民间百姓的收养行为。史载，刘彝知虔州时适逢饥荒，"民多弃子于道上"。刘彝"揭榜通衢，召人收养，日给广惠仓米二升，每月一次，抱至官中看视"。[④]

衢路是指歧路、岔道，是人流汇集之地，自然也是官府出榜、信息流播的最佳之所。赵抃任越州知府时，"两浙旱蝗，米价踊贵，饿死者十五六。诸州皆榜衢路，禁人增米价"。赵抃不像其他州府官员为抑制奸商囤货居奇而控制米价，而是"独榜衢路，令有米者增价粜之。于是诸州米商辐辏诣越，米价更贱，民无饿死者"[⑤]。出榜命令提高大米的政府采购价，于是周边米商闻讯蜂拥而至，两浙米价因为市场供大于求自然下降，灾情得以缓解，而其中借衢路出榜散布消息的榜文的作用不可小觑。

要会是通都要道之意，要会处即是通都要道之所在。宣和三年（1121）八月，徽宗下诏收缴"诸路事魔聚众烧香等人所习经文"，并"令尚书省取索名件，严立法禁，行下诸处焚毁。令刑部遍下诸路州军，多出文榜，于州县城郭乡村要会处分别晓谕……仍仰州县严切觉察施行，及仰刑部、大理寺，今后诸处申奏案内如有非道释藏内所有经文等，除已追取到声说下本处焚毁外，仍具名件行下诸路照会，出榜晓谕人户，依

[①] 王兆鹏认为，"要路"与"要害处"同为"便于民众观瞻知晓的路旁建筑物"，似有不妥。参见王兆鹏《宋代的"互联网"：从题壁诗词看宋代题壁传播的特点》，《文学遗产》2010年第1期，第57页。

[②] 徐松.宋会要辑稿：16[M].刘琳，刁忠民，舒大刚，等校点.上海：上海古籍出版社，2014：9855.

[③] 李纲.李纲全集：下 [M].王瑞明，点校.长沙：岳麓书社，2004：1626.

[④] 魏泰.东轩笔录 [M].田松青，校点.上海：上海古籍出版社，2012：49.

[⑤] 马端临.文献通考：第二册[M].上海师范大学古籍研究所，华东师范大学古籍研究所，点校.北京：中华书局，2011：777.

今来日限约束首纳，焚毁施行"①。

三、商贸地区

市曹、要闹处、市心和店舍等商贸地区，人流密集，流动性大，便于官府榜文的传播。

（一）市曹、要闹处、市心

市曹即集市，是人们进行经贸活动的场所，因而相关的榜文会在此公布。如，斥堠和摆铺作为传递文书的机构，官员的职责、规章严明，并将相关条贯"及于市曹出榜，道路粉壁晓示"②。朱熹主政南康军，到任之初颁布《知南康榜文》，其中有："仍榜客位，遍呈寄居过往贤士大夫，恐有知得本军上件事迹详细，切幸特赐开谕。及榜示市曹，仰居民知委"③。南康军遭受灾荒，朱熹紧急筹措粮食赈济灾民，同时张榜禁止牙人控制粮食供应、多收牙钱："合严立榜赏止约，许从民旅之便，情愿交易，庶得牙人不敢骚扰。使军今立赏钱一千贯文，榜市曹张挂晓示"④。

作为乡村民众聚集的重要场所，市曹也是官府看重的对吏民进行律令宣传、风俗教化的理想之地，因此地方官府多将榜文、告示张贴于市曹，以便官方意志及信息、政令得到广泛传播。如，庆元年间，朱熹的弟子陈淳建言，严禁酬神的"乞冬"戏："谨具申闻，欲望台判按榜市曹，明示约束；并帖四县，各依指挥，散榜诸乡保甲严止绝"⑤。咸淳时，黄震在江西任上发布《榜谕诸州住行不切词诉》，"仰案呈连日已断不切旧事，备榜各郡市曹，请从今自悔，为忠厚之归，毋犯有司也"⑥。"备榜各郡市曹"的榜文

---

①徐松.宋会要辑稿：14[M].刘琳，刁忠民，舒大刚，等校点.上海：上海古籍出版社，2014：8327-8328.

②徐松.宋会要辑稿：16[M].刘琳，刁忠民，舒大刚，等校点.上海：上海古籍出版社，2014：9487.

③朱熹.晦庵先生朱文公文集[M]//朱熹.朱子全书：第25册.朱杰人，严佐之，刘永翔，主编.上海：上海古籍出版社；合肥：安徽教育出版社，2002：4583.

④朱熹.晦庵先生朱文公别集[M]//朱熹.朱子全书：第25册.朱杰人，严佐之，刘永翔，主编.上海：上海古籍出版社；合肥：安徽教育出版社，2002：5004.

⑤陈淳.上傅寺丞论淫戏[M]//陈多，叶长海.中国历代剧论选注.长沙：湖南文艺出版社，1987：56.

⑥黄震.黄氏日抄[M]//黄震.黄震全集：第7册.张伟，何忠礼，主编.杭州：浙江大学出版社，2013：2236-2237.

中充满了对吏民的谆谆劝诱，对妄诉、越诉者以警示和戒谕。黄震发布的《晓谕遗弃榜》，所针对的是民间"贫而弃子"现象，其榜文也是"榜谕司前、局前、市曹，使众通知"①。选择百姓聚集的市曹出榜更易相关信息的传播。

官府诉讼判词常在市曹张榜公示，便于民众了解案情；官府也可期借此风化民俗，减少百姓之间的纷争。如，官府对赵时滥"聚集凶徒，百十为群，操持兵器，劫取放生池鱼，又喝令方百五等八人拽倒放生亭，打破祝圣石碑"的犯罪事实予以严惩，并将结果"只今帖州院解上本司断，仍备榜市曹"②。朱熹就职南康军时，曾就下属都昌、建昌两县发生的兄弟"擅将家产私下指拨分开，互相推托，不纳赋税"的案件作出判决，判词最后"出榜市曹并星子县门、都昌、建昌县市张挂，晓示人户知委"③。

官府对有些胥吏如慢令、赃污等的惩戒结果也会以榜文的形式公布于市曹，以便警示官吏，并让百姓周知。如，崇安县知县"不理民事，罕见吏民，凡有词诉，吏先得金，然后呈判，高下曲直，惟吏是从"。转运使陈漕增对相关人员"逐一追究施行"，并将结果"仍榜市曹，并牒本路诸司照会"④。真德秀在《劝谕事件于后》中，将其廉、仁、公、勤的为政理念与"崇风教，清狱犴，平赋税，禁苛扰"四事，不仅"帖诸县知、佐、石并监镇知委"，让属下明确为官的责任；而且"榜本州及七县市曹晓示"⑤带有接受民众监督的意味。此外，宋代沿海船民主要集中在砂岸捕鱼，因此官府取消砂岸税场的榜文不但要在"有砂岸县分及翁山诸坊、慈溪县酒务张挂晓示"，还要"备榜府前、市曹"⑥。

要闹处指繁华热闹的地方。孟元老《东京梦华录》记载，北宋都城东京"要闹处

---

①黄震.黄氏日抄[M]//黄震.黄震全集：第7册.张伟，何忠礼，主编.杭州：浙江大学出版社，2013：2231.

②名公书判清明集：下[M].中国社会科学院历史研究所宋辽金元史研究室，点校.北京：中华书局，1987：524.

③朱熹.晦庵先生朱文公文集[M]//朱熹.朱子全书：第25册.朱杰人，严佐之，刘永翔，主编.上海：上海古籍出版社；合肥：安徽教育出版社，2002：4586.

④名公书判清明集：上[M].中国社会科学院历史研究所宋辽金元史研究室，点校.北京：中华书局，1987：42-43.

⑤名公书判清明集：上[M].中国社会科学院历史研究所宋辽金元史研究室，点校.北京：中华书局，1987：16.

⑥梅应发，刘锡.开庆四明续志[M]//宁波市地方志编纂委员会.宋元四明六志：四.宁波：宁波出版社，2011：328.

亦卖果食、种生、花果之类"①。要闹处是官府榜文必选的传播场所。如,熙宁三年(1070)十一月,神宗批准的陕西常平仓司奏言中,明确在政府主导的投标过程中确定底价之后,官司则须在"要闹处出榜,限两个月召人承买"②,以保证投标信息被更多人看到。钦宗靖康元年(1126)九月,朝廷处决童贯,"令开封府大字于市曹要闹处出榜示标首"③。乾道元年(1165)正月,针对宰杀耕牛现象频发、"愚民多有违犯"的实际,孝宗发大礼赦云:"仰具指挥于乡村要闹处分明出榜晓示,仍督责合捕官司严行觉察"④。

宋代与市曹相关的市心"专指市场的中心地带"⑤。官府信息在人员流动频繁的市场中心地带能够得到广泛的传播。因此,州县地方官发布公告、张贴判词也有明确要求榜示市心。如,在《徐铠教唆徐莘哥妄论刘少六》判词中,对于"平日生事,扰害乡民"的徐铠,处以"决竹篦二十,枷项号令县门三日",并将此惩罚结果"仍榜市心晓示"。⑥位于市中心的商业街更是政令信息传布的绝佳场所。哲宗即位之初,太皇太后高氏垂帘,听从司马光的建议,"特下诏首开言路",并将求言诏书榜于朝堂。司马光认为"诏书止榜朝堂,所询不广,见者甚少",主张"遍颁天下,在京,于尚书省前及马行街出榜;在外,诸州、府、军、监各于要闹处晓示"。⑦马行街是北宋东京颇为繁华的商业街,位于封丘门内,是著名的马行街夜市所在地。蔡絛《铁围山丛谈》言及马行街说:"马行街者,乃都城之夜市酒楼极繁盛处也。"⑧在繁华的马行街出榜,更易于皇帝"开言路"信息的传布。

（二）店舍

店舍多处在街市繁华地带,往来不断的客流成为信息传布的最佳媒介,因此店舍也是张贴、发放官府榜文的理想场所。据李元弼《作邑自箴》"劝谕民庶榜"条下自注,

①邓之诚.东京梦华录注[M].北京:商务印刷馆,1959:218.

②李焘.续资治通鉴长编:第九册[M].北京:中华书局,2004:5275.

③徐梦莘.三朝北盟会编:上[M].上海:上海古籍出版社,1987:421.

④徐松.宋会要辑稿:14[M].刘琳,刁忠民,舒大刚,等校点.上海:上海古籍出版社,2014:8385.

⑤包伟民.宋代州县城市市制新议[J].文史,2011(1):157.

⑥名公书判清明集:下[M].中国社会科学院历史研究所宋辽金元史研究室,点校.北京:中华书局,1987:595.

⑦李焘.续资治通鉴长编:第十四册[M].北京:中华书局,2004:8536.

⑧蔡絛.铁围山丛谈[M].李欣,符均,注.西安:三秦出版社,2005:132.

知县的劝谕文是要在"镇市中并外镇，步逐乡村、店舍多处，各张一本，更作小字刊板，遇有耆宿到县，给与令广也"[①]。

四、其他场所

（一）沿海、湖泊

宋朝规定，外国商船到港，市舶司要征收进口税，称为"抽解"。因为抽解太重，"故客旅宁冒犯法禁透漏，不肯将出抽解"，这是关系政府征税的大问题。为此，明州郡守胡榘对此进行重大改革，"镂榜沿海招诱，明谕以本府断不和买分文，抽解上供之外，即行给还，客旅舶舟方次第而来"。[②]此后外商云集，贸易繁荣。

绍兴五年（1135）二月，高宗调遣岳飞镇压洞庭湖地区的起义军。岳飞在湖区各要道屯驻重兵，并对起义军采取分化瓦解的招降政策。对于降宋的义军，岳飞"亲行诸寨，慰谕之。令少壮强有力者籍为军，老弱者各给米粮，令归田里"，"又令悉贼寨之物，尽散诸军，纵火焚寨，凡三十余所"，并"揭榜于青草、洞庭湖上。不数日，行李之往来，居民之耕种顿若无事时，然湖湘悉平"。[③]"揭榜于青草、洞庭湖上"是指在青草、洞庭两湖一带地区出榜示众。

（二）岸上、江（河）岸、河埠

对于民众打捞到的河中漂浮竹木，宋代法律规定须就近标榜限时招领："诸公私竹木为暴水漂失，有能接得者，并积于岸上，明立标榜，于随近官司申牒"[④]为维护航运安全，官府在各渡口设有监渡官，履行多种管理职能。隆兴年间，浙江某渡口轮渡"中流覆舟，舟中之人并殒非命"，但当日监渡枢密使臣吉演试图隐瞒事情真相。有臣僚建议将此事"请大字镂板，揭立江岸"，"仍将使臣吉演罢黜。其当日覆舟梢工李胜，依

---

①李元弼.作邑自箴［M］//杨一凡.历代珍稀司法文献：第一册.北京：社会科学文献出版社，2012：51.标点为引者所加。

②胡榘，修；方万里，罗濬，纂.宝庆四明志［M］//浙江省地方志编纂委员会.宋元浙江方志集成：第7册.杭州：杭州出版社，2009：3198.

③岳珂.宋少保岳鄂王行实编年［M］//北京图书馆.北京图书馆藏珍本年谱丛刊：第22册.北京：北京图书馆出版社，1999：533.

④岳纯之.宋刑统校证［M］.北京：北京大学出版社，2015：375.

元立刑名论遣"。此事终于上达天听，孝宗下诏"仍令户部申严行下"。①

宋廷也借助榜文招募劳役治河，招募信息在"京师汴河北岸有榜文晓示"，"榜示流传四出"。②宋代制定了管理河埽物料和加强河埽修治的规章制度。景祐元年（1034）十月，三门白波发运使文泊建议将相关制度"令逐埽置版榜，备录交割，遵守施行"③。奏言得到仁宗批准。"逐埽置版榜"即是将版榜置立于用埽料修成的堤坝上。

（三）山林、山路（洞）

宋代政策规定，逃亡的士兵若在规定的期限内投案自首，可以免于追究罪责。神宗元丰四年（1081）十一月，鄜延路经略司奏称："准转运司牒，闻昨随大军不及并逃亡禁军、人夫、避役厢军等，藏伏于延州东路山洞，遮略行人。本司已榜诸处，限半月赴所在官司自陈，与免罪"。④"榜诸处"即是在禁军、人夫和避役厢军等逃匿的延州东路山道、山洞出榜，对于"藏伏"于其中的逃亡者来说是富有针对性的传播行为。

对于一些特殊案情，官府也采取在案件的发生地榜示，从而更为直观地对百姓起到警示、劝诫作用。如，听闻相州、邢州等地"每岁春月，村民烧香，闻有僧行诱惑，使人舍身者"，徽宗下诏："仰本州县当职官常切觉察，犯者以故杀论，仍令主僧偿命……官司失觉察，以违御笔论。仍版榜揭示二县山路"。⑤要求地方官严密调查、严厉惩处，并将相关案情张榜公布于山路旁。

以上史料表明，宋代榜文张贴、悬挂、钉立之处是以民众生活、生产及其他范围所及为中心而展开的。宋代统治者治国理念得以顺利贯彻，仰赖于各级地方官府对具体事务的落实，在这一过程中榜文传布政令、律法的媒介作用不可小觑。皇帝的各项法令、政策由中央传达至地方后，各级官府以衙署所在为中心，以榜文的形式依次经由公文传递系统传达至同级或下级官署衙门及其官方所属的书院、城门、隘所等地，

---

① 徐松.宋会要辑稿：16[M].刘琳，习忠民，舒大刚，等校点.上海：上海古籍出版社，2014：9538.

② 许景衡.乞根究发运司出榜札子[M]//许景衡.许景衡集.陈光熙，丁治民，点校.上海：上海社会科学院出版社，2006：428.

③ 徐松.宋会要辑稿：16[M].刘琳，习忠民，舒大刚，等校点.上海：上海古籍出版社，2014：9560.

④ 李焘.续资治通鉴长编：第十三册[M].北京：中华书局，2004：7704.

⑤ 徐松.宋会要辑稿：14[M].刘琳，习忠民，舒大刚，等校点.上海：上海古籍出版社，2014：8319.

居住地、桥头、关津渡口和通衢要路等地方乡村，市曹、市心、商业街和店舍等商贸地区，以及山林、沿海和湖泊等其他场所。由此可见，榜文的刊布空间由封建权力象征地的衙署及其附属机构，向外拓展至民众生活、生产所及的诸多场所，可谓有民众活动的地方就有官方的榜文，从而形成一条完整的政务信息传递、传播渠道。宋代行政管理的各项政策法令，如税赋缴纳、劝课农桑、灾害救治以及风俗教化、招抚降叛等事务，均以发布榜文的形式传播至基层社会。此外，榜文或传达政务信息，或规范生活秩序，或宣示法规律令，均体现出封建政府保证社会正常运行的积极努力，从而建构起国家与社会、中央与地方以及官府与民众沟通、互动的基本通路。因此可以说，榜文在宋代封建政权推行政务及实施社会管理的过程中发挥了不可替代的作用。

第四章

宋代榜文的行政功能及其作用机理

　　宋代官府榜文由于发布者行政级别的不同，其所体现的管理职能、法律效力也不相同。其中，经过皇帝恩准或指示相关部门（如尚书省、枢密院等）制定、面向全国颁布的敕榜及其他榜文，其行政功能、法律效力适用于全国；针对有关地区行政事务制定，经过皇帝、中央机构批准的榜文以及地方官府榜文，其行政功能、法律效力发挥作用的范围则仅限于相关行政辖区。

　　行政指令通过榜文的传布助推政务活动的开展，但榜文所负载的行政功能最终起作用，虽在于由皇帝、中央机构及各级地方官府自上而下的传递及传播，更在于官吏的逐级落实及社会基层民众对榜文的阅听、接受并付诸行动，而这并非"官方发布榜文→民众接受→民众行动"的简单、单向过程，而是有着诸多因素在其中相互交织、共同作用。在这一复杂过程中，官府通常出于施政方面的考量和对民意适当的重视而采纳民间的意见或建议，从而体现出赵宋政权与民间社会之间所进行的有限的互动、调适。

第一节　榜文的行政功能

　　古代封建帝王对政务的处置在很大程度上是依靠公文运作而施行的文书行政。公文的性质决定了其代表着法定的权力、权威的必然性，也使之与一般文章区别开来。因此，公文的功能以发文机构的政务职能为依托，以所具有的权力、权威为前提。宋代榜文作为国家政令运作的有效媒介和工具，在助推政务实施、维护封建礼法、散播商业信息、应对突发事件和传递战况军情等方面，均起到了不可或缺的作用。榜文借助封建官僚层级行政网络传递及传播，实现中央及各级地方政府的行政管理功能。

一、助推政务实施

助力政务推行是榜文的基本职能。因此，封建官署行政职责范围内的工作，举凡征免税赋、劝课农桑、社会救济、官员擢黜等，无一不体现出榜文的作用。

（一）征免税赋

宋代政府对商人征收的商税，在财政中占有重要份额。建国初期，在陆续取消五代十国以来苛杂税收的同时，太祖诏令将"物名税钱则例"直接张榜告示于天下："诸税务以收税法并所收物名税钱则例大书版榜，揭务门外，仍委转运司每半年一次再行体度市价，增损适中行下。应创立者，审定申尚书户部。仍并多给文榜，于要闹处晓示客旅通知"。[①] 有学者认为，宋太祖首定的"商税则例""是中国古代史上第一部由政府颁布的商业税务法规，并且也是历史上首次采取公开张榜于税收机构'商税务'门前的做法，明白告示来往的商贩"。[②] 此后，为保证官员依法收税，太宗又下诏，对于应该征收的税种"令有司件析，颁行天下，揭于板榜，置官宇之屋壁，以遵守焉"[③]。将收税税则"揭于版榜，置官宇之屋壁"，便于官员熟知税收规定。此后一百多年里，由于官司税吏随意增加税额、多收税钱，从而使商税名目繁多且混乱无序，"商税则例"的规范作用削弱。到了崇宁五年（1106）九月，徽宗下诏进一步要求列出"所收税钱"名目，"令户部取索天下税务自今日以前五年内所收税钱并名件历，差官看详。参酌税物名件、税钱多寡"，并"立为中制，颁下诸路，造为板榜，十年一易，永远遵守外，辄增名额及多收税钱，并以违制论"。[④] 这是继淳化之后"商税则例"的一次新修订。"十年一易"向民间显示出政府税收政策将会在未来十年具有相对稳定性，因而选择了经久耐用的"板榜"广而告之纳税户，宣示政府相关公告。谢深甫《庆元条法事类》提及对"诸军需河防物"的科纳，需"申转运司相度，于形势之家及第三等以上税户

---

① 谢深甫.庆元条法事类[M]//杨一凡，田涛.中国珍稀法律典籍续编：第1册.哈尔滨：黑龙江人民出版社，2002：550.

② 陈振.宋史[M].上海：上海人民出版社，2003：113.

③ 徐松.宋会要辑稿：11[M].刘琳，刁忠民，舒大刚，等校点.上海：上海古籍出版社，2014：6351.

④ 徐松.宋会要辑稿：11[M].刘琳，刁忠民，舒大刚，等校点.上海：上海古籍出版社，2014：6361.

内折纳。仍即时具科买、折纳名数及人户姓名榜示"①。对外公布科捐纳税的相关信息，就可以防止贪官污吏将其转嫁到百姓头上。

对于有关农业税收的违规行为，朝廷明确要求地方官府以榜文的形式公开相关政策予以严惩。宋代"三冗"常使中央、地方财政处于困境之中，一些地方官府在税赋征收时常常突破朝廷规定的时限。如，绍兴元年（1131）五月，高宗下诏："自今后州县如有合科催物色，须管明以印榜开坐实数若干，仍具一般印榜申监司。监司因出巡视行按察，不得更似日前先多科其数，然后轻重出入"②。即要求州县官府向百姓催科时，须先将以印榜的形式"开坐实数"，并将同样的印榜上报监司，不得随意增减，违者重罚，并允许民众可越诉检举。孝宗乾道元年（1165）正月南郊赦："虑夏秋二税催科自有省限，州县官吏多不遵奉条法，受纳之初，便行催督。蚕方成丝，即催夏税；禾未登场，即催冬苗"③。对此，朝廷将税赋的种类、数量等出榜公示，使民众周知，这也有利于杜绝官吏徇私舞弊的行为。为防止州县官吏及乡村胥吏征收丁税时徇私舞弊，淳熙五年（1178）二月，孝宗听从臣僚的建议，"每岁入务限前，以籍实丁名数关报本县催理。仍钞录人名，下逐都置粉壁，大字书写，晓示通知，每岁一易"④。即每年征税前将丁账的编制情况以粉壁的形式公示。

地方州县因遭遇灾害而蠲免赋税时，官府也会以发布榜文的形式明确告知民众。如，淳熙十四年（1187）七月，浙西久旱少雨，其中盐官、海盐两县旱象严重，两浙西路提举罗点提议："所有两县人户合纳夏税、和买役钱及以前年份积欠官物，乞自第三等以下，且令住催，候将来丰熟日送纳"。孝宗批准奏言，并"诏令多出文榜晓谕"。⑤如果州县官府以其他名目多收税额，税户有越诉的权利。如，绍熙四年（1193）十月，

---

①谢深甫.庆元条法事类[M]//杨一凡，田涛.中国珍稀法律典籍续编：第1册.哈尔滨：黑龙江人民出版社，2002：659.

②徐松.宋会要辑稿：14[M].刘琳，刁忠民，舒大刚，等校点.上海：上海古籍出版社，2014：8470.

③徐松.宋会要辑稿：11[M].刘琳，刁忠民，舒大刚，等校点.上海：上海古籍出版社，2014：6194.

④徐松.宋会要辑稿：13[M].刘琳，刁忠民，舒大刚，等校点.上海：上海古籍出版社，2014：8063.

⑤徐松.宋会要辑稿：12[M].刘琳，刁忠民，舒大刚，等校点.上海：上海古籍出版社，2014：7366.

光宗下诏明确："如今年官物有已纳在官，即理为来年合纳之数。仍多出文榜晓谕州县，不得别作名色催理。如违，许人户越诉"①。此外，为了鼓励贩粮商前往遭受荒歉的地方进行贸易，缓解粮荒，朝廷会"免纳力胜钱"。如，绍熙五年（1194）十一月，中书门下省进言："客贩米斛前来两浙路荒歉去处出粜，经过税场，依条免纳力胜钱。仍不得巧作名色妄有邀阻"。光宗下诏："逐州委官专一觉察，如有违戾去处，即将当职官吏劾按以闻……如奉行灭裂，许客人越诉，仍仰所委官多出文榜晓谕"②。相关要求以榜文晓谕百姓，以减少官吏"奉行灭裂"的可能性。同样，地方官府也常用榜文来告知民户粮食歉收年份的减放政策。如，宁宗嘉定十四年（1221），赣州粮食歉收，朝廷有旨："今有减放未尽去处，优加宽恤"。即便如此，"漕、仓两司节节行下"，州县地方官府"竟不肯实减本年苗数"，仅以前两年"十县残苗塞责，已非从实减放矣"，而这些减放"既申朝廷，遍报诸司，榜示民户"。③

地方官府惯常以"逐村"发布榜文的形式来催缴百姓所欠钱粮："夏秋税差科才下，便榜逐村大字楷书，告示人户。"④咸淳年间，江东安抚使马光祖将"放免夏税市例钱"的政策"备榜五县，并镂小手榜散贴，俾深山穷谷小民皆户知之，务在经久，庶可持循"⑤。为避免奸吏"分文增添"市利钱，官府"除已备榜五县及场所晓示外，所合镂榜，遍行张贴，晓谕人户知悉"。⑥

宋代转运司、提刑司和常平司等衙署在财经方面的职能虽各有侧重，但也难免有些许交叉重叠，以致出现多头管理的局面，因此朝廷减免积欠税赋的政策传达到地方时并不能达到预想的结果，即如王庭珪言及南宋初年的情形时所说："至今提刑司出榜放，转运司出榜催，两司争为空文，俱挂墙壁，以此罔百姓可也，朝廷可欺乎？至于

①徐松.宋会要辑稿：12[M].刘琳，刁忠民，舒大刚，等校点.上海：上海古籍出版社，2014：7367.

②徐松.宋会要辑稿：12[M].刘琳，刁忠民，舒大刚，等校点.上海：上海古籍出版社，2014：7368.

③名公书判清明集：上[M].中国社会科学院历史研究所宋辽金元史研究室，点校.北京：中华书局，1987：68.

④李元弼.作邑自箴[M]//杨一凡.历代珍稀司法文献：第一册.北京：社会科学文献出版社，2012：34.

⑤周应合.景定建康志：四[M].南京：南京出版社，2009：1010.

⑥周应合.景定建康志：四[M].南京：南京出版社，2009：1010.

比年以来，御书宽恤及平反刑狱等诏，则虽墙壁亦未尝挂。顷传大斾压境之始，纷然劳民，造亭宇粉壁，榜其上，视其后，乃绍兴三年三月书。其灭裂文具，虽儿戏尚不如此"。① 公文传布是政府行政运作的重要方面，因此榜文的发布也可以从一个侧面管窥行政怠惰、弄虚作假的弊端。

（二）劝课农桑

劝课农桑是处于农耕社会的封建王朝地方官的重要职责之一。宋廷重视劝农事宜，每年春季地方官员都会到郊外劝农，提醒百姓不要耽误农时，也因此劝农文成为官府榜文中非常重要的一类，亲民的地方官常有劝农文留存后世。如，朱熹知潭州时所作《劝农文》开篇即说："契勘生民之本，足食为先。是以国家务农重谷，使凡州县守倅皆以劝农为职，每岁二月，载酒出郊，延见父老，喻以课督子弟、皆以耕田之意。"②

一般而言，劝农文由地方官向百姓宣读后，还要四处张贴，以便民众广泛知晓。朱熹颁布的《申谕耕桑榜》向农民推广农业生产技术，将其下属"星子知县王文林种桑等法文榜，发下三县贴挂，晓谕民间通知去讫"；并且考虑到"都、建昌县人户未能通知"，于是"今分下两县，晓示乡村人户，仰递相劝谕，依此方法及时耕种"，以求得"用力既勤，必有丰年之报"的结果。③ 劝农文包含丰富的农业科技知识。程珌在富阳为官时，曾通过榜文转述"太平州老农"的"种桑之法"："彼间之种桑者，每人一日只栽十株，务要锄掘深阔，则桑根易行，三年之后，即可采摘。盖桑根柔弱，不能入坚，锄掘不阔，则拳曲不舒，虽种之十年，亦可摇拔，此种桑之法也"。④ 陈傅良在桂阳任上作《桂阳军劝农文》，劝说当地百姓针对瘠薄的田地要多施肥，"闽、浙之土，最是瘠薄，必有锄耙数番，加以粪溉，方为良田"⑤，宣扬多尽人力才能有好的收成。

靖康之难后，北方人口大量南迁避难，朝廷极力劝导南方百姓种麦以缓解粮食需

① 王庭珪.卢溪文集［M］//景印文渊阁四库全书：第 1134 册.台北：台湾商务印书馆，1986：218.

② 朱熹.劝农文［M］//朱熹.朱子全书：第 25 册.朱杰人，严佐之，刘永翔，主编.上海：上海古籍出版社；合肥：安徽教育出版社，2002：4624-4625.

③ 朱熹.晦庵先生朱文公别集［M］//朱熹.朱子全书：第 25 册.朱杰人，严佐之，刘永翔，主编.上海：上海古籍出版社；合肥：安徽教育出版社，2002：5000.

④ 程珌.洺水集［M］//景印文渊阁四库全书：第 1171 册.台北：台湾商务印书馆，1986：455.

⑤ 陈傅良.陈傅良先生文集［M］.周梦江，点校.杭州：浙江大学出版社，1999：563.

求压力。如，黄震主政抚州时，针对当地百姓不愿种麦的习惯，发布《咸淳七年中秋劝种麦文》榜文，他以天子用面食为例劝谕民众，以期改变他们固有的观念，并要求百姓："连群合本，早籴麦种，及时多种。无力出境籴种者，田主助之。既得稻熟，又得麦熟，贫者可以饱足，富者可以免扰，田里相安，即是太平"；而对执迷不悟反对种麦的人也提出警告："今夏艰食，固是受不曾种麦之害，去年大荒，亦未必非不肯种麦之报"。[①]

（三）社会救济

在贫民遇到饥荒的情况下，宋政府常在各地设置粥场，对饥民实施救助。但在此过程中也出现了大量饥民聚集、以食粥度日、不务农事的现象。如，乾道元年（1165）三月，权发遣临安府薛良朋上奏提出对策："今措置，诸处（籴）〔粜〕米、设粥，欲自四月十五日住罢，仍预期出榜告谕。其壮健人，欲别给帖付与各人，仰州县不得拘催官私欠负，并仰田主各支种粮，务令安居，不致离散。其有疾病、羸弱未能行履之人，欲别踏逐寺院，散粥煎药，以待瘥安，方可发遣回归乡贯"[②]。同年，临安府施粥之处"众之所聚，疾势易成，转相渐染，难以复治"。监察御史程叔达提出建议："宜亟敕府县亲行科择，多出文榜，凡有家可归、有乡可依者，许其自陈，给以粮米，使之各复归业"。[③]孝宗均表示认可。

对于身染沉疴、孤独无依的病人和经历兵火无家可归的人员，政府也会指令州县地方官府妥善安置，并将此体恤特定人群的政策出榜晓谕。如，乾道时，孝宗发布的南郊赦云："访闻比来客旅居店舍、寺观，遇有患病，避免看视闻官，逐赶出外，及道路暴病之人，店户不为安泊，风雨暴露，往往致毙，深可矜悯。可令州县委官内外检察，依条医治，仍加存恤，及出榜乡村晓谕，月具有无违戾去处以闻"[④]。嘉定时，宁宗颁布的明堂赦文云："蕲、黄州并管下县镇有曾经兵火惊扰去处，致使人户逃徙，无家

---

①黄震.黄氏日抄［M］//黄震.黄震文集：第7册.张伟，何忠礼，主编.杭州：浙江大学出版社，2013：2222.

②徐松.宋会要辑稿：13［M］.刘琳，刁忠民，舒大刚，等校点.上海：上海古籍出版社，2014：8044.

③徐松.宋会要辑稿：13［M］.刘琳，刁忠民，舒大刚，等校点.上海：上海古籍出版社，2014：8044.

④徐松.宋会要辑稿：13［M］.刘琳，刁忠民，舒大刚，等校点.上海：上海古籍出版社，2014：8027.

可归，理宜矜恤。令淮西制置司行下州县，遇有归业无屋存泊之人，即听从便踏逐系官屋宇及寺观安泊，毋致失所，仍多出文榜晓谕"①。

（四）医方（书）普及

较之唐五代，宋代医学技术有了长足的发展，成熟的雕版印刷术用于医书、医方的复制，文本逐渐普及。"宋代诏令搜求名方、校刊医书、颁行医书，次数之多，在中国历史上是少见的。"②如，淳化三年（992），王怀隐等人负责的官修医书《太平圣惠方》完成，太宗亲自为其写序赐名，"仍令镂板颁行天下，诸州各置医博士掌之"③。地方官员在施政的过程中也非常重视借助榜文这一媒介传播医方。如，庆历时，赵尚宽知忠州，"揭方书市中，教人服药，募索为蛊者穷治，置于理，大化其俗"④。

在医书、药方向民间推广的过程中，也存在医书流传封闭不畅的问题，这也引起有识之士的关注。福州知州蔡襄在其所撰《圣惠方后序》中，记述太宗颁布《太平圣惠方》的效果并不如人意："诏颁州郡，传于吏民。然州郡承之，大率严管钥、谨曝凉而已，吏民莫得与其利焉"⑤。殿中丞馆阁校勘苏颂也说"贫下之家"无法从中得到益处："嘉祐二年八月三日诏旨，朝廷颁方书委诸郡收掌，以备军民医疾访闻。贫下之家难于检用，亦不能修合，未副矜存之意。"⑥可见，在仁宗嘉祐二年（1057）以前，医书的颁布仅到州这一级，流通有限，对百姓并没有多少实际上的益处。嘉泰三年（1203）五月，有大臣提议："宜命太医局选民间所常用及已试有效、简要可行之方，集为一部，颁之诸路监司，监司行之州县，州县又撮其要者，大书揭示于聚落要闹去处"⑦。州县"撮其要者，大书揭示于聚落要闹去处"，较之医书以"镂板颁行天下，诸州各置医博士掌之"传布民间更具针对性，民众从中得到的实惠也更实在。

限于民众生活环境、卫生状况恶劣，加之疾病预防知识的欠缺，流行性疾病的侵

①徐松.宋会要辑稿：12[M].刘琳，刁忠民，舒大刚，等校点.上海：上海古籍出版社，2014：7375.

②曹之.中国古代图书史[M].武汉：武汉大学出版社，2015：689.

③脱脱，等.宋史：第三九册[M].北京：中华书局，1977：13508.

④脱脱，等.宋史：第三六册[M].北京：中华书局，1977：12702.

⑤蔡襄.蔡襄集[M].吴以宁，点校.上海：上海古籍出版社，1996：519.

⑥苏颂.苏魏公文集：下[M].北京：中华书局，1988：995.

⑦徐松.宋会要辑稿：12[M].刘琳，刁忠民，舒大刚，等校点.上海：上海古籍出版社，2014：7370-7371.

袭是宋代民众不时需要面对的生存状态。然而更为严峻的情况是："诸州皆阙医书习读，除《素问》、《病源》外，余皆传习伪书，伪书舛本，故所学浅性，诖误病者"。仁宗皇祐三年（1051）五月，朝廷委派官员将秘阁所藏医书，"委官选取要用者校定一本，降付杭州开板模印"，又"令逐路转运司，指挥辖下州府军监，如有疾疫瘴疠之处，于《圣惠方》内写录合用药方，出榜晓示，及遍下州县许人抄札，仍令秘阁检《外台秘要》三、两本，送国子监见校勘医书官，子细较勘"。① 高宗甚至发布诏书，指导百姓对症服药："据医书所论，凡初得病患，头痛、身热、恶风、肢节痛者皆须发汗。缘即今地土气令不同，宜服疏涤邪毒，如小柴胡汤等药，得大便快利，其病立愈。临安府可出榜，晓示百姓通知"。② 春夏之际是疫病流行的高发时节，百姓因为用药不当而贻误病情的事多有发生。高宗为此宣谕："比闻民间春夏中多是热疾，如服热药及消风散之类，往往害人，唯小柴胡汤为宜。令医官揭榜通衢，令人预知。颇闻服此得效，所活者甚众"③。

（五）缉盗追逃

缉盗是地方官府的日常政务之一。熙宁时，廖恩"聚徒千余人，剽掠市邑，杀害将吏，江浙为之骚然"④。中书省奉旨"拟敕榜"。神宗御批："可检会自来招安盗贼榜，依仿指挥"，并"于要路出榜，及选募人赏敕招谕"。⑤

榜文用于官府追逃包括两方面：一是治理逃户。如，熙宁七年（1074）正月，神宗批准的两浙察访沈括奏称："常州无锡县逃绝、诡名挟佃约五千余户，及苏州长洲县户长陪纳税有至二百余缗，已选官诣逐州根究，及虑人户隐蔽，已出榜召人告首，州县官吏能悉心究见欺弊，许令改正，更不问罪"。⑥ "出榜召人告首"不妨是追逃漏户的有效措施。二是追查逃兵。如，天禧四年（1020）二月，真宗下诏："应缘滑州役卒亡命如者，限两月首罪，优给口粮，送隶本军。其因罪为部署司所移配者，亦送还本籍。所

---

① 皇祐三年五月二十六日内降札子 [M]// 王焘 . 外台秘要方 . 高文铸，校注 . 北京：华夏出版社，1993：838.

② 潜说友 . 咸淳临安志 [M]. 台北：成文出版社，1970：404.

③ 徐松 . 宋会要辑稿：12[M]. 刘琳，习忠民，舒大刚，等校点 . 上海：上海古籍出版社，2014：7396.

④ 沈括 . 梦溪笔谈 [M]. 长春：吉林出版集团有限责任公司，2010：265.

⑤ 李焘 . 续资治通鉴长编：第十二册 [M]. 北京：中华书局，2004：6931.

⑥ 李焘 . 续资治通鉴长编：第十册 [M]. 北京：中华书局，2004：6077-6078.

在揭榜告谕之"①。建炎元年（1127）八月，高宗"榜谕为盗军民，率众归降，当赦其罪，仍审量事理，命以官资；若敢抗拒，仍旧为恶，则掩杀正贼外，父母妻子并行处斩"②。此外，宋廷为加强沿边治安，强化稽查，严禁蕃部缘边的人员越界进入领地。如，太平兴国八年（983）二月，太宗下诏："应有蕃部将带人口入蕃界者，宜令所经历及次边州县军镇，常切验认收捉，不得放去。如有将人口货卖与蕃人，及勾该居停住，并依格律处死。验认到人口，便仰根问来处，牒送所属州府，付本家。仍令逐处粉壁晓示"。③

（六）官员擢黜

宋廷在官员的选任和管理方面也常用到榜文，以保证有关信息公开透明。吏部将空阙及入选资格张榜公布，以待参选官员集注射阙，称之为榜阙。④吏部榜阙开始于仁宗时。庆历五年（1045），为了防止吏部官吏将职官空阙隐匿而暗中授予选人以渔利，判吏部流内铨赵及将空阙揭榜晓示。《宋史·赵及传》记载，"初，铨吏匿员阙，与选人为市，及奏阙至即榜之，吏部榜阙自及始"⑤。也就是说，吏部选拔官员时将空阙及入选资格张榜公布，以待参选官员集注射阙。这一做法此后一直沿用。嘉定八年（1215）三月，宁宗颁布敕书："吏部状，欲将安吉州荷叶浦巡检巡捉私茶盐矾私铸铜器兼催纲系衔，从本部见使差注巡检格法，专差大使臣、亲民资序、材武人，更不破格。本部出榜招官指射，作肆年使阙。"⑥

吏部官阙的榜示也有时间限制。根据出阙后注拟情况，窠阙又分为射阙、非次阙、经使阙、残零阙、破格阙等。射阙和非次阙都是初出阙时的窠阙，经使阙、残零阙是榜示一定时间后无人愿就的窠阙。⑦吏部规定："本部出阙，各有榜限。若出阙，榜满

---

①李焘.续资治通鉴长编：第四册[M].北京：中华书局，2004：2183.

②毕沅.续资治通鉴：第六册[M].北京：中华书局，1957：2621.

③徐松.宋会要辑稿：15[M].刘琳，刁忠民，舒大刚，等校点.上海：上海古籍出版社，2014：9181.

④王丽.宋代元丰官制改革后吏部研究：以法令和文书为中心[M].开封：河南大学博士研究生学位论文，2014：138.

⑤脱脱，等.宋史：第三〇册[M].北京：中华书局，1977：10074.

⑥佚名，撰；刘笃才，黄时鉴，点校.吏部条法[M]//杨一凡，田涛.中国珍稀法律典籍续编：第2册.哈尔滨：黑龙江人民出版社，2002：98.

⑦王丽.宋代元丰官制改革后吏部研究：以法令和文书为中心[D].开封：河南大学博士研究生学位论文，2014：138.

伍日为非次阙，陆日以获为经使阙。盖有恩例、资序、考举，应入注授。若榜及壹季以上，无应格人注授，为破格阙。再榜拾日为残零残。不以资序、考第、举主、路分、年甲得以注授。"①

官员降黜也常出榜朝堂。嘉祐年间，欧阳修曾因"濮议之争"，蒙受"不根之谤"。他为了辩诬，连上奏札，请求追究他人对自己的诬陷之事，甚至"期于以死必辨而后止"。于是，神宗遣中使赐欧阳修御札，称诬陷的人已被降黜，已"出榜朝堂，使中外知其虚妄"，并安慰欧阳修："事理既明，人疑亦释，卿宜起视事如初，无恤前言"。②

（七）严明吏治

宋廷对地方官员禁止扰民的举措也会通过出榜而告知民众，以便监督，民众发现不合规行为可以越诉。如，宣和时，臣僚反映"近来州郡多差军人散在市井，以捉事为名，侵渔百姓，恐吓求取，其弊百端"，建议朝廷委派"提刑司觉察，每季检举。出榜晓示，使民间通知"。③得到徽宗准许。绍兴年间，高宗发布手诏诫约监司、郡守勤职，并发出警告："其各任乃职，察吏之侵渔纳贿者，劾按以闻。已戒敕三省官，间遣信使周行诸路，苟庇覆弗治，流毒百姓，朕不汝贷。自今军事所须，并令州县揭榜晓谕，余依绍兴元年五月二十四日诏旨施行，无所违戾"④。

宋代商税征稽制度执行中存在如地方官府巧立名目、额外多征等问题。一些官吏为避罚趋赏，多敛钱财，就不免违法乱纪，苛征商旅。为此，高宗颁布南郊赦，列举违法事实，并"委监司常切觉察，仍出榜约束。尚敢违戾，按劾申尚书省，取旨重作施行"。⑤大理评事莫濛奏言反映"诸州郡守辄于额外令监官重加征取；又以民间日用油布、席纸细微等物置场榷卖，展转增利"，建议"监司常切检察，仍揭榜示民间，许令陈诉"。⑥高宗采纳奏言。针对日益严重的官吏欺压船户现象，孝宗下诏："令诸路

---

①佚名，撰；刘笃才，黄时鉴，点校.吏部条法[M]//杨一凡，田涛.中国珍稀法律典籍续编：第2册.哈尔滨：黑龙江人民出版社，2002：40.

②李之点.欧阳修集编年笺注：五[M].成都：巴蜀书社，2007：455.

③徐松.宋会要辑稿：14[M].刘琳，刁忠民，舒大刚，等校点.上海：上海古籍出版社，2014：8330.

④毕沅.续资治通鉴：第七册[M].北京：中华书局，1957：3116.

⑤徐松.宋会要辑稿：13[M].刘琳，刁忠民，舒大刚，等校点.上海：上海古籍出版社，2014：8185.

⑥徐松.宋会要辑稿：11[M].刘琳，刁忠民，舒大刚，等校点.上海：上海古籍出版社，2014：6368.

提刑司及沿海帅臣、制置司各约束所部州县，常切禁止。如有违戾，觉察以闻"，并将此诏令"仍出榜晓谕"。①

二、维护封建礼法

对民众进行封建礼法教条、社会道德的宣传，灌输国家认可的法律规章，是宋代加强社会治理的一个重要手段。也正因如此，禁绝弊风陋习、申明纲常礼法就成为官府榜文的一个重要内容。

（一）革除弊俗

革除敝习、敦厚风俗是古代地方官员执政中的经常性工作。宋代许多地方巫风甚炽，民众"信巫不信医"，妖巫"假神而言，无求不可"，②这些均与儒家纲常礼法背道而驰，对正常的社会秩序、民众生活乃至封建统治构成了潜在的威胁。天圣时，户部郎中、知洪州夏竦向皇帝进言，痛陈"左道乱俗，妖言惑众"的危害，建议朝廷全面禁巫。为此，仁宗发布禁巫觋挟邪术害人的诏书，要求"仰粉壁晓示，仍半年一度举行约束"。③政和年间，相州、邢州有两县发生烧香村民因"僧行诱惑，使人舍身"的事件，徽宗为此下诏："仰本州县当职官常切觉察，犯者以故杀论，仍令主僧偿命。许人告捕……官司失觉察，以违御笔论。仍版榜揭示二县山路。监司、走马失按劾者与同罪，仍著为令"。④对诱惑村民的"主僧"予以严惩，对此事失察的官员追究责任。宣和时，沧州、清州一些民众"烧香受戒，夜聚晓散，男女杂处，互相作过"，徽宗下诏禁绝："仰本路提点刑狱司检会条贯申明行下，令逐州县镇粉壁晓示，重立告赏。其为首人于常法之外，当议重行断罪"。⑤嘉定年间，臣僚上言列举"自京畿以至江浙""习俗之不可不谨其微者"的三方面的表现后，提出建议："天下之事必自其微而谨之，微之不谨，积习至著，殆有难于（政）〔改〕者。乞明诏大臣，申严行下监司、郡守，镂榜晓示，严行禁戢。

①徐松.宋会要辑稿：14[M].刘琳，刁忠民，舒大刚，等校点.上海：上海古籍出版社，2014：8350.

②夏竦.文庄集[M]//景印文渊阁四库全书：第1087册.台北：台湾商务印书馆，1986：184.

③徐松.宋会要辑稿：2[M].刘琳，刁忠民，舒大刚，等校点.上海：上海古籍出版社，2014：993.

④徐松.宋会要辑稿：14[M].刘琳，刁忠民，舒大刚，等校点.上海：上海古籍出版社，2014：8319.

⑤徐松.宋会要辑稿：14[M].刘琳，刁忠民，舒大刚，等校点.上海：上海古籍出版社，2014：8323.

其或不悛，必置重宪。"①此建议得到宁宗批准。

宋代数量众多、出榜示众的谕俗文、劝孝文，以封建礼教革除弊风陋俗、引导民众遵循礼教为主旨。如，真德秀在《潭州谕俗文》中说："布宣德化，导迪人心，实守臣之事"②。《泉州劝孝文》宣扬割股救亲的孝行，又对不孝子予以惩罚，以阐明"天下万善，孝为之本"③的道理。此类榜文的内容褒扬与惩戒并行，以期遵礼守法的观念为基层民众所接受。

（二）申明法规

宋廷对于皇帝的诏令及朝廷一些重要的法律、规章，常采取以榜文公之于众的形式以引起吏民的重视。如，"诸被受手诏，士庶应合通知者，并依德音宣示于众。"④宋廷规定："诸私造铜、鍮石器物若钑销、磨错、翦凿钱取铜以求利及买贩罪赏条禁，于要闹处晓示。"⑤为使铸私钱、私造铜器的禁令家喻户晓，政府常将相关内容公布于粉壁。如，崇宁四年（1105）四月，得到徽宗批准的中书门下省札子云："私铸钱、私造铜器罪赏条禁，并仰于逐地分粉壁晓示，仍真谨书写，监司所至点检"⑥。又如，"诸生子孙而杀或弃之罪赏条约，州县乡村粉壁晓示，每季举行，监司巡历常点检"⑦。可见，朝廷不仅要求在粉壁公示相关"条约""条禁"，并且特意强调书写粉壁要认真，而且监司还要到各地去巡察，将赏罚条例公示吏民之事落到实处。

在中国古代社会，息讼止争是地方官府追求的善政目标之一，因而劝民无争的训诫、限制民间法律的传播及百姓学法、习讼等内容也多出现于地方官府的榜文中。如，

---

①徐松.宋会要辑稿：14[M].刘琳，刁忠民，舒大刚，等校点.上海：上海古籍出版社，2014：8367.

②真德秀.西山先生真文忠公文集[M].上海：上海书店，1989：705.

③真德秀.西山先生真文忠公文集[M].上海：上海书店，1989：713.

④谢深甫.庆元条法事类[M]//杨一凡，田涛.中国珍稀法律典籍续编：第1册.哈尔滨：黑龙江人民出版社，2002：334.

⑤谢深甫.庆元条法事类[M]//杨一凡，田涛.中国珍稀法律典籍续编：第1册.哈尔滨：黑龙江人民出版社，2002：427.

⑥徐松.宋会要辑稿：14[M].刘琳，刁忠民，舒大刚，等校点.上海：上海古籍出版社，2014：8308.

⑦谢深甫.庆元条法事类[M]//杨一凡，田涛.中国珍稀法律典籍续编：第1册.哈尔滨：黑龙江人民出版社，2002：118.

朱熹《劝谕榜》:"劝谕士民,乡党族姻,所宜和睦。或有小忿,宜各深思,更且委曲调和,未可容易论诉"①。与消弭诉讼同时,在地方官员的榜文中,其中不少涉及对教习诉讼者进行惩处的内容。乡民文化程度有限,对律文知之甚少,而"坊郭、乡村破落无赖,粗晓文墨,自称士人,辄行教唆",这些人的目的在于"立威以求逞,扶持资给,赇赂营谋,不挤其人于幽枉无告之地不止"。司法官员遇到这类案件处罚有侧重,即对教唆者的量刑重于被教唆者,并将此内容"备榜行下,以儆愚俗"。②绍兴时,高宗听闻虔、吉等州有人将讼学作为"家传"之学,而世代"教习词讼",甚至有习讼者敢于以法"胁持州县",为此下明堂敕:"仰监司、守令遍出文榜,常切禁止,犯者重置以法"③。开禧五年(1209)十二月,臣僚奏言言及"顽民健讼"之风盛行并非一州一县的孤立现象,而是在许多州县广泛存在:"州县之间,顽民健讼,不顾三尺。稍不得志,以折角为耻,妄经翻诉,必欲侥幸一胜……无时肯止。甚至陈乞告中,微赏未遂其意,亦敢辄然上渎天听,语言妄乱,触犯不一。不有以惩之,则无忌惮,不但害及善良,官司亦为其紊烦"。为此提出:"乞遍下州县揭榜晓示,今后经州、县、监司及至台部,的然虚妄者,必行收坐,妄经朝(首)〔省〕者重作施行,欺罔天听者定行编配"。④宁宗对此表示认可。

三、散播商业信息

宋代社会生产、消费较之前代有很大的发展,商业活动日益活跃,政府也加强了相应的管理,制定相关政策,从而规范商品交易环境。其中,有关商业活动的皇帝的诏令、官府的指挥等均以榜文的形式散播于民间。

(一)招(投)标采购

"实封投状"是宋代国有资产流转中的一种法定形式,类似于现代的招标、投标法,

---

①朱熹.晦庵先生朱文公文集 [M]// 朱熹.朱子全书:第25册.朱杰人,严佐之,刘永翔,主编.上海:上海古籍出版社;合肥:安徽教育出版社,2002:4621.

②名公书判清明集:下 [M].中国社会科学院历史研究所宋辽金元史研究室,点校.北京:中华书局,1987:490.

③徐松.宋会要辑稿:14[M].刘琳,刁忠民,舒大刚,等校点.上海:上海古籍出版社,2014:8378.

④徐松.宋会要辑稿:14[M].刘琳,刁忠民,舒大刚,等校点.上海:上海古籍出版社,2014:8365.

具有竞争的属性。[①]绍兴二年（1132）六月，高宗所下诏书就对投标过程做出具体规定："诸路委漕臣一员，将管下应干系官田土并行措置出卖。仰各随土俗所宜，究心措置，出榜晓示。限一月召人实封投状请买，仍置印历抄上承买人户先后资次、姓名。限满，当本官厅拆状，区画所着价最高之人"。[②]即是说，在确定应出卖官田并进行估价之后，需要出榜告示召人实封投状来确定买主。召人实封投状请买的时间通常是一个月，到期限由当地官署拆封，检出出价最高之人。政府在官田出卖前须以榜文的形式发布招标告示。高宗绍兴五年（1135）四月，总制司言："系官田地，乞且截自宣和以后，应可以卖者，先委官根括，候见着实顷亩、四至，即大字榜示人户愿买人名，以时价着钱，依已措置事理出卖"。[③]即将所卖田的顷亩、四至等报官府落实，并将愿买的人户名、价钱公开榜示。

另外，各种招标都要事先公布招标的底价，然后让承买人在此基础之上竞相出价，而招标的底价就在发布招标信息的榜文中公示。如，乾道年间，莫濛执政扬州，在处置屯田事务时就明确提出："乞令逐州军将所管屯田先次估定价钱，开坐田段，出榜召人实封投状，增价承买，给付价高之人，理充已业"[④]。如果在规定的招标期限内无人承买，可以两次展限；如果两次展限后仍然无人承买，就要减价出卖，并出榜招人来买。绍兴时，户部提领官田所奏言："江浙等路没官、户绝等田宅，近承指挥，州委知通、县委令丞措置出卖，及委逐路常平官总领督责。今欲将未卖田宅，并依条出榜，许实封投状……限满，无人投状，再限一月。若两限无人承买，即量行减价，出榜召人买"[⑤]。可见，在招标过程中为完成招标任务，招标时间可以根据具体情况进行适当调整，榜文承担着重要的信息传布的媒介作用。

①郭东旭.宋代"实封投状"探析［M］//张其凡，李裕民.徐规教授九十华诞纪念文集.杭州：浙江大学出版社，2009：288.

②徐松.宋会要辑稿：12［M］.刘琳，刁忠民，舒大刚，等校点.上海：上海古籍出版社，2014：7435.

③徐松.宋会要辑稿：10［M］.刘琳，刁忠民，舒大刚，等校点.上海：上海古籍出版社，2014：6071.

④徐松.宋会要辑稿：10［M］.刘琳，刁忠民，舒大刚，等校点.上海：上海古籍出版社，2014：6024.

⑤徐松.宋会要辑稿：12［M］.刘琳，刁忠民，舒大刚，等校点.上海：上海古籍出版社，2014：7444-7445.

（二）整饬市场

宋代商业的繁荣也催生牙人群体的壮大。牙人在商品交换中于买卖双方居间撮合，并收取一定的佣金。政府肯定牙人在经济发展中承担的契约买卖、赊欠交易中的担保作用，但是，有些牙人在商业活动中存在勾结猾吏、欺行霸市和强买强卖等恶劣行径。对此，政府一方面加大对牙人的管理，如采取登记注册制度，将部分牙人纳入官府管辖；另一方面也随时以发布榜文的形式纠正牙人的违法行为。如，仁宗天圣八年（1030）三月，开封府在奏言中指出，京城存在牙人强买强卖"乡庄人户"柴草、垄断柴草价格、"减落价钱"以致"枉费盘缠"等情况，官府对此行径"出榜晓示钤辖，终未断绝"。①

有些官吏假借公事为名，购买货物时不按照市场价支付，却以另外定的"官价"盘剥交易者。如，庆元元年（1195）八月，宁宗批准臣僚的奏请，下诏："有司检坐见行条法，给榜下州军县镇，今后现任官收买饮食服用之物，并随市直，各用见钱，不得于价之外更立官价。违，许人户越诉。在外令监司按劾，在内令御史台觉察"。②"于价之外更立官价"的实质就是强买强卖，因此朝廷发布榜文予以严厉禁止。

宋代采取茶盐国家专营的制度，禁绝民间私自售卖。对于徇私舞弊的官吏，"令提点刑狱及廉访使者互察以闻，仍并许民户越诉"；对于"扇摇茶法"的人，"除依见行条法补官给赏外，更增立赏钱二千贯，许诸色人告。犯人除本罪外，仍以违御笔论"，这些均由"开封府及都茶场出榜晓谕"。③同时，在执法过程中，政府也要求官吏维护行业经营秩序，不能恣意妄为。如，官吏发现"铺户、磨户若以他物拌和，听诸色人指定实迹，依法经官陈告，不得擅行收捕，亦不得称疑。官司审量，遣人收捕，根勘诣实，依条施行。如所勘别无拌和情犯，其告人据所告之罪依条反坐。乞令所属于要闹处出榜晓示"。④此外，官府对商户出售的官盐的质量亦有相应要求，"京城民买盐

①徐松．宋会要辑稿：11［M］．刘琳，刁忠民，舒大刚，等校点．上海：上海古籍出版社，2014：6811.

②徐松．宋会要辑稿：14［M］．刘琳，刁忠民，舒大刚，等校点．上海：上海古籍出版社，2014：8354—8355.

③徐松．宋会要辑稿：11［M］．刘琳，刁忠民，舒大刚，等校点．上海：上海古籍出版社，2014：6702.

④徐松．宋会要辑稿：11［M］．刘琳，刁忠民，舒大刚，等校点．上海：上海古籍出版社，2014：6706—6707.

籴货，须依元盐出粜，不得拌和作弊，随处官吏出榜告谕"①。

四、应对突发事件

榜文的简便易行、流传广泛的特性，也常为官府用于灾害救助、平息谣言及寻医问药。

（一）灾害救助

为应对不期而至的天灾人祸，宋廷重视引导、教育民众积贮备灾，常劝诫百姓勤于耕作，丰年也不得浪费粮食，使自身具有一定抵御灾祸的能力。如，太祖颁布《岁稔诫不得枉费诏》："宜令州县告谕人户，夏麦登熟，不得枉有靡费"②。真宗所颁诏书称："宜令三京诸路揭榜晓谕，常加察举。有孝悌力田储蓄岁计者，长吏倍加存恤之"③，旨在劝谕民众积蓄以备凶灾。而当遇到诸如旱涝等紧急情况时，官府也通过榜文及时发布行政命令予以处置，使灾民得到及时救助。诉灾是灾荒救助的第一步，宋代对诉灾有严格规定和程序，一般要求民户直接向官府报告。朱熹《检坐乾道指挥检视旱伤》云："使军照对管属星子、都、建昌县人户陈诉秋田旱伤，使军已立式出榜三县，晓示人户赴县投帐缴申，使军窃待依条差官检视，减放苗米"，"委诸路漕臣散出文榜于乡村，晓谕应有灾伤去处，仰民户依条式于限内陈状"。④救灾也颇为考验地方官员的行政能力和智慧。如，元祐初年，毕仲游主政耀州时，其所采取的救荒举措与以往官员不同："耀州大旱，野无青草。仲游谓郡县赈济多后时，力愈劳而民不救。故先民之未饥，多揭榜示曰：'郡将赈济，且平粜若干万石'。实大张其数，劝谕以无出境，民皆欢然按堵……而家给人足，无一人逃者"。⑤毕仲游富于睿智的救灾措施从而使灾害对民众的损害减少到最低。

灾荒之年，粮价难免上涨。地方官府常用压低粮价的做法稳定市场，以保证供应。

---

①徐松.宋会要辑稿：5[M].刘琳，刁忠民，舒大刚，等校点.上海：上海古籍出版社，2014：3154.

②佚名.宋大诏令集[M].司义祖，整理.北京：中华书局，1962：660.

③佚名.宋大诏令集[M].司义祖，整理.北京：中华书局，1962：660.

④朱熹.晦庵先生朱文公别集[M]//朱熹.朱子全书：第25册.朱杰人，严佐之，刘永翔，主编.上海：上海古籍出版社；合肥：安徽教育出版社，2002：5012.

⑤董煟.救荒活民书　附拾遗[M].北京：中华书局，1985：50.

董煟《救荒活民书》记载，庆历年间，文彦博任益州知府，成都"米价腾贵"，文彦博"因就诸城门相近寺院凡十八处，减价粜米，仍不限其数，张榜通衢"，结果到第二天"米价遂减"。①与此同时，粮商因获利减少而惜售，缺粮的状况会更无法缓解。皇祐年间，范仲淹主政杭州时，恰逢两浙遭遇饥荒，"谷价方涌，斗计百二十文"。范仲淹一反常法，将米价"增至百八十"，"仍多出榜文，具述杭饥及米价所增之数"。商贾闻知讯息，"晨夕争先惟恐后，且虞后者既来。米既辐辏，价亦随减"。②范仲淹采取与一般官员相反的思路、措施，巧妙地化解了危机。元祐年间，浙西诸郡遭遇水灾，苏轼对形势进行一番分析后提出应对措施："乞先降手诏，令监司出榜晓谕军民，令一路晓然"③。哲宗听从了建议。咸淳时，抚州大旱，并出现严重饥荒。从绍兴赴任抚州的黄震"单车疾驰，中道约富人耆老集城中，毋过某日"，即在路上就与富人耆老约定在城中开会的日期，"至则大书'闭粜者籍，强籴者斩。'揭于市，坐驿舍署文书，不入州治，不抑米价，价日损。"④抚州的饥荒得以缓解。

（二）平息谣言

宋代常有人以投递、张贴和悬挂匿名书的形式引发舆论关注，以达到自己的目的。这种做法不仅为法律严格所禁止，即为"匿名书条令所禁"⑤，皇帝也多次颁下诏令严加申禁。如，至和元年（1054）九月，"比闻有印匿名书谤枢密副使王尧臣，布诸道以摇军情者"。仁宗为此下诏："其令开封府揭榜召人陈告"，并许以"赏钱""入官""迁转"等奖励。⑥

宋代皇帝常在朝堂发布榜文，借处理具体政务对朝中官员进行训诫。如，大观四年（1110）六月，徽宗颁布《增赏训戒鼓惑邪说御笔手诏》，要求官员保持士大夫名节，不"徇于流俗"；对群体内部"憸巧轻儇之徒""构造无根之语，鼓惑邪说，倾动中外"

①董煟.救荒活民书 附拾遗 [M].北京：中华书局，1985：52.

②董煟.救荒活民书 附拾遗 [M].北京：中华书局，1985：33.

③苏轼.乞将上供封桩斛斗应副浙西诸郡接续粜米札子 [M]//苏轼.苏轼文集：下.顾之川，校点.长沙：岳麓书社，2000：1177.

④脱脱，等.宋史：第三七册 [M].北京：中华书局，1977：12993.

⑤脱脱，等.宋史：第三六册 [M].北京：中华书局，1977：12659.

⑥徐松.宋会要辑稿：14[M].刘琳，刁忠民，舒大刚，等校点.上海：上海古籍出版社，2014：8830-8831.

的行为，"可出榜朝堂，申严训戒"。①同年十二月，徽宗又颁《诫饬鼓惑之言御笔手诏》，再次重申前诏："朕顷以浮言，动摇国是，屡形训诏，申戒庶工，威之以明刑，劝之以厚赏，俾知有所畏惮……邦有常宪，必刑无赦，咨尔多士，咸听朕言。可速出榜朝堂"。②在地方上，州县长官的职责之一即为遏制告讦的风气、惩治匿名的行径。真德秀在《西山政训》中明确指出："今官司有受人实封状与出榜召人告首，阴私罪犯，皆系非法，不可为也。"③

两宋天灾连绵，人祸不断，以致讹言繁兴。在讹言哄传、人心惶惑之际，朝廷、各级地方官府及时地以榜文向社会发布信息，能够起到平息谣言、安抚人心的作用。如，靖康元年（1126）十一月二十八日，"雪止，日色甚明赤，人皆言不祥，又讹言下晚洗城，于是大街居民逃隐穷巷，惶恐不知所以为。豪右披毡毯，妇女以灰墨涂面，百计求生"。在谣言四散、民众不知所措之际，官方"有榜云：朝廷又遣使回，大金已许通和……仰军民等安心着业，其溃散者各放罪，不得惊扰。有违约束，以军法施行"。④同年冬天，金人第二次围攻开封后，钦宗常以御笔的形式将命令下达三省、枢密院，然后由其发布榜文并实施。如，靖康二年（1127）正月十二日开封尹榜和十三日尚书省榜都是"奉御笔"发布的榜文，这对平息各种谣言起到了重要的作用。

（三）寻医问药

传播范围广、速度快的榜文也被官方用来为皇帝、太后、郡王等显贵寻医问药。如，大中祥符年间，南阳郡康孝王惟吉"疾复作，不能朝谒"，真宗不仅"车驾屡临省之，或亲视其灼艾。日给御膳，为营佛事，设科醮"，并"令开封府揭榜募能医者"。⑤之所以要开封府出榜，是因为开封府是北宋都城东京的最高行政机关。此外，三省也可出榜求医问药。如，绍定五年（1232）十二月，理宗为太后下诏重金求医药："如草泽有能治疗痊安者，白身除节度使，已有官人及愿就文资者，并比附推恩外，更赐钱十万贯、田五百顷。三省可出榜晓谕，仍许径赴和宁门外自陈，内侍省即时闻奏"⑥。

---

①佚名.宋大诏令集［M］.司义祖，整理.北京：中华书局，1962：723.

②佚名.宋大诏令集［M］.司义祖，整理.北京：中华书局，1962：724.

③真德秀.西山政训［M］.北京：中华书局，1985：2.

④王智勇.靖康要录笺注：二［M］.成都：四川大学出版社，2008：1430.

⑤李焘.续资治通鉴长编：第三册［M］.北京：中华书局，2004：1670.

⑥佚名.宋史全文：下［M］.李之亮，点校.哈尔滨：黑龙江人民出版社，2005：2181.

景定五年（1264）十月，理宗因"朕体违和，服药未效"，发布求医诏："如草泽有能治疗，得或瘥者，白身除节度使，有官人及愿就文资者，并与比附推恩外，更支赐钱十万贯、田五百顷"。诏令"三省出榜晓谕，许径赴丽正门外自陈，差内侍二员收接文字，即时闻奏"。[①] 以敕榜诏求民间医药，并对能治愈皇帝重病的许以高官厚禄。

五、传递战况军情

官方榜文用于军事，常见于招抚降叛、募集勇士和通报战况等情形。

（一）招抚降叛

宋代对农民起义军或少数民族地区的反抗武装常实行军事打击与招安纳叛两手政策。徽宗宣和二年（1120）十月，强行父在平息方腊起义时，为瓦解起义军，"乃镂板为榜百纸，募人持入贼中，揭道上，众稍离叛，间有执贼来者，问知胁从，立慰，遣之"。这一招果然奏效："于是徒党尽散，独所谓首领用事者数辈窜伏山谷，未几皆擒无遗"[②]。招安纳降叛军和夷狄常用敕榜。如，庆历四年（1044）八月，仁宗"降敕榜招安保州叛军"[③]；熙宁六年（1073）五月，神宗"诏降敕榜付察访熊本晓谕夷界，除元谋作过首领及手杀命官将校不赦外，余人如能自首归，并免罪"[④]；元丰三年（1080）五月，神宗"降敕榜于夷人出入要路，及遣招安将等深入夷界晓告之"[⑤]。第二年九月，神宗颁布《招谕夏国敕榜》，云："其先在夏国主左右、并鬼名诸部、同心之人，并许军前拔身自归。及其余首领，能相率效顺，共诛国雠，随功大小，爵禄赏赐"[⑥]。敕榜中有时也列出归顺的降官、降将享有的相应待遇。如，元符二年（1099）六月，鄜延路经略使吕惠卿进言："诏降羌叶石悖七补东头供奉官，仍赐银、绢、缗钱各三百。检准敕榜，伪天使之类与崇班，仍赐银、绢各五百。叶石悖七系西界业令吴个官，与伪天使一般，本司已支银、绢、缗钱各五百，仍给公据，许奏补内殿崇班。若降等，虑无以取信"。

---

①佚名.宋史全文：下[M].李之亮，点校.哈尔滨：黑龙江人民出版社，2005：2394.

②曾协.云庄集[M]//景印文渊阁四库全书：第1140册.台北：台湾商务印书馆，1986：299.

③李焘.续资治通鉴长编：第六册[M].北京：中华书局，2004：3683.

④李焘.续资治通鉴长编：第十册[M].北京：中华书局，2004：5953.

⑤徐松.宋会要辑稿：16[M].刘琳，刁忠民，舒大刚，等校点.上海：上海古籍出版社，2014：9855.

⑥佚名.宋大诏令集[M].司义祖，整理.北京：中华书局，1962：917.

哲宗 "诏从之，今后有名日与敕榜不同人，并奏听朝旨，毋得一面支赐，先许官职。诸路准此"。① 建炎年间，高宗为稳定杭州社会安定，"诏赐杭州黄榜，招谕作过军民。若能率众归降，当赦其罪，一切不问。仍审量事状情理，命以官资"，并称 "建炎后以黄榜招安叛兵自此始"②。绍兴二年（1132）春正月，高宗因岳飞 "治军严肃，勇于战斗"，下诏赐衣甲并划拨弓手、民兵等交与岳飞统领，以平定先接受招安后叛乱的曹成所部，"又付之牌与金书兼黄榜，招降群盗"。③ 高宗绍兴十四年（1144）八月，贼寇朱明作乱，签书枢密院事李文 "请张皇榜、立重赏，许其徒自相捕致"④。不久，朱明等遂向朝廷投降。

（二）募集勇士

两宋战事频仍，需要不断扩充兵员，政府常以发布榜文为招募的工具。如，康定元年（1040）五月，仁宗批准韩琦奏言："仍令诸州军揭榜以募，投平羌者，送经略司拣试，给禁军例物外，别给钱十千、绢十匹，无马者以牡马给之"⑤。靖康元年（1126）正月，金军南下渡过黄河，直抵东京开封。朝廷散发 "募敢勇死士先锋效命小榜"："是日，散小榜召募诸色人，京城小民多有应募者，又有诸路州军干事公人、军兵、无所归者亦多应募"；与此同时，一些 "戚里势贵之家亦散榜，自备钱米募敢战助国"。⑥ 朝廷又发布 "亲征行营副使司榜" 招募 "诸色有武勇敢战之人"，"并许赴亲征行营副使司具告自陈"。⑦ 建炎三年（1129）二月，户部尚书叶梦得建议，以敕榜为 "所有邻近州军地理险阻控扼去处" 招募 "情愿效力之人"："望出敕榜，应士庶限五日，有能通知道路、措置备御等事，并令实封或彩画地图，诣都省陈献"。⑧ 而一旦战情缓和，

---

①徐松.宋会要辑稿：15[M].刘琳，刁忠民，舒大刚，等校点.上海：上海古籍出版社，2014：8956.

②李心传.建炎以来系年要录：一[M].胡坤，点校.北京：中华书局，2013：234.

③岳珂.宋少保岳鄂王行实编年[M]//北京图书馆.北京图书馆藏珍本年谱丛刊：第22册.北京：北京图书馆出版社，1999：533.

④李心传.建炎以来系年要录：六[M].胡坤，点校.北京：中华书局，2013：2873.

⑤韩琦.陈用兵练卒之策奏[M]//李之亮，徐志英.安阳集编年笺注.成都：巴蜀书社，2000：1622.

⑥徐梦莘.三朝北盟会编：上[M].上海：上海古籍出版社，1987：198-199.

⑦徐梦莘.三朝北盟会编：上[M].上海：上海古籍出版社，1987：204.

⑧徐松.宋会要辑稿：15[M].刘琳，刁忠民，舒大刚，等校点.上海：上海古籍出版社，2014：9252.

不需要再征召士兵，朝廷还需发布榜文告示民众。如，同样在靖康元年（1126）二月，金人退兵，都大提举京城四壁守御使司发布榜文，"更不召募，须至晓示"。^①

（三）通报战况

宋廷对不利于己的战事常常隐瞒不报，而对于与己有利的消息则会出榜示众，安抚民心。如，靖康元年（1126）三月，河东路制置使姚古奉圣旨，分遣将兵前去救援太原。收复隆德府、威胜军后，"又窃虑民间尚有疑惑，已榜河南北市晓示，各令知悉"^②。靖康二年（1127）三月，金人立张邦昌为大楚皇帝；四月，宗室赵子崧发布《戒谕军前榜文》，说明张邦昌引诱金人入侵，王室处境危殆，因此起勤王之师讨逆，告谕在京士庶、军民和僧道等"如坚于从逆敢抗王师，必杀无赦，戮及家族。仰前军统制分明告谕"。^③在时局危难之际，官府出榜以期迅速恢复社会秩序的稳定。

第二节　榜文行政功能的作用机理

宋廷借助官府榜文进行的政务信息传播的最终目标在于维护封建统治，而封建统治机制的正常运行与封建统治秩序形成的关键，在于皇帝的旨意、中央机构和各级地方官府的政务信息在州县尤其是乡村这一层级的传递以及与民众所进行的有限的沟通、互动，因为特定社会秩序的形成，有赖于个体、群体间的意见沟通，最终达到封建国家对民众、官员等实施社会控制的目的。正是不同层次、不同方式的沟通，将不同层级的社会群体联结成为一体；而各种层级的社会治理秩序，也正是在各级官府与民众互动、沟通的过程中得以建构起来。榜文则在这一过程中充当勾连双方的媒介作用。为实现这一目的，榜文的传播者从形式和内容两方面均采取了相应的措施。

一、榜文形式的简明与地方父老讲解

榜文出自文士之手，文辞多较为典雅，每个阅听榜文的人对内容的理解也有差异；加之榜示的对象群体范围广，其中文盲或识字不多的普通民众占绝大多数，因此，榜

①徐梦莘.三朝北盟会编：上 [M].上海：上海古籍出版社，1987：303.

②徐梦莘.三朝北盟会编：上 [M].上海：上海古籍出版社，1987：331.

③徐梦莘.三朝北盟会编：上 [M].上海：上海古籍出版社，1987：665.

文在公示之前就必须考虑百姓对榜文内容的接受程度，而简明无疑是榜文在形式上所必须具备的要素。"简"指的是榜文表述所用文字不宜过长，要简洁扼要；"明"是说榜文要把所说的事情的要求、目的和原由说明白清楚，不含糊其词。

史料表明，为民众了解国家的法律、规章而采取的聚集民众读法活动早在周代就已开始。据《周礼》所载，在大司徒将法规"悬法象魏"之后，各级属官如州长、党正、族师和闾胥等均须"属民读法"。"属民读法"就是向民众宣读国家的各种政令和法令等信息。如，《地官·州长》："各掌其州之教治政令之法。正月之吉，各属其州之民而读法，以考其德行道艺而劝之，以纠其过恶而戒之。若以岁时祭祀州社，则属其民而读法，亦如之……正岁，则读教法如初。三年大比，则大考州里，以赞乡大夫废兴。"① 《地官·党正》："各掌其党之政令教治。及四时之孟月吉日，则属民而读邦法，以纠戒之。春秋祭禜，亦如之……正岁，属民读法而书其德行道艺。以岁时莅校比，及大比，亦如之。"② 《地官·族师》："各掌其族之戒令政事。月吉，则属民而读邦法，书其孝弟睦姻有学者。"③ 《地官·闾胥》："各掌其闾之征令。以岁时各数其闾之众寡，辨其施舍。凡春秋之祭祀、役政、丧纪之数，聚众庶；既比，则读法，书其敬敏任恤者。"④

迨至汉代，朝廷对于所颁布的律令不仅要求"吏卒民尽讼（诵）知之"，还要派郡吏巡察。如，敦煌汉简1365记载："知令，重写令移书到，各明白大扁书市里、官所、寺舍、门亭、隧墌中，令吏卒民尽讼知之。且遣郡吏循行，问吏卒凡知令者，案论尉丞、令丞以下。毋忽，如律令。敢告卒人"⑤。朝廷及地方官府的教令下传到乡村，需要通过文吏的宣讲来传布。如，汉宣帝时，黄霸任颍川太守之际，"时上垂意于治，数下恩泽诏书，吏不奉宣"。黄霸"选择良吏，分部宣布诏令，令民咸知上意"。⑥《汉书·贾山传》记载，贾山"闻山东吏布诏令，民虽老羸癃疾，扶杖而往听之，愿少须臾毋死，

---

①孙诒让.周礼正义：第二册 [M].王文锦，陈玉霞，点校.北京：中华书局，1987：861-867.

②孙诒让.周礼正义：第二册 [M].王文锦，陈玉霞，点校.北京：中华书局，1987：868-877.

③孙诒让.周礼正义：第二册 [M].王文锦，陈玉霞，点校.北京：中华书局，1987：877-878.

④孙诒让.周礼正义：第二册 [M].王文锦，陈玉霞，点校.北京：中华书局，1987：884.

⑤甘肃省文物考古研究所.敦煌汉简释文 [M].吴礽骧，李永良，马建华，释校.兰州：甘肃人民出版社，1991：142.标点为引者所加。

⑥班固.汉书：第八册 [M].北京：中华书局，1962：3629.

思见德化之成也"①；司马相如《喻巴蜀檄》文末强调："方今田时，重烦百姓，以亲见近县，恐远所溪谷山泽之民不遍闻，檄到，亟下道县，使咸喻陛下之意，无忽。"②说明汉代仍然存在人们聚集在一起，聆听官府颁布新法令的现象。

魏晋南北朝至隋唐时期，敕书、赦书等颁布后也需要宣示于民众。晋武帝《西晋武帝诚郡国上计掾史还各告守相敕一首》末云："虚心候旦，听四方之政刑，其明宣诏喻旨，使咸知朕意。"③隋代敕书到各州，也要告示百姓。隋文帝时，襄州总管田式为人"刻暴"，"每赦书到州，式未暇读，先召狱卒，杀重囚，然后宣示百姓"。④唐代也有地方官员宣读皇帝诏敕的制度。陈子昂《上军国利害事》说："臣窃惟刺史、县令之职，实陛下政教之首也。陛下布德泽，下明诏，将示天下百姓，必待刺史、县令为陛下谨宣之。故得其人，则百姓家见而户闻；不得其人，但委弃有司而挂墙壁尔。"⑤对于有些官吏在诏敕下达州县后却不向百姓宣示的行为，唐玄宗颁布诏书予以训诫："凡制令宣布，皆所以为人。如闻州县承敕，多不告示百姓，咸使间巷间不知旨意，是何道理？宜令所由捉搦，应有制敕处分事等，令终始勾当，使百姓咸知。如施行有违，委御史访察奏闻"⑥。日本僧人圆仁在《入唐求法巡礼行记》中记录了一次宣读朝廷诏书的仪式的集会，人员不仅有"州判官、录事等，县令、主簿等，兵马使、军将、军中行官"，还有"百姓、僧尼、道士"。这些人"各依职类，列在庭东边，向西而立"，使君"令两衙官披诏书，其二人着绿衫。更有衙官两人互替读，声大似本国申政之声"⑦。宣读诏书的仪式庄严有序，带有权威象征性意义。

迨至宋时，皇帝敕书传达至地方时，州级的官员既要出外迎接诏书的传达，还要聚集官僚、吏人、将校、士兵、僧道、民众等，并"向到会者朗朗地宣读敕文"⑧。真

①班固.汉书：第六册[M].北京：中华书局，1962：2336.

②司马相如.喻巴蜀檄[M]//萧统.文选.海荣，秦克，标校.上海：上海古籍出版社，1998：362.

③许敬宗.日藏弘仁本文馆词林校证[M].罗国威，整理.北京：中华书局，2001：403.

④魏徵，等.隋书[M].北京：中华书局，1973：1694.

⑤陈子昂.陈子昂集[M].徐鹏，校点.上海：上海古籍出版社，2013：208.

⑥董诰，等.全唐文：第一册[M].北京：中华书局，1983：335.

⑦圆仁.入唐求法巡礼行记[M].顾承甫，何泉达，点校.上海：上海古籍出版社，1986：88-89.

⑧久保田和男.关于宋朝地方敕书的传达：以出迎和宣读为中心[M]//邓小南，曹家齐，平田茂树.文书·政令·信息沟通：以唐宋时期为主：下册.北京：北京大学出版社，2012：585-601.

德秀《福州谕俗文》告诫民众："尔民幸遇清平之政，宜知爱身寡过、务本著业，毋喜斗，毋健讼。"最后叮嘱道："此榜到日，所在耆老仁贤，宜为开说，使之通晓；宜为劝勉，使之兴起"。①敕书的颁布也是如此。如，元符三年（1100）四月，登基三个月的徽宗又喜得龙子，于是"思布惠泽于天下"，下诏免除元符二年以前百姓拖欠朝廷的债务以及元符二年的秋苗钱。程俱《吴江县申乞准赦放秋苗议状》记载："宣赦之日，百姓闻之皆稽首感忭，欢颂之声如出一口，寻已翻黄张挂及行下乡村晓示人户。"②政和二年（1112）十一月，徽宗诏令有司"类次诏书律令可以训民者为一书"，"州县委官专掌，孟月属民而读之"。③淮东提刑司所在州，"前年春大赦天下，赦到，吏民会听于州南门"④。

皇帝、中央机构及州县的行政决策均以公文的形式逐级向下做出实施安排。因而，基层社会是榜文所负载的规章、律令等政务信息达至民众的关键所在，其中地方官员的作为至关重要。以劝农文为例，地方官写好劝农文后，要召集父老集中听读，然后在各处张贴，由父老向民众宣讲。真德秀《长沙劝耕》诗曰："是州皆有劝农文，父老听来似不闻"。⑤但在实际执行中，地方官劝农之举也难免走形式。胡太初批评劝农之举变成了地方官员的春日郊游活动："令以劝农系衔，朝廷以劝农著令，非不勤至。今也不然，岁二月望，为文数行，率同寮出近郊，集父老读之，饮食鲜少，甚至折钱。事毕，即自携酒肴妓女，宴赏竟夕，实意安在哉？"⑥

地方官员邀请作为乡役人的保正、耆长等人对榜文的内容进行宣讲、解说。这些乡役人是地方官周围的重要人物，即所谓"官人视事，则左右前后皆吏人也"⑦，他们将各种信息（公文）传达给乡民，并负责具体执行。宋人所说的"监司行下州郡，州郡行下县道，县道行下保正，保正敷之大小保长，大小保长抑勒百姓"⑧，体现了这一

①真德秀.西山先生真文忠公文集［M］.上海：上海书店，1989：715-716.

②程俱.北山小集［M］.上海：商务印书馆，1934：505.

③徐松.宋会要辑稿：14［M］.刘琳，刁忠民，舒大刚，等校点.上海：上海古籍出版社，2014：8239.

④邹浩.送靖检法序［M］//曾枣庄，刘琳.全宋文：第一三一册.上海：上海辞书出版社；合肥：安徽教育出版社，2006：232.

⑤真德秀.西山先生真文忠公文集［M］.上海：上海书店，1989：14.

⑥胡太初.昼帘绪论［M］.北京：中华书局，1985：3.

⑦陆九渊.陆象山全集［M］.北京：中国书店，1992：72.

⑧黄榦.安庆府拟奏便民五事［M］//曾枣庄，刘琳.全宋文：第二八七册.上海：上海辞书出版社；合肥：安徽教育出版社，2006：309.

过程。乡役人的职责之一，就是口头宣传朝廷、各级官府既定政策、律令。如，神宗时，彭汝砺奏称："凡国之政教刑禁之要，各以时宪于州县乡保，使有司读谕而教之，曰：其言如是，则其法如是；其罪如是，则其刑如是。使天下之民知天子所以教爱之如此，而得有所避也，刑可得而省矣"①。也就是要求州县乡保向民众以口头方式传达朝廷法令。张载为云岩县令时，"有所教告，常患文檄之出不能尽达于民，每召乡长于庭，谆谆口谕，使往告其里闾"②。苏轼在《与朱鄂州书》论说当时的生子不举之风时，建议说："准律，故杀子孙，徒二年。此长吏所得按举。愿公明以告诸邑令佐，使召诸保正，告以法律，谕以祸福，约以必行，使归转以相语。仍录条粉壁晓示，且立赏召人告官，赏钱以犯人及邻保家财充，若客户则及其地主"③。"使归转以相语"即是让保正向百姓辗转口头宣传律令条款。绍兴二十九年（1159）二月，高宗奏准的进言称："出卖没官田宅，见有承佃去处，令知、通、令、佐监督合干人估定实价"，"分明开坐田段坐落、顷亩、所估价直，出榜晓示"，另要差"耆保逐户告示"。④也就是要求耆长或保正、保长挨家挨户上门口头通知。朱熹在《龙岩县劝谕榜》中也述及对不识文字的"细民"要"约束官吏务宣教化"，并"榜龙岩县管下，遍行晓谕上户豪民，各仰知悉。其有细民不识文字，未能通晓，即请乡曲长上详此曲折，常切训诲"。⑤同时，他也认为榜文语言须通俗易懂："如今榜文晓谕俗人者，方言俚语随地随时各自不同"⑥。如此，榜文内容的公示于众与解说者口头对民众的宣讲两相结合，以使民众得以尽快地了解、

①彭汝砺.乞以政教刑禁明谕于民奏[M]//曾枣庄，刘琳.全宋文：第一〇一册.上海：上海辞书出版社；合肥：安徽教育出版社，2006：70.

②吕大临.横渠先生行状[M]//张载.张载集.章锡琛，点校.北京：中华书局，1978：382.

③苏轼.苏轼文集：上[M].顾之川，校点.长沙：岳麓书社，2000：416.

④徐松.宋会要辑稿：12[M].刘琳，刁忠民，舒大刚，等校点.上海：上海古籍出版社，2014：7443-7444.

⑤朱熹.晦庵先生朱文公文集[M]//朱熹.朱子全书：第25册.朱杰人，严佐之，刘永翔，主编.上海：上海古籍出版社；合肥：安徽教育出版社，2002：4628.

⑥黎靖德.朱子语类[M]//朱熹.朱子全书：第16册.朱杰人，严佐之，刘永翔，主编.上海：上海古籍出版社；合肥：安徽教育出版社，2002：2629.

接受榜文内容，也在一定程度上避免榜文只是"徒挂墙壁"[①]而成为虚文。可见，宋代将法令以榜文形式公之于众后，为了使民众真正懂法守法，还要请人诵读、讲解，将政令内容传达到乡里基层。

虽然有学者认为"宋代社会民众识字率提高的主要表现，是文字知识的普遍化趋向，也就是说社会各阶层中能够断文识字的人的比率具有普遍增加的现象"[②]，但对于榜文的阅读者多为农民和市民阶层而言，普遍偏低的识字率成为榜文阅读的障碍。因此，要使识字不多甚至文盲的民众了解官府榜文的内容，榜文的措辞就不能过于文雅，而须尽量做到浅显易懂。榜文对语言简明、通俗的要求在劝农文中得到较为集中、突出的体现。地方官员在劝农文中较为自觉地使用"词鄙""俗通""里巷"之语。如，许及之自称在劝农时"词鄙惟期与俗通"[③]，使用顺口溜的形式从"一劝农家"一直写到"十劝农家"[④]，以便于百姓接受；陈傅良直言自己所作的劝农文用的是"里巷通晓之言"[⑤]；真德秀认为劝农文要使百姓通晓易识，最好做到"不教言语太艰深，为要人人可讽吟"[⑥]，否则"劝谕虽有文，古语杂奇字，田夫莫能读，况乃识其意"[⑦]；黄震在《咸淳七年中秋劝种麦文》中使用的诸如"只是抚州田土好，出米多，常年吃白米饭惯了，厌贱麦饭"[⑧]等口语化的句子，更易于父老向民众宣讲，民众也乐于接受，其劝农传播效果自不待言。

此外，就形式而言，榜文的篇幅也不宜过长。熙宁年间，知审刑院苏颂指出："夫

---

①周必大在淳熙六年（1179）五月议论明堂赦书时也说："多因诸部条具而去取之，文词虽繁，卓然可行者少，故州县亦视为常程，未免徒挂墙壁。"（周必大《论详议明堂赦书札子》，载曾枣庄、刘琳《全宋文》第二二八册，上海辞书出版社、安徽教育出版社2006年版，第82页。）黄震《上渊圣皇帝》："自崇宁迄宣和，宽恤之诏，岁一举之，宣之通衢而人不听，挂之墙壁而人不视，以其文具而实不至故也"（黄震《黄氏日抄》，载黄震《黄震全集》第5册，张伟、何忠礼主编，浙江大学出版社2013年版，第1458页）。

②包伟民.中国9到13世纪社会识字率提高的几个问题[M]//包伟民.传统国家与社会：960-1279年.北京：商务印书馆，2009：299.

③许及之.劝农毕事呈同官[M]//曾唯.东瓯诗存：上册.张如元，吴佐仁，校补.上海：上海社会科学院出版社，2006：121.

④许纶.涉斋集[M]//景印文渊阁四库全书：第1154册.台北：台湾商务印书馆，1986：510.

⑤陈傅良.陈傅良先生文集[M].周梦江，点校.杭州：浙江大学出版社，1999：563.

⑥真德秀.西山先生真文忠公文集[M].上海：上海书店，1989：15.

⑦真德秀.西山先生真文忠公文集[M].上海：上海书店，1989：717.

⑧黄震.黄氏日抄[M]//黄震.黄震全集：第7册.张伟，何忠礼，主编.杭州：浙江大学出版社，2013：2222.

圣王之法，欲其简约而明白，使人易避而难犯．然后垂之久远，为不刊之典"。如果条约繁冗，不仅"州郡烦费抄录"，"若欲出榜晓示，则数千余言，有司看览尚或不悉，岂庸愚兵卒能尽晓耶？以此言之，备录行遣，徒有惑乱，都无所益"。[①] 强调法律条文借助榜文宣示民众须简单明了。由此，即使是篇幅稍长的成文诏敕，有时也会删减之后再出榜。如，张纲《华阳集》记载，参知政事张纲担心诏令"颁降重复，官吏奉行不虔，恐民庶不能通知"，于是命令官员"取其切于利民者得八十余事，止标大意及降旨月日，其间繁文一切削去，奏乞镂版宣布中外，仍令州县揭诸粉壁。于是天下晓然皆知吾君之德意矣"[②]。徽宗政和六年（1116）正月，《五礼新仪》成书，通判李新为推行《五礼新仪》，"将新仪指摘出榜，书写墙壁，务为推行之迹"[③]。所谓"指摘出榜"，就是将榜文中的主要内容摘录出来，写在墙壁上，公之于众。在朱熹看来，讲读与在粉壁上书写、公示法律规章相得益彰。他认为，"《周礼》岁时属民读法，其当时所读者，不知云何。今若将孝弟忠信等事撰一文字，或半岁，或三月一次，或于城市，或于乡村，聚民而读之，就为解说，令其通晓；及所在立粉壁书写，亦须有益"。[④] 这也符合当时社会民众的识字率低、绝大多数无读写能力的实情，即如御史中丞邓绾所说："夫田墅山谷之氓，止知蚕而衣，耕而食，生梗畏怯，有自少至老，足不履市门，目不识官府者；有生平不敢自出输税，而倍价募人代之输者。其于文字目不能识，手不能书，岂能晓有司簿法之巧说，吏文之烦言，榜式状之委曲苛细耶？"[⑤] 因此朱熹在绍熙三年（1192）所作的《劝农文》，不仅"本州节次印给榜文，劝谕人户，莫非孝弟忠信、礼义廉耻之意"，"恐人户未能遍知"，特地"别具节略，连粘在前"，还"请诸父老常为解说，使后生子弟知所遵守"，并在榜文的最后又强调："右今出榜散行晓谕外，更

①苏颂．奏乞今后冲改条贯并委法官详定［M］//苏颂．苏魏公文集：上．北京：中华书局，1988：251-252.

②张纲．华阳集［M］．上海：商务印书馆，1936：806.

③李新．乞州郡讲习五礼新仪札子［M］//曾枣庄，刘琳．全宋文：第一三三册．上海：上海辞书出版社；合肥：安徽教育出版社，2006：328.

④黎靖德．朱子语类［M］//朱熹．朱子全书：第17册．朱杰人，严佐之，刘永翔，主编．上海：上海古籍出版社；合肥：安徽教育出版社，2002：2877.

⑤李焘．续资治通鉴长编：第十一册［M］．北京：中华书局，2004：6605.

请父老各以此意劝率乡间，教戒子弟，务令通晓，毋致违犯"。[①]李元弼《知县事榜》也有类似的记载："访闻人户自来递相仿效，不依限送纳税赋……盖是愚民全无识虑。须至告示者。右仰诸乡村通晓父老，详认今来告示，互相讲劝愚顽之人……亦免人户枉遭刑责。"[②]嘉定年间，真德秀任潭州知州，到任之初发布《潭州谕俗文》，"以诚心实意，谆谆告谕，其不识文义者，乡曲善士当以俗说为众开陈，使之通晓"[③]。绍定时，真德秀再知泉州，发布《泉州劝孝文》，以孝亲守法等义教导百姓："今请乡党邻里之间，更相劝勉，其有不识文义者，老成贤德之士当与解说，使之通晓"[④]。其中所说的"父老""老成贤德之士""乡曲善士"等是"耆年有德者"，也就是当地乡村年长的智者，德高望重，与地方官府关系密切，是基层民众的代言人，也是基层社会的重要力量，由他们为百姓宣讲榜文、劝谕乡亲具有说服力。

为便于民众理解，官府对书写而成的榜文（即书榜、写榜）所用的字体及其大小也有要求，即要使用醒目易认的"大字"且端庄的楷书（真书），也就是"通知条法，大字楷书榜要闹处，晓告民庶"[⑤]"大字榜示人户"[⑥]，等等。如果榜文书写上"行行蛇蚓字相续"，使用了民众难以辨认的草书，虽"村村镂榜黏春风"，但"野农不识何由读"[⑦]；加之，语言上又艰深晦涩的话，很容易造成"墙壁虽有劝农文，不如禽语犹殷勤"[⑧]的后果。建炎时，吕好问曾就"布告之书"提出："今日布告之书，当令明白易晓，不必须词臣"。高宗"遂命太常少卿汪藻草书，御封付御史台看详，然后行下"[⑨]。

---

①朱熹.晦庵先生朱文公文集［M］//朱熹.朱子全书：第25册.朱杰人，严佐之，刘永翔，主编.上海：上海古籍出版社；合肥：安徽教育出版社，2002：4627.

②李元弼.作邑自箴［M］//杨一凡《历代珍稀司法文献：第一册》.北京：社会科学文献出版社，2012：62.

③真德秀.西山先生真文忠公文集［M］.上海：上海书店，1989：707.

④真德秀.西山先生真文忠公文集［M］.上海：上海书店，1989：713.

⑤李元弼.作邑自箴［M］//杨一凡.历代珍稀司法文献：第一册.北京：社会科学文献出版社，2012：28.

⑥徐松.宋会要辑稿：10［M］.刘琳，刁忠民，舒大刚，等校点.上海：上海古籍出版社，2014：6071.

⑦利登.野农谣［M］//金性尧.宋诗三百首.上海：上海古籍出版社，1995：388.

⑧刘克庄.布谷［M］//李森，王淑娟.历代谐趣怪异诗三百首.长春：时代文艺出版社，1995：349.

⑨李心传.建炎以来系年要录：一［M］.胡坤，点校.北京：中华书局，2013：121.

敕榜是公开的"王言",其行文须用语准确、庄重之外,考虑到阅读、听闻敕榜的也包括一些普通民众,因此敕榜有时用语不可过于深奥、生僻。熙宁时,神宗诏令郭逵等审议邕、钦二州溪峒事宜,郭逵等言:"看详朝廷前降敕榜,窃虑边人不晓,文告之辞须至画一,直说事理,所贵人人易晓"①。绍兴三年(1133)七月,"宰执进呈抚谕韩世忠军士敕榜条目",高宗批示:"卿等更加改定,又不可太文,使三军通晓。春秋时,楚围萧,萧溃,申公巫臣请楚庄王曰:'师人多寒,王巡三军,拊而勉之。'三军之士皆如挟纩。言之感人深也如是。今抚勉世忠军士,宜仿此"②。这也就是所说的"虽武夫远人晓然知上意所在云"③,然后才能谈得上被感化。

二、榜文内容提供吏民为官准则和行为规范、生(产)活常识

有人在论及公文的约束力时说:"在古今公文中,有相当一部分文体具有加强行为规范的作用。这类公文在一定范围和一定时间之内,规定着人们行动的方向、生活的法则;在某一专门问题上明确规定应该怎么做,不应该怎么做,具有严格的约束力。"④宋代皇帝、中央机构及各级地方官府的榜文多缘于具体事由而发布,在推行具体行政事务的同时,申明国家法律和公示官府制定的政策、法令,要求臣民一体遵守,就此而言,榜文具备法律的规范性和强制性。榜文处置政务的时效性及因事出榜的灵活、应变的特点,既能够弥补朝廷及地方官府一定时期内具有稳定性的法律、制度当初设计的不足,又能够对各种新出现的情况及突发事件予以及时应对,因而成为政府进行社会管理的行之有效的工具之一,榜文可谓是国家较为稳固的法律、政令体系的灵活而有效且必要的补充。

榜文的基本功能是官方政务信息告知。宋代典籍中常见的"敕榜朝堂"的敕榜,其功能之一是"戒励百官",榜示对象是在朝或全体官员,内容一般是通告处理近期朝政要事,借以申明为官之道。例如,太宗"尝作戒谕辞二付阁门,一以戒京朝官受任于外者,一以戒幕职、州县官。丁未,令阁门于朝辞日宣旨勖励,仍书其辞于治所屋壁,

①李焘.续资治通鉴长编:第十一册 [M].北京:中华书局,2004:6767.

②徐松.宋会要辑稿:7[M].刘琳,刁忠民,舒大刚,等校点.上海:上海古籍出版社,2014:4107.

③脱脱,等.宋史:第三三册 [M].北京:中华书局,1977:11683.

④雷仲康.官以书治职 民以契明事:论公文的演变与作用 [J].江汉大学学报,1997(5):76.

遵以为戒"①。神宗"诏百官言朝政阙失，榜于朝堂"，并"于诏语中设六事以禁切言者"，②以此诫勉官吏直言进谏。地方官员也常利用榜文整肃吏治，规范行政行为。如，孝宗时，朱熹认为州县"差官遍往乡村检视。每见差出官员多是过数带人从，反行须索，搔动村落。以纳图册为名，不论人户高低，每亩科配顷亩头性之类。又不亲行田亩，从实检校，反诉荒人户非理监系，勒令服熟，殊失救荒恤民之意"，因此发布晓示官吏的《约束检旱》榜文予以约束："今来当职斟酌，每官一员止得带厅子一名，吏贴一人，当直八名。仰从本州县陈乞，计日给钱米，各自赍行，并不许分毫搔扰保正副及大小保长。须亲行田亩，从实检放。如有违戾，许人户径到本司陈诉，切待追治施行"。③朱熹通过榜文约束官员行为，尽量避免官员扰民，并在榜文中晓谕人户可以陈诉扰民之事，以保证荒政的顺利实施。黄榦于嘉定年间也发布《戒约隅官保长以下榜文》约束官吏："隅官、保长、大小甲首皆合律己奉公，怜贫悯老，抚恤甲户，守护乡里。乃敢倚恃声势，擅作威福，出入呵道，恐吓细民，点名教阅，恣行捶挞，单丁贫户，勒造军器，供报纸笔，敷抑钱物，搜索微罪，报复私仇。将以保民，反以害民。除已密切体访，应有违犯，定行决配，不以荫赎。今榜晓谕，各宜知悉"④。黄榦在榜文中言明官吏若仗势欺民，会受到"绝配"且不许"荫赎"的惩罚。

在信息传播渠道缺少且不是很畅通的条件下，绝大多数百姓获取信息的方式和渠道是观看和听闻除仅"敕榜朝堂"之外的中央机构、地方官府榜文，不同程度接收（受）榜文传递的官府的政令法规等信息，从而规避违法行为，并以此作为日常言行的依据和规范。为此，对与百姓日常生活密切相关的法律、赋税和农桑等方面的内容，官府常"以其条律之大者榜之墙壁，明白戒晓，曰某事犯某法，得某罪，使之自为趋避"⑤。地方官府还借助榜文传播社会生产、生活的最新动态信息，以便民众了解、掌握，并将这些信息运用于他们的生产、生活中。粮食生产从来都是农耕社会的头等大事。朱

---

①李焘.续资治通鉴长编：第一册［M］.北京：中华书局，2004：543.

②毕沅.续资治通鉴：第五册［M］.北京：中华书局，1957：1960.

③朱熹.晦庵先生朱文公文集［M］//朱熹.朱子全书：第25册.朱杰人，严佐之，刘永翔，主编.上海：上海古籍出版社；合肥：安徽教育出版社，2002：4610.

④黄榦.勉斋集［M］.景印文渊阁四库全书：第1168册［M］.台北：台湾商务印书馆，1986：398.

⑤胡太初.昼帘绪论［M］.北京：中华书局，1985：3.

熹说："窃惟民生之本在食，足食之本在农，此自然之理也。"① 为保证农民有生活保障，政府在小麦、水稻等农作物的良种选育、技术推广等方面也不遗余力。如，大中祥符年间，此前福建已大面积引种的占城稻，因具有"耐水旱而成实时早"且"不择地而生"的优点，真宗遂"遣使就福建取占城稻三万斛，分给三路为种，择民田高仰者莳之"，并"内出种法，命付转运使揭榜示民"。② 该"种法"于浸种、育秧、成熟的时间及技术细节等在榜文中均有详细介绍，以便民众在具体实施时有所依据。黄震在榜文中劝导南方百姓种麦，改变他们的饮食观念："贵为天子，尚且尝麦，而尔农弃之乎？尊如宗庙，亦必荐麦"，并要求百姓"连群合本，早籴麦种，及时多种，无力出境籴种者，田主助之，既得稻熟，又得麦熟，贫者可以饱足，富者可以免扰，田里相安，即是太平"③。其他亲民的地方官在发布的数量众多的因应农事、农时的劝农文中，也多有诸如教民耕种、种养、水利和施肥等农业生产知识的简要介绍。

民众的日常生活离不开医药对身体的护佑。如，嘉泰时，宁宗采纳臣僚建议，"命太医局选民间所常用及已试有效、简要可行之方，集为一部，颁之诸路监司，监司行之州县，州县又撮其要者，大书揭示于聚落要闹去处"④。通过榜文扩大了医药（方）知识在民间的普及推广，民众获取生存必需的简便易用的医药（方）实用知识更为便捷。

对于民众日常的娱乐活动如饮酒、赌博等，地方官也常发布榜文，劝说百姓适可而止，不宜过度沉溺其中。如，真德秀在《泉州劝农文》中说："第一勿好饮，好饮多招累，颠冥触罪罟，太半缘酷醉；二则勿好博，好博为身祟，但观盗窃徒，多起摴蒲戏"，其要旨在于防患于未然。榜文还时常告诫农民只有勤于农事才会有"父母怡怡，妻子熙熙"⑤ 的好日子，这对民众树立明确的生活目标不无裨益。

---

① 朱熹.晦庵先生朱文公文集［M］//朱熹.朱子全书：第 25 册.朱杰人，严佐之，刘永翔，主编.上海：上海古籍出版社；合肥：安徽教育出版社，2002：4588.

② 脱脱，等.宋史：第一三册［M］.北京：中华书局，1977：4162.

③ 黄震.黄氏日抄［M］//黄震.黄震全集：第 7 册.张伟，何忠礼，主编.杭州：浙江大学出版社，2013：2222.

④ 徐松.宋会要辑稿：12［M］.刘琳，刁忠民，舒大刚，等校点.上海：上海古籍出版社，2014：7370.

⑤ 真德秀.西山先生真文忠公文集［M］.上海：上海书店，1989：716-717.

三、借助榜文所征集的公众意见成为政府施政的来源、依据

封建时代的皇帝"受命于天"，拥有无上的权力，但因诸多复杂因素所造成的信息传播不畅，使得皇帝的决策也具有未知性和不确定性。正因如此，宋代皇帝对真实信息尤其是来自基层民众的声音给予一定的重视。仁宗曾对辅臣说："比日上封言政事得失者少，岂非言路壅塞所致乎？其下阁门、通进银台司、登闻理检院、进奏院，自今州县奏请及臣僚表疏，毋得辄有阻留。"① 仁宗对言路通达的担忧具有代表性，从而凸显出下情上达的必要性，而榜文则从中起到了官府与民间沟通的桥梁作用。这是因为，榜文作为一种下行公文的行政约束力不能简单地视作"命令—服从"的单向过程。即如有学者所指出的，宋代州县官府榜文的颁布不仅是其行政运作的手段，同时，其相关政策措施的出台也是"在官府的调查、民意的上达这种官民互动过程中形成的"②。不仅州县地方官府如此，政府在某些政策实施之前也以榜文作为官方与民间沟通的工具。如，天圣时，仁宗命三司使李谘等人实行茶法改革，但所拟定的方案引起豪商巨贾的激烈反对，以致"朝廷疑变法之弊，下书责计置司"③。李谘等人"既条上茶法利害"，说服仁宗接受其建议，于是"朝廷亦榜谕商贾以推行不变之意，然论者犹争言其不便"④。再比如，"支移折变"是两种输纳赋税的方式，朝廷对支移折变有具体规定："诸税租合科折之物，转运司量地里远近，审量丰歉、土产有无，于起纳九十日前，以物名数行下，仍具月日申尚书户部。州限三日以应支移等第及受纳处送县，县限五日出榜晓示。其创支移者，具奏听旨"⑤。庆历时，仁宗颁诏令于诸路转运司，要求"夏秋税支移折变"的征收办法须"半年前揭榜晓谕之。民有未便者，许经所属投状申转运司详度施行"⑥，即凡有不同意见的吏民允许经所辖投状申诉。官府对官吏、民众的申诉不予采纳时，有时也以榜文的形式反馈并给出理由。咸淳年间，抚州遭受严重饥荒，

---

① 李焘.续资治通鉴长编：第七册［M］.北京：中华书局，2004：4176.

② 高柯立.宋代的粉壁与榜谕：以州县官府的政令传布为中心［M］//邓小南.政绩考察与信息渠道：以宋代为重心.北京：北京大学出版社，2008：444-445.

③ 李焘.续资治通鉴长编：第四册［M］.北京：中华书局，2004：2360.

④ 李焘.续资治通鉴长编：第四册［M］.北京：中华书局，2004：2387.

⑤ 谢深甫.庆元条法事类［M］//杨一凡，田涛.中国珍稀法律典籍续编：第1册.哈尔滨：黑龙江人民出版社，2002：667.

⑥ 吕祖谦.历代制度详说［M］//金沛霖.四库全书子部精要：下册.天津：天津古籍出版社，1988：172.

青黄不接，黄震临危受命，赴任知州途中即先遣发送榜文劝谕上户赈灾救济。在主持赈灾三月余的时间内，黄震先后发出二十篇榜文，分别采取道德规劝、官职奖励和强行出粜等手段劝谕富民粜粮赈灾。

中央机构和地方官府对政令实施过程中民众的异议、不满，也往往不会置之不顾，而是倾听民意，并因应情势变化而采取相应的撤榜、收榜等措施，终止政令的执行，避免事态向不利的方面发展。如，靖康元年（1126）一月，宋朝为与金人议和，钦宗听从中书侍郎王孝迪的建议，"揭榜立赏，括在京军民官吏金银，违者斩之，都城大扰"。榜文中有云："恐兵众犒赏不均，必致怨怒，却来攻城，男子尽杀，妇女驱虏，屋宇焚烧，金银财物竭底将去。"本想以恐吓性词语逼迫百姓交出金银，反而引发民众对朝廷的不满，"读之者莫不扼腕唾骂"。① 括银期限届满，钦宗听从李纲"民力已竭，复许告讦，恐生内变"的警告，令李纲"可往收榜"，于是"人情乃安"。② 同年二月，太学生陈东等为时局伏阙，开封府衙此前"出榜学门，指伏阙上书为意欲作乱，一曰当行军法，二曰当致极刑"③，最后也以官府"弭榜"结束。朝廷频繁出榜传递了大量有关时局的信息，民众对当前形势愈发了解，由不满朝廷腐败的政治情势，转向参与舆论活动，试图改变事件的政治走向，于是有了数万太学生与民众伏阙，要求起用李纲，以期振衰中兴的集体请愿。④ 有学者认为，榜文"虽然并非上下阶层真正而实质的交流沟通，却也发生意想不到的互动效果，无论是正面或负面的反应"⑤。较之于有学者所论之唐代所具有的"官民互动式"⑥榜文，宋代榜文显然更具有官民互动的性质。也因此，"榜有助于宋代民意的形成与发展，其影响力远胜于当时的邸报"⑦。

可以看出，封建朝廷及地方各级官府在政策制定、实施时不能忽视民众提出的意见，

---

① 徐梦莘.三朝北盟会编：上 [M].上海：上海古籍出版社，1987：226-227.

② 李纲.靖康传信录 [M].北京：中华书局，1985：9.

③ 陈东.辞谢命上钦宗皇帝书 [M]// 丁守和，等.中国历代奏议大典（辽宋金元卷）.哈尔滨：哈尔滨出版社，1994：410.

④ 朱传誉.宋代新闻史 [M].台北：中国学术著作奖助委员会，1967：140.

⑤ 杨宇勋.宋朝民间对救荒榜的正负反应 [M]// 邓小南，杨果，罗家祥.宋史研究论文集（2010）.武汉：湖北人民出版社，2011：156.

⑥ 有学者认为，《广顺三年（953）十二月十九日归义军节度使曹元忠榜》"是一份官民互动式的文书，它在结尾部分留有数纸余白，供报名移居的百姓填写"。参见雷闻《榜文与唐代政令的传布》，载荣新江《唐研究》2013 年第 19 卷，第 75 页。

⑦ 朱传誉.宋代新闻史 [M].台北：中国学术著作奖助委员会，1967：140.

而在适当的范围内做出调整甚至妥协、让步，对既定的政策进行修订、完善，有时甚至终止正在执行的政策。因此，地方政府、中央机构乃至皇帝对相关政策的制定及实行并非官方单方面的独断专行，而是有民众借由观看、听闻榜文而发表看法所凝聚而成的公众舆论夹杂其中，这些因素也成为官府政策制定及实施的来源之一，也体现出官方榜文的传播及反馈（效果）是统治者政治决策、政务推行的重要参考依据。如此说来，榜文不仅仅是政务信息传播的媒介，更成为国家权力与民间秩序互动、整合的重要媒介。

四、榜文是推行封建政权合法性的工具、手段

美国学者罗伯特·哈特威尔（Robert Hartwell，中文名郝若贝）在《750—1550年中国人口、政治与社会转型》（Demographic，Political，and Social Transformation of China，750—1550）中指出，决策和政策的有效执行可以看做是信息从下属机构向中央政府的流动以及随之发生的命令、批示发向有关专门机构的问题，因此权力的关键在于对信息的控制。[①] 在中国古代封建政体的实际运行中，信息与权力是直接相关的：能否掌控有效信息（当然也包括传播媒介、传播设备、传播途径和传播手段等），往往决定着能否真正地控制权力。其中，官方对外传播媒介（如榜文、邸报等）所拥有的媒介权力仰赖于其对相关（政治）资源的占有、控制和使用，从而使其成为国家政治权力的附庸和社会控制的基本手段。"从一个比较长的历史阶段看去，政治权力在要求媒介权力的依赖的同时，也深深地依赖于媒介权力。媒介权力装饰了政治权力的社会形象，证明着政治权力的合法性。"[②] 因此，"政治与媒介分别作为权力的两种形态，即硬权力与软权力，其关系正是相互依赖的关系"[③]。

作为一种官方文书，榜文形式上是政府发布的文告，通过政务信息的传递、传播来执行体现着代表权力的政令的推行功能，维持封建王朝的正常运转。同时，从内容上看，官方榜文及其传播体现了一种对权力的拥有和宣示，并成为权力内涵得力的阐释；从形式上看，作为封建政权的最高统治者，皇帝颁发诏令不仅有着隆重而庄严的仪式，

---

①ROBERT M. HARTWELL. Demographic，Political，and Social Transformations of China，750—1550[J].Harvard Journal of Asiatic Studies，1982，42（2）：394.

②吴予敏.帝制中国的媒介权力[J].读书，2001（3）：79.

③贺建平.西方媒介权力批判[M].重庆：重庆出版社，2004：278.

诏令用纸的规格是官府文书中最高的，形制也是官文书中最大的，所谓"诸诏敕纸（高一尺三寸，长二尺者。余官司纸高长不得至此。）及写宣纸各不得私造及卖，违者，纸仍没官"①。依皇帝诏旨发布的榜文专称为敕榜、黄榜和皇榜，其他各级官府榜文也有专用纸张。皇帝以其"代天牧民"而赋予中央机构及各级地方官府榜文使用的正当性、合理性。总之，宋代帝王、中央机构及地方各级官府无一不是通过发布榜文来呈现、实现其对社会的管理权，进而完成社会治理的职能。在这一过程中，榜文不仅是看得见的实体存在，同时也建构着想象的至尊皇权和威严律令的符号、象征。

在法国社会学家布迪厄看来，国家"就可以被看作是诸场域的聚合体，是种种斗争的场所。在这些场域的聚合体中，各方争斗的关键目标"就是"垄断具有合法性的符号暴力"，而"这种合法的符号暴力，就是这样一种权力，即在一特定'民族'内（也就是在一定的领土疆界中）确立和强加一套无人能够幸免的强制性规范，并将其视之为普遍一致的和普遍适用的"②。此说若不谬，那么可以说，宋代榜文就是封建帝王、朝廷及各级地方官府为国家推行"合法的符号暴力"的一种工具、手段。通过这一工具、手段，封建政府面对吏民有效地宣示律令、约束等，传递行政指令，加强对基层社会的控制，实现榜文所承载的政治使命。

---

①谢深甫.庆元条法事类 [M]// 杨一凡，田涛.中国珍稀法律典籍续编.第 1 册.哈尔滨：黑龙江人民出版社，2002：346.

②皮埃尔·布迪厄，华康德.实践与反思：反思社会学导论 [M].李猛，李康，译.北京：中央编译出版社，2004：153.

第五章

宋代榜文的传播特征与政治传播功能

第一节　榜文的传播特征

一、新闻性

新闻性是指新近发生事情（件）公开传播的特性。新闻性所具有的真实性和及时性在宋代榜文中均有不同程度的体现。官方榜文的内容无一不是对当下社会现实或宏观或微观的不同程度的折射，因此其所反映的事件真实性应无异议（当然有意编造的另当别论）。宋代皇帝、中央机构及各级地方官府所发布的榜文多与日常行政事务的处置相关，榜文内容广泛，其中许多榜文都是官府针对新近发生的事件而发布。如，真宗大中祥符八年（1015）五月，荣王宫失火，朝廷发布《荣王宫火晓谕京邑榜》："近者亲王之第，遗燎旁延，颇闻京邑之人，盈衢引望，观濡救之未及，形忧戚以皆同。言念至诚，实嘉忠顺。故兹榜示，想宜知悉。"① 靖康二年（1127）正月，官府得知开封旧城里外各坊巷的一些居民"近来往往撰造言诏，唱说事端，聚众以防护为名，于炉头打造兵器，虑恐引惹生事，却致惊扰，深属不便"，于是枢密院"札送开封府疾速出榜晓谕，约束施行"，并要求"出榜朱雀门晓示"②。在宋、金、辽交战之际，官府榜文提供最新战况，成为民众重要的消息来源；同时，与战况相呼应，出榜数量众多且周期较之前大为缩短。据学者统计，从钦宗靖康元年（1126）一月一日至四月二十四日，开封府出榜一百三十多次③；从靖康元年（1126）一月金兵兵临城下到金人退兵的四十

---

① 佚名.宋大诏令集［M］.司义祖，整理.北京：中华书局，1962：687.

② 徐梦莘.三朝北盟会编：上［M］.上海：上海古籍出版社，1987：578.

③ 朱传誉.宋代传播媒介研究［M］//朱传誉.先秦唐宋元明清传播事业论集.台北：台湾商务印书馆，1988：171.

多天,宋廷出榜三十多次^①,几乎每天出榜一次。这种做法在战乱之时具有稳定人心的作用,是非常必要的。此外,前文述及谢太后揭榜朝堂对因元兵入侵而"避匿遁去"官员的谴责,临安府为禁绝小报而"重立赏榜",在市曹张贴缉拿盗贼、规范交易及风化民俗等各类榜文,官府对"非毁朝政"的匿名榜的严禁,对太学生陈东等为时局伏阙事件的出榜与弭榜,对"事魔聚众烧香等人""师巫庙祝之徒"的张榜禁绝,对狂人王师吴"揭榜通衢"的出榜处治,等等,无一不是新近发生的事件。这些事件借助官府榜文而传播开去,为当时身处信息传输不畅、新闻传播不甚发达的宋代社会普通民众提供了了解现实社会的信息、新闻,为吏民的为政准则、日常行为规范等提供导引。

榜文因事应时而公诸吏民,是宋朝对政令公布有严格的时限、不许稽迟的公文管理制度的要求,由此也规定了榜文的新闻性。以处置自然灾害为例,嘉祐年间,河北遭受蝗涝,"时伯州文水县不依编敕告示灾伤,百姓状诉,及本州不以时差官检视"。仁宗得知后下诏:"朝廷之政,寄于郡县;郡县之政,寄于守令。守宰之官,最为亲民,民无灾伤,尚当存恤,况有灾伤而不为管理,岂有心于恤民乎?"为此,"主簿赵师锡罚铜九斤,司户晁舜之、录事参军周约、判官冯珌各罚铜八斤,通判王嘉锡罚铜七斤,知县雷守臣冲替"。仁宗借此告诫左右:"所以必行罚者,欲使天下官吏,知朝廷恤民之意"^②。元符元年(1098)二月,哲宗认可的户部奏言称:"州县遇有灾伤,差官检放,乞自任受状至出榜,共不得过四十日"^③。这一规定是说,州县长吏从接收百姓诉状,到遣官下乡检视,确定放税租的种类及数量,并且贴出文榜告知民众,整个处置过程所用时间不得超过四十天;而对在此过程中不遵守检视、放榜时限规定的官员予以严肃处理。同年十月,太仆卿赵令铄在奏言中称:"太仆寺兑便收租钱,出榜稽滞,已送大理寺根究"^④。第二年,钟传与陆师闵合力"讨荡",却虚奏功赏,"有三千三百三十级系虚冒";不仅如此,陆师闵"六月十四日承受朝旨:'妄冒入限一月许自陈,与免罪'",但"直至十八日方出榜施行,及奏状内称'寻行出榜'",结果

①朱传誉.宋代传播媒介研究[M]//朱传誉.先秦唐宋元明清传播事业论集.台北:台湾商务印书馆,1988:180.
②董煟.救荒活民书 附拾遗[M].北京:中华书局,1985:18.
③李焘.续资治通鉴长编:第二十册[M].北京:中华书局,2004:11744.
④李焘.续资治通鉴长编:第二十册[M].北京:中华书局,2004:11980.

被降职任用。^①可见，政府对榜文公示稽迟的处罚也是毫不姑息。及时传布的榜文一方面保证了皇帝、中央机构和各级地方官府依据规定的时限及时处理日常及紧急政务，避免延宕，保证行政措施的正常推行；另一方面，及时处置公务的榜文也因此具有一定的时效性、新闻性。

榜文的书写、印刷等复制方式以及依照封建行政层级结构自上而下的传播形式，在及时、有效地传达官方政令的同时，也因一些榜文所具有的新闻性因素，使得榜文的发布可以称得上是时效性强、传播广泛的一种新闻传播方式。诚如方汉奇所指出："榜是邸报之外，封建统治者向庶士们公布朝廷政令和重大政治信息的又一种新闻传播手段。它比邸报具有更强的时间性，读者的范围普及于社会各阶层。"^②如此，在某种意义上说，榜文在宋代民众眼中是一种"新闻"载体，他们从中获知新近发生的、有价值的信息。对统治者而言，榜文所提供的新闻"向人们提供了同一感知和共同目标，甚至帮助专制统治者利用共同的威胁来控制人民"^③。

二、劝谕性

政治教化是中国古代统治者维持现有政治权威、巩固其政治合法性的基本理念和策略。这一理念和策略也体现在宋代榜文中。如，朱熹在淳熙八年（1181）的《劝农文》中说："当职昨为本军民间农事灭裂，累曾出榜，反复劝谕"^④，并提出教化民众的方式："又如孝弟忠信，人伦日用间事，播为乐章，使人歌之，仿《周礼》读法，遍示乡村里落；亦可代今粉壁所书条禁"^⑤。官府榜文有时在形式上还要求"大字榜示人户"^⑥，为的是方便民众观看，以便取得良好的教化效果。

---

①李焘.续资治通鉴长编：第二十册［M］.北京：中华书局，2004：12087.

②方汉奇.中国新闻事业通史：第1卷［M］.北京：中国人民大学出版社，1992：112.

③Bill KOVACH，TOM ROSENSIEL. Elements of Journalism：What News People Should Know and the Public Should Expect［M］. New York：Crown Publishers，2001：21.

④朱熹.晦庵先生朱文公别集［M］.朱熹.朱子全书：第25册.朱杰人，严佐之，刘永翔，主编.上海：上海古籍出版社；合肥：安徽教育出版社，2002：5000.

⑤黎靖德.朱子语类［M］//朱熹.朱子全书：第17册.朱杰人，严佐之，刘永翔，主编.上海：上海古籍出版社；合肥：安徽教育出版社，2002：3517.

⑥徐松.宋会要辑稿：10［M］.刘琳，刁忠民，舒大刚，等校点.上海：上海古籍出版社，2014：6071.

事实上，在宋代数量众多、内容各异的榜文中，地方官员发布的劝农（榜）文、谕俗（榜）文和劝学（榜）文等具有劝谕性的榜文属于独特的一类。其中，谕俗（榜）文往往结合某地民众生活、生产的实际进行相关法律规条宣传、封建伦理说教，有助于法律、禁约及礼教等内容深入基层社会，促进民众对国家所倡导的主流意识形态的认同，最终达到国家对基层社会控制的目的。宋代亲民的地方官当属县令，"县令之职，所以承流宣化，于民为最亲。民不知教，令之罪也"；"小人无所观法。若不晓告而加之罪，是罔民而刑之也"。① 真德秀在潭州任上所作的《潭州谕俗文》中，提出官民关系和谐相处之道："官之与民，谊同一家；休戚利害，合相体恤"，并将此"故今榜示，各宜知悉"，② 让民众广泛知晓。由此，州县地方官僚多将谕俗（榜）文看做是地方官员沟通官民关系、加强民众对官方政府的认同、进而实现政府与民间对接的有效工具。劝农（榜）文每年春耕即将开始时劝民耕种，指导农业生产、推广农业技术，以满足农民的生存需求、保证国家税赋。劝学（榜）文为勉励学子辛勤向学而作。宋代社会以读书入仕为尚，劝学（榜）文与科举取士联系紧密，内容多因惜时、为学识以及博功名而劝学，劝谕色彩鲜明。

总体来看，榜文的劝谕性主要不是诉诸行政的强制性，而是通过劝谕、说服阅听对象而实现其法律规条灌输、伦理观念教化的目的。榜文劝谕性的内容通常与民众的日常生活密切相关，而不作空泛的说教；形式上也力求简明、通俗，并辅以基层社会耆长、父老等人的宣讲，以便于文化程度不高的百姓的接受，从而达到作为传播者的皇帝、中央机构及地方官府劝谕的预期目的。当然，如果柔性说服手段对民众无效，此时则有法律惩戒来跟进，即所谓"汩丧廉耻，以自陷为奸，则有司之法在"③。事实上，劝谕与惩罚向来都是封建政权处理社会问题的两种兼施并用的手段，这在榜文中也有充分的体现。

三、指导性

在一个社会中，社会成员观念的形成是多方因素促成的，其中统治阶级的政策、

---

①郑至道.谕俗文［M］//曾枣庄，刘琳.全宋文：第九七册.上海：上海辞书出版社；合肥：安徽教育出版社，2006：116.

②真德秀.西山先生真文忠公文集［M］.上海：上海书店，1989：706.

③李石.方舟集［M］//郝春文.中华大典·经济典·土地制度分典1.成都：巴蜀书社，2013：131.

宣传对民众思想观念起着导引、形塑和固化作用。作为封建统治意志的体现，古代公文凭借政权、法律所赋予的特权，集中反映统治者的权力意志、政治目的和根本利益，将其制度、命令、决策和方针等信息传播出去，进而达到从思想、组织和行政上进行社会管理的目的。就榜文而言，宋廷一般采取张榜公示于吏民的方式对涉及政务推行、封建礼法、商业信息和突发情况等进行广泛传播，以便百姓通晓、遵行；而对不利于封建统治的信息（言语、文字以及图画等）、行为，如"教习词讼"、匿名文书、"非毁朝政"等也以发布榜文的形式一律禁止。宋代地方豪横有人以匿名榜来妖言惑众、煽惑人心，继而要挟官员。如，景德年间，曹州民赵谏在京师因为试图请托新任通判李及被拒，遂心怀恨意，"因帖榜言（李）及非毁朝政"，即张贴匿名榜，诽谤李及诋毁朝政。后来赵谏因其一贯"凶狡无赖，恐喝取财，交结权右，长吏多与抗礼，率干预郡政"而被问斩。① 对于江西等东南部地区民间诉讼频发，教授诉讼技法的讼学兴盛，严重干扰司法秩序的危害社会稳定的行为，朝廷发布相关诏书给予严厉处罚。如，仁宗"诏开封府皇城金吾司毋得以匿名文书上闻，其辄送官者论如律"②。高宗发布的明堂赦称："访闻虔、吉等州专有家学，教习词诉，积久成风，胁持州县，伤害善良。仰监司、守令遍出文榜，常切禁止，犯者重置于法。"③ 朝廷对进奏官为利益驱动而搜集、发送朝廷禁止传布消息的违法行为也严厉禁止。如，孝宗乾道六年（1170）四月，臣僚进言："近日每遇批旨差除，朝殿未退，事已传播，甚者诸处进奏官将朝廷机事公然传写誊（执）〔报〕。欲乞严行禁止"。孝宗"诏三省检坐条法，出榜晓谕"。④ 无论是对榜文所负载内容的传播还是禁止，代表官方意志的榜文都体现出对广大吏民思想和行为给予的具有鲜明指向性的导引、规范和惩戒作用。宋代皇帝、中央及各地官府就是凭借其行政层级网络传递、传播榜文，行使其行政管理、指导功能。

再者，官府榜文的主要功能在于推行日常政务，同时在一定程度上也承担着信息告知的功能。普通民众可从榜文中获知国家政策法规的倾向性，进而调整个人当前的

---

① 李焘 . 续资治通鉴长编：第三册 [M] . 北京：中华书局，2004：1345.

② 李焘 . 续资治通鉴长编：第七册 [M] . 北京：中华书局，2004：4179.

③ 徐松 . 宋会要辑稿：14[M] . 刘琳，刁忠民，舒大刚，等校点 . 上海：上海古籍出版社，2014：8378.

④ 徐松 . 宋会要辑稿：14[M] . 刘琳，刁忠民，舒大刚，等校点 . 上海：上海古籍出版社，2014：8386.

生活、生产状态，并为下一步行动提供指南、参考。如，劝农文中常告知百姓何时何地种植何种农作物最为有益。朱熹的《劝农文》中就出榜劝导百姓："山原陆地，可种粟麦麻豆去处，亦须趁时竭力耕种，务尽地力。庶几青黄未交之际，有以接续饮食，不至饥饿"①。朱熹在榜文中所倡导的农作物种植的多样化，可以使民众在青黄不接之时不致忍饥挨饿，还可增加百姓的收入。

宋代土地买卖兼并盛行，贫富分化严重，政府财政经费有限，官方救济机构及运行难以长久维系。与此同时，有识见的士大夫力图寻求基层社会控制的有效方式，其中举措之一，便是开展以宗族、乡里为中心赈济同族、崇尚义行的互助救济活动。个中最为突出者是范仲淹的义庄。仁宗皇祐二年（1050）十月，范仲淹在苏州访求宗族，"于苏州吴长两县置田十余顷。其所得租米，自远祖而下诸房宗族，计其口数，供给衣食及婚嫁丧葬之用，谓之义庄"，并"立定规矩，令诸房遵守"。但"其始定规矩，虽有版榜，不足久传"，"深虑岁久渐至隳废。今尽以编类刻石，置于天平山白云寺先公祠堂之侧"。②后来义宅毁于南渡动乱中的战火。仁宗庆元二年（1196），范仲淹的五世孙重建义宅，且"详具要束，以补旧规，揭于堂上"③。特别需要指出的是，从嘉定三年（1210）范之柔给皇帝的奏言中得知，"揭于堂上"的补"旧规"的"要束"是"经本州镂给版榜，揭示义宅"④的，也就是义庄"要束"的约束力获得了地方官府的认可，具有法律效力。这一事例说明，宋代宗族、乡里等为维护其基本利益，根据国家政令、法规自行制定各种规约，政府也非常重视利用榜文这种媒介将礼教纲常的"规矩"公之于众。这样一来，官府意志与民间利益被有意识地整合到一起并达成一致。这从一侧面说明，政府利用榜文将统治意志的触角深入宗族这一基层社会，以便灌输国家认可的规范，对一般民众的生活、生产提供指导、规范作用。

四、空间性

空间是人类传播活动发生的场所和背景。榜文的传播也离不开空间。这里的"空间"

---

① 朱熹.晦庵先生朱文公文集 [M]// 朱熹.朱子全书：第25册.朱杰人，严佐之，刘永翔，主编.上海：上海古籍出版社；合肥：安徽教育出版社，2002：4587.

② 范之柔.范文正义庄规矩 [M]// 周鸿度，等.范仲淹史料新编.沈阳：沈阳出版社，1989：117.

③ 楼钥.范氏复义宅记 [M]// 周鸿度，等.范仲淹史料新编.沈阳：沈阳出版社，1989：128.

④ 范之柔.清宪公续定规矩 [M]// 周鸿度，等.范仲淹史料新编.沈阳：沈阳出版社，1989：122.

一词，一是指作为物理存在的空间，一是作为观念存在的空间。所谓物理空间，就是指所有的政治、文化、宗教乃至军事等活动，都需要借助一定场所才能进行，如皇宫、衙署、寺庙、学校和军营等。由宋代与榜文相关史料可以看出，上至皇帝朝臣议事、政令所出的朝堂，下至各级衙署、书院、学校以及边塞、矿区、山林、寺庙和营寨等地，都有以书写、张贴、置立及悬（钉）挂等不同方式传播官方信息的榜文，覆盖范围几至与吏民的生产、生活相关的政治、经济和文化等所有区域，可谓阅听者面相当广泛。榜文公示所在的不同类型的物理空间，与其所传播的行政命令的内容具有契合性。如，皇宫朝堂最为常见的是呈现皇帝对朝臣政争的态度、诫谕朝臣言行等的敕榜，商贸地区、城门多见赋税征稽、诉讼判词、律令宣传和风俗教化等内容的榜文，各衙署门前多是依照其所处层级的行政职能发布皇帝及中央机构、上级官署的行政指令、日常政务处置活动的榜文。同时，宋代整体的政治信息传播架构也从榜文传播的物理空间分布中体现出来，即它是以行政机构为主轴，通常由皇帝发布诏令，中央机构按照事务类别分署领受、处理，再下达至所属的地方衙门具体执行。因此，就空间而言，榜文传播模式多依据传播内容，以国家政治中心皇宫朝堂为中心，以地方行政中心衙署为分支，然后向带有官方属性的书院、隘所、监狱等，以及具有非官方属性的商业地区、地方乡村、山林湖泊等场所扩散、延伸，进而内含政治、经济、文化等意涵的各个地点相互勾连，形成榜文所具有的政治信息传播的空间网络，同时也编织出一个自上而下、层次分明的由中央到地方、由近及远的政治秩序网络。榜文传播所处物理空间不同，其所使用的材料、复制方式各异，由此实现辅助政务实施、政治传播的功能。因此可以说，榜文实为皇帝、中央机构及各级地方官府所控制的一种颇具空间性的传播媒介。

同时，榜文刊布的空间不单单指客观存在的、真实的物理空间，也有以榜文为媒介，借助榜文所传达、构建而体现了封建统治秩序的观念空间，因为"人类活动的空间不仅是指物理空间，它还是由人类创造出来的空间，经人与人互相之间的各种沟通（communication）结构反映出来，并在其中产生出政治性秩序与社会性秩序"[①]。在物理空间传布的榜文借由其传播和人们对榜文的阅读、听闻及接受，进而重构一个有关榜文的、吏民所共有和认可的、带有政治性和社会性秩序观念的空间。这一空间是封建专制、宗法等观念投射在榜文公诸吏民并为其所接受而形成的观念、行为准则的传

---

① 平田茂树. 宋代的政治空间：皇帝与臣僚交流方式的变化 [J]. 历史研究，2008（3）：132.

播实践中。因此，与宋代榜文相关的物理空间和观念空间一同构成榜文传播、接受的空间。在信息传播媒介不甚发达的古代，物理空间是信息传播必不可少的前提因素，因此宋代榜文传播所借助的物理空间是其广泛传播的必要的物质基础。

第二节　榜文的政治传播功能

在中国古代封建官僚体制中，按照层级关系依序上传下达的官方文书所承载的政治信息的传递、传播，从根本上保证了社会管理的正常运行。有学者认为："传统中国中央集权政治体制的运作，围绕着对信息传递、政令颁行的控制而展开。"[①] 而在纷繁复杂的传统"社会信息系统中，居中心地位的是政治信息。政治信息所反映的首先是社会政治生活领域的现象、事实和事件的有关消息的总和"[②]；这些"现象、事实和事件的有关消息"是"同政治权力、公共生活及民众利益相关的知识、信号和信息"[③]。宋代榜文是帝王、中央机构及各级地方官府传播政令、发布指示、晓谕吏民的一种下行公文，传播内容涵括政治观念的宣扬、法律法规的颁布、行政决策的推行以及对吏民的劝谕教化等，无疑都具有政治信息性质，也是政治传播的重要内容和主要形式所在。

作为人类的一种实践活动，政治传播可以理解为一定政治体系内政治信息的扩散、流通与交换过程。[④] 对于一个政权而言，政治秩序的构建、政治整合的实现以及政治统治的维护，均离不开政治传播。从这个意义上说，"传播与政治是同时诞生的，自从有了政治，有了国家，也就有了政治传播"。[⑤] 依此看来，宋代榜文所负载的政治信息借由皇帝、中央机构及各级地方官府既有的封建层级渠道自上而下的传播，属于典型的政治传播。

①邓小南.序言[M]//邓小南，曹家齐，平田茂树.文书·政令·信息沟通：以唐宋时期为主：上册.北京：北京大学出版社，2012：1.

②维·格·阿法纳西耶夫.论政治信息及其传播工具[J].金初高，译.中国广播电视学刊，1989（6）：66.

③向加吾，许屹山.政治沟通：社会转型期政治合法性资源重构的重要视角[J].湖北社会科学，2006（2）：50.

④潘祥辉.华夏传播新探：一种跨文化比较视角[M].上海：复旦大学出版社，2018：214.

⑤李元书.政治体系中的信息沟通：政治传播学的分析视角[M].郑州：河南人民出版社，2005：1.

一、沟通朝野信息

宋代公文在封建国家的运转中所起的信息传播作用是关键性的，它是皇帝谕旨、中央机构及各级地方官府政令广布民间的无以替代、最为通达的渠道。可以说，在宋代诸多的信息传播形式中，发布榜文应是真正具有大众传播特质的传播形式，榜文成为当时政府与社会基层民众上下沟通的重要媒介和手段。因此有学者认为："中国古代在信息传播技术不够发达的情况下，榜文、告示成为官府向民众公布政令、法令和上情下达的重要载体。"①

官方榜文不仅是官府传布法律、法令等最重要、最广泛的途径之一，同时也是为修订法律、法令而广泛征集意见的渠道之一。②如，元祐元年（1086）闰二月，为了解民间对役法的接受程度，哲宗在诏书中明确要求"仍令逐州县出榜，许旧来系纳免役钱，今来合差役人户，各具利害，实封自陈"③，明令各地出榜收集民众对役法的意见，并将具体情况逐级呈报。

宋代的敕是皇帝对特定的人和事所颁发的诏令，为一时之制，而编敕实际上就是对单行散敕进行整理汇编，将敕上升为一般法律形式的立法程序。④在此过程中，朝廷也会出榜征求民众意见。汇编的敕令在雕印前常以写录的形式"降下诸转运、发运司看详行用"，以便多方征求修订意见，获得完备的敕令汇编。如，天圣七年（1029）十月，仁宗针对修订进呈的《天圣编敕》发布诏书："见行编敕及续降宣敕，其未便者听中外具利害以闻"⑤。南宋初详定重修敕令格式时，大理卿兼同详定一司敕令王衣奏言："修敕旧例，关报刑部，遍下诸州军等处，出榜晓示诸色人等，陈言《编敕》利害，于所在州县投陈，入急脚递，发赴都进奏院，本院赴部、所投下。如看详得委有可采，即保明申朝廷，乞与推恩"⑥。此奏言为皇帝采纳。除了已经编纂好的编敕外，针对此

---

① 杨一凡，王旭.古代榜文告示汇存：第一册 [M].北京：社会科学文献出版社，2006：1.

② 戴建国.宋代法律制定、公布的信息渠道 [J].云南社会科学，2005（2）：104.

③ 徐松.宋会要辑稿：13 [M].刘琳，习忠民，舒大刚，等校点.上海：上海古籍出版社，2014：7902.

④ 马小红，柴荣.中国法制史 [M].北京：北京师范大学出版社，2009：132.

⑤ 李焘.续资治通鉴长编：第四册 [M].北京：中华书局，2004：2425.

⑥ 徐松.宋会要辑稿：14 [M].刘琳，习忠民，舒大刚，等校点.上海：上海古籍出版社，2014：8247.

后陆续颁布的诏敕（即"续降"），吏民也可以指陈得失。如，政和元年（1111）二月，徽宗批准尚书左仆射何执中提出的奏议："乞从本所关牒诸路监司，遍下本路州县，晓谕官吏、诸色人，如有见得见行敕令、续〔降〕等条贯，有未尽未便，合行更改，或别有利害未经条约者，指挥到日，限两月内具状分明指说，实封经所在投陈"。① 这里虽未言明出榜，但从相关的记载来看，"遍下本路州县，晓谕官吏、诸色人"所采用的应是榜文。

宋廷将要出台的一些重要的税收规章制度也会预先榜示百姓知晓，并允许民众提出不同意见，以便于政策的进一步完善和顺利推行。如，庆历六年（1046）三月，仁宗给诸路转运司下诏："凡夏秋税支移折变，自今并于未赴纳半年前揭榜晓谕之。民有未便者，许经所属投状申转运司详度施行"②。官僚、民众对正在实行的政策出现较大的争议时，朝廷也以发布榜文的形式表明政府的态度。如，仁宗天圣三年（1025），"李谘等既条上茶法利害，朝廷亦榜谕商贾以推行不变之意，然论者犹争言其不便"③。同时，榜文也成为基层社会民众舆情上达官府的中介。如，元丰八年（1085）三月，神宗准许的司马光上疏称："臣愚以为今日所宜先者，莫若明下诏书，广开言路，不以有官无官，凡知朝政阙失及民间疾苦者，并许进实封状，尽情极言。仍颁下诸路州军，出榜晓示"④。

榜文的权力源自封建政权赋予，其颁布意味着政令的推行，具有官方威严、法律效力，但官府对与民意相悖且受到民众抵触的一些法令也并非一味强力推行，有时也会因应客观情势的发展、舆论趋向的变化为旨归，而采取撤榜、收榜等行为，停止已公示的政令的推行。如，在熙宁变法中，一些地方官吏对青苗法的施行抱以推诿的消极态度。姜潜当时知陈留县，到任仅数月，"青苗令下，潜出钱，榜其令于县门，已，徙之乡落，各三日无应者。遂撤榜付吏曰：'民不愿矣！'"⑤。姜潜出榜于县门、乡落各三日后，无人回应榜文中的内容，于是只好撤去，此榜文的展现期限仅短暂的三日。榜文所欲推行的青苗法在基层遇到阻力而无法推行，其所具有的助推行政事务开展的

①徐松.宋会要辑稿：14[M].刘琳，刁忠民，舒大刚，等校点.上海：上海古籍出版社，2014：8238.

②李焘.续资治通鉴长编：第七册[M].北京：中华书局，2004：3823.

③李焘.续资治通鉴长编：第五册[M].北京：中华书局，2004：2387.

④毕沅.续资治通鉴：第五册[M].北京：中华书局，1957：1958.

⑤脱脱，等.宋史：第三八册[M].北京：中华书局，1977：13445.

有效性也就难以延续。靖康元年（1126）一月，宋朝为与金人议和，"从王孝迪之议，揭榜立赏，括在京军民官吏金银，违者斩之，都城大扰"；括银期限届满，"民间藏蓄为之一空"。钦宗听从李纲"收簇金银限满，民力已竭，复许告讦，恐生内变"的劝谏，"传旨收榜，人心稍安"。[①]同年二月，太学生陈东等为危殆的时局伏阙，要求罢斥奸臣，反对丧权辱国的和议。开封府衙"出榜学门，指伏阙上书为意欲作乱"[②]，最后因民意难息，官府也只得以"弭榜"收场。同年十二月二十五日，朝廷揭榜："应被讨虏去失人口之家，愿往军前认识及以物赎者，并会于东西塔院，同诣尚书省陈状前去"。一时间，"西塔院会集者无虑数万人，官司以人多难遣，遂收榜不行，人各散去"。[③]

宋廷呼应民意而采取的撤榜、收榜等行为在一定程度上体现着官民之间信息的交流、沟通，政府借此可适时了解地方百姓对政令的反应与执行情况。因此，榜文"具有相当程度的官民沟通的特质，统治阶层借此导引被统治阶层的行为模式，以利其统治"[④]。如此，榜文成为宋王朝与社会不同阶层联系的重要工具，正是榜文及时、公开化的传布，才使得官方的统治意志从中央渗透至地方基层社会，从而有助于实现封建统治的高度集权与统一。

因此，与同为宋代官方信息传播媒介的邸报相较而言，邸报传播对象相对固定，传播途径相对单一；而榜文的传播上至朝堂、官署，下至学校、市曹、矿区、山间等，可谓几乎无所不至，是中央及地方政府行政指令传布至基层社会民众的得力媒介。榜文将国家各项治理政策、措施分级传达于基层社会，便于民众对地方官员的施政行为、措施予以监督，消除弊政滥权现象，建立起国家与社会、官方与民众直接对话的渠道。从传播学角度来说，榜文实为联系传者——皇帝、中央机构及各级地方官府与受众——阅（听）榜文的民众的有效媒介。即如有学者在论述唐代榜文时所指出："用传播学的眼光看，榜文实为联系传者——发榜部门与受众——读榜公众的一个中介。传者经此中介将有关信息公之于众，而受众通过榜文获知各种信息。换言之，榜文无异于在官

①佚名.宋史全文：中［M］.李之亮，点校.哈尔滨：黑龙江人民出版社，2005：845-846.

②陈东.辞谪命上钦宗皇帝书［M］//丁守和，等.中国历代奏议大典（辽宋金元卷）.哈尔滨：哈尔滨出版社，1994：410.

③徐梦莘.三朝北盟会编：上［M］.上海：上海古籍出版社，1987：550.

④杨宇勋.宋朝民间对救荒榜的正负反应［M］//邓小南，杨果，罗家祥.宋史研究论文集（2010）.武汉：湖北人民出版社，2011：167.

方与民间建立起一条沟通渠道，使二者得以发生联系。"① 这对宋代榜文而言亦是如此。

二、引导、控制社会舆论

任何社会（包括团体）为维持一定的社会秩序，实现社会和谐与稳定，就必定要对个人或集团的行为进行约束，从而达到社会控制的目的。② 因此，社会控制通常是指"人们依靠社会的力量，以一定的方式对社会生活的各个方面进行约束，确立与维护社会秩序，使其符合社会稳定和发展需要的过程"③。其中，国家对信息、社会舆论的控制是实现社会控制的必要手段和重要途径，借此保证国家的各项法规、决策能够迅速、及时上下通达且得以有效贯彻执行。总体看来，宋代官方榜文传递法律政令、政府政务信息是其首要职能。在封建专制体制下，信息传播的时空顺序与官署所具有的权力的等级秩序具有一致性，即政治信息的接收、传播是按照行政层级自上而下依序进行的，而当时整个社会则缺乏有效的横向信息传布渠道与方式，因此王朝中枢机构可以较为有效地进行传播控制并主导社会舆论。即如有学者所指出："中国古代社会信息传播的特点是纵向传播强劲，横向传播薄弱。构成这一特点的基本原因是封建专制主义的政治起着主导作用，中央集权的政治制度既是强劲的纵向传播的起点，也是其归宿。所以在这种社会中，横向传播自然十分薄弱。"④ 也就是说，在中国古代金字塔式的社会结构中，纵向的政治传播迅速、有力，即从皇帝到各级官府的自上而下的政令传达能够做到畅行无阻，而横向传播则较为薄弱。宋王朝最高统治者正是通过迅速有力的纵向传播工具、媒介——榜文作为官方信息传播的主要渠道和手段，掌控民众的舆论表达与思想观念，并对一些与封建伦理、制度相背离的异端行为给予打击。如，建炎四年（1130）九月，许齐贤、王师昊"揭榜通衢，喧突关门，所言略无可采，意在鼓惑即众，理合惩戒"。高宗下诏"仍令尚书省出榜晓谕"⑤，将其治罪。许齐贤、王师昊获罪并非其"所言略无可采"，而在于他"狂惑诞众"，使民众受到"鼓惑"。在统治者看来，

---

① 李彬. 唐代文明与新闻传播 [M]. 北京：新华出版社，1999：143.

② E·A·罗斯. 社会控制 [M]. 秦志勇，毛永政，译. 北京：华夏出版社，1989：46-47.

③ 吴增基，吴鹏森，苏振芳. 现代社会学 [M]. 上海：上海人民出版社，1997：356.

④ 孙旭培. 纵向传播强劲　横向传播薄弱：论我国古代社会信息传播的特点 [J].（香港）新闻与信息传播研究，2008（4）：48.

⑤ 徐松. 宋会要辑稿：5[M]. 刘琳，刁忠民，舒大刚，等校点. 上海：上海古籍出版社，2014：3085.

妖言惑众、蛊惑人心是维护封建统治的大忌，因此朝廷、各级官府则竭力禁止此类民众言论的随意扩散。

榜文另一项重要职能，则是宣传官方意识形态，以引导、控制社会舆论。社会舆论是"社会大众对某一事件、人物或问题的议论、意见和评价"，也"是一种十分独特的社会控制手段。它作为一种软控制力量，渗透在风俗、道德、政权等一切控制手段之中，发挥着广泛的作用"。①"表面看来，榜文虽是官府单方面的公告，由上而下的，与百姓无涉。但实际上，榜文一旦公告后，民间的解读过程将脱离官方掌控的范围，接下来就看榜示对象的反应，未必与官方张榜的初衷相符，甚至南辕北辙，从扼腕唾骂、群聚抗议到暴力骚动，均可能发生。"②对于因榜文的发布而引发的社会舆论，宋廷也以公开发布榜文的形式对民众的争议释疑解惑，以期安抚人心。如，靖康元年（1126）闰十一月，朝廷的"斩首号令榜"云："司文政上书，言极无理，奉圣旨处斩"。"士论初以为疑"，随后有免解进士费文端奏札称："文政所言虽无理，不应弃市，虽草茅一介不足惜，而士之去就，往往视此，恐塞天下之路。乞以文政上书揭示，使中外知文政被诛之罪"。朝廷对此也予以及时回应："迨晚，开封府奉圣旨，备文端奏札云：'教坊乐人司文政伏阙上书，助金人害国'"。至此，"士论始息"。③

官府也以发布榜文的形式公示对影响广泛的异端思想和行为的处理情况，借此展现封建统治的威严，强化对吏民的思想控制。如，两宋交替之际，民间"吃菜事魔"之风在东南沿海一带盛行，并逐渐演化成为一个突出的社会问题，引起宋廷的高度重视。宣和三年（1121）八月，徽宗下诏严禁民众从事"吃菜事魔"的相关活动："诸路事魔聚众烧香等人所习经文，令尚书省取索名件，严立法禁，行下诸处焚毁。令刑部遍下诸路州军，多出文榜，于州县城郭乡村要会处分明晓谕"④。宋代杀人祭鬼等宗教异端事件时有发生，尤其在南方地区最为猖獗。"湖南风俗，淫祀尤炽，多用人祭鬼，或村民裒钱买人以祭，或捉行路人以祭。"⑤官府对此一直是采取严厉打击的政策。孝宗所

①吴增基，吴鹏森，苏振芳.现代社会学［M］.上海：上海人民出版社，1997：367.

②杨宇勋.宋朝民间对救荒榜的正负反应［M］//邓小南，杨果，罗家祥.宋史研究论文集（2010）.武汉：湖北人民出版社，2011：156.

③丁特起.靖康纪闻［M］.北京：中华书局，1985：6.

④徐松.宋会要辑稿：14［M］.刘琳，刁忠民，舒大刚，等校点.上海：上海古籍出版社，2014：8327-8328.

⑤陈淳.北溪字义［M］.熊国祯，高流水，点校.北京：中华书局，1983：65.

颁大礼赦云："勘会民间多有杀人祭鬼及贫乏下户往往生子不举，甚伤风俗。可令逐路州军检举见行条法，令于县镇乡村晓谕，严行觉察，许人陈告。"①黄震在广德军为官时，临近的徽州婺源县的"师巫庙祝之徒"游荡到广德军活动，到处张贴注疏印榜来宣扬自己的信仰。黄震派人"揭毁其榜，搜逐其人，限一日取肃静状申外，四县帖请一体行。若客店停着著者杖一百，或本州有为之道地，干缘行疏者徒断移徙"，并且"榜示州前"，以使民众"各自敬畏天地，孝养父母，遵守国法"，②以合于封建道德的要求。

由此可见，处于宋代社会政治传播秩序中的官方榜文，它对社会舆论的引导、民众思想的控制及异端行为的打击，是以相关的封建规章制度作保障的；而官府许可而公开榜示的自下而上的申诉行为，则更须严格遵循统治者的要求而进行。也就是说，民众的意愿或可借榜文所说的途径依序合规上传；而那些不为统治者认可的信息传播行为，如匿名榜、注疏印榜的张贴等，则为法律所严禁。宋廷在认可依序上诉与打击不合规的信息传播两个向度上的控制都具有鲜明的社会舆论导向性，体现出中国古代社会政治传播鲜明的专制特征。

三、宣示、构建封建国家权力

公文的使命之一在于宣达政令，而政令是政治权力运用的符号性体现。权力是"某些人对他人产生预期效果的能力"③。公文自产生起即是以国家权力的象征和"触须"的面目出现的，即如有学者所言："公牍之起也，自生民知治其群始也"④。宋代公文可谓是传播封建权力的表达严谨、便捷和具有权威性的文字文本，也同样是封建权力建构的重要文本和资源；而反过来说，封建权力为榜文文本赋予了相应的权力，如此，榜文与封建权力实际上是一个相互建构的过程。作为一种具有象征意义的下行公务文书，榜文从表面上看是政府发布的文告，同时也象征着无形的封建统治权，并通过相关政令（务）信息的传播来执行与权力相关的行政功能，从而服务于封建专制统治。

---

① 徐松.宋会要辑稿：14[M].刘琳，刁忠民，舒大刚，等校点.上海：上海古籍出版社，2014：8386.

② 黄震.黄氏日抄[M]//黄震.黄震全集：第7册.张伟，何忠礼，主编.杭州：浙江大学出版社，2013：2220-2221.

③ 丹尼斯·朗.权力论[M].陆震纶，郑明哲，译.北京：中国社会科学出版社，2001：3.

④ 徐同莘.公牍学史[M].王毓，孔德兴，校点.北京：档案出版社，1989：1.

也即是说，官方榜文的拟制及传播体现了其对封建权力的内在拥有和外部宣示，正是借助于榜文的传播，封建统治者的意志得以执行，权力得以扩大、强化，而官方榜文也成为权力宣示的载体和工具。

榜文所具有的权力功能主要体现于两方面。一方面，榜文是封建权力的体现和象征。帝王的敕榜、中央机构及各级官府的榜文象征皇权和封建国家律令的威严，皇帝、中央机构及各级官府通过榜文的拟制、发布来展示其对封建国家和基层社会的管理权。与权力功能相对立的是"反权力功能"，即对权力的对抗、挑战。对抗、挑战权力的人正是看中了官方榜文是封建权力的象征这一特性，从而利用其形式以达到自己的目的。此外，社会学中所说的群体里的"异常"（deviance）现象——少数偏离群体规范的"异常"成员对多数成员会产生不可低估的影响——也在其中起着一定作用。① 基于此，宋廷对挑战官府榜文权威性地位的行为绝不姑息，而是予以严厉打击。如，鄱阳人骆省乙擅写知府及当司姓名，"标揭通衢，勒令民户出钱"，被封建官府以"诈为官私文书以取财物"的名义治罪。② 讲史人作常"辄大张榜文，挂于县外，与本县约束，并行晓示，肆无忌惮，自合惩断"③。他们公开对抗封建统治象征的榜文的权威，受到官府的惩罚也就不足为奇、顺理成章。

榜文所具有的权力功能的另一面，是榜文所拥有的话语权。法国哲学家米歇尔·福柯（Michel Foucault）认为："权力之所以有效，之所以被人们所接受，仅仅在于这样的事实，即它不只是作为一种说不的力量来压迫我们，相反它贯穿并生产事物，它引发乐趣、建构知识、生产话语。"④ 而"话语意味着一个社会团体依据某些成规将其意义传播于社会之中，以此确立其社会地位，并为其他社会团体所认识的过程"⑤。因此，权力生产话语，话语又作为工具为权力所用，反过来生产权力，⑥ 权力与话语形成一种

---

① 龚文庠.标语的传播功能 [J].新闻界，2006（2）：32.

② 名公书判清明集：下 [M].中国社会科学院历史研究所宋辽金元史研究室，点校.北京：中华书局，1987：456-457.

③ 名公书判清明集：下 [M].中国社会科学院历史研究所宋辽金元史研究室，点校.北京：中华书局，1987：547.

④ Foucault，M.Power/Knowledge[M].NewYork：Pantheon Books，1980：119.

⑤ 王治河.福柯 [M].长沙：湖南教育出版社，1999：159.

⑥ 袁英.话语理论的知识谱系及其在中国的流变与重构 [M].武汉：华中师范大学出版社，2013：62.

互构关系。而通过控制话语言说内容与言说方式而形成的话语权是一种精神统治权，是一种威力巨大的"软权力"；争夺话语权就是争夺权力的所有权，拥有话语权就等于拥有权力，所以话语权被掌权者视作专利。同时，话语权也是舆论的根本。宋代统治者无不重视舆论的引导、控制，重视言（舆）论、公文在治国理政中的作用。宋人有言："宣至意，收人心，唯在于号令文告之辞"①；"文词书命，有足以助国威、宣王泽也"②，等等。同时，舆论是"公众关于现实社会以及社会中的各种现象、问题所表达的信念、态度、意见和情绪表现的总和，具有相对的一致性、强烈程度和持续性，对社会发展及有关事态的进程产生影响"③。而舆论之所以形成，其中不可小觑的是借助媒介而传播扩散所起到的推波助澜作用；媒介"在不同的利益主体之间沟通消息的同时，自身不知不觉成为政治体系的一部分，对政治产生影响和作用"④，因此包括榜文在内的媒介也成为与权力有关的宣传、鼓动和动员的不可或缺的前提性因素。

榜文所拥有的话语权源于封建体制赋予，并借助榜文在无所不至的空间中的传播和在绵延不绝的时间中的延续，不断对内涵于榜文中的封建专制话语权加以扩张、强化，以达到其传递政令信息、影响与控制民众舆论和维护封建统治服务的目的。也正因如此，宋代官方对民众利用榜文这一形式寻求话语权的行为予以严惩。⑤

美国社会学家丹尼斯·朗（Dennis Hume Wrong）曾将权力从形式上划分为武力、操纵、说服和权威等四类。⑥武力有物质武力与精神武力之分，物质武力又可分为暴力与非暴力。"武力通常反映物理学或生物学上的力：建立限制他人自由的物理障碍，使肉体遭受痛苦或损伤的刑罚，包括生命本身的毁灭，以及基本生物学上需要的破坏。"⑦因此，武力是指采用暴力危害他人生理或心理来取得对权力对象的遵从，通常是作为最终的权力形式，是较温和的权力形式无法达成目标时的最后手段。作为公文的榜文，

---

①徐松.宋会要辑稿：5[M].刘琳，刁忠民，舒大刚，等校点.上海：上海古籍出版社，2014：3188.

②张方平.张方平集[M].郑涵，点校.郑州：中州古籍出版社，1992：364-365.

③陈力丹.舆论学：舆论导向研究[M].上海：上海交通大学出版社，2012：33.

④刘华蓉.大众传媒与政治[M].北京：北京大学出版社，2001：4.

⑤黄震.黄氏日抄[M]//黄震.黄震全集：第7册.张伟，何忠礼，主编.杭州：浙江大学出版社，2013：2220-2221.

⑥丹尼斯·朗.权力论[M].陆震纶，郑明哲，译.北京：中国社会科学出版社，2001：29.

⑦丹尼斯·朗.权力论[M].陆震纶，郑明哲，译.北京：中国社会科学出版社，2001：29-30.

是国家及地方行政运作不可或缺的辅助工具，其本身所具有的封建国家权力主要通过较为温和的权力形式——操纵、说服和权威等建构而成。

丹尼斯·朗所说的操纵，是指"当掌权者对权力对象隐瞒他的意图，即他希望产生的预期效果时，就是企图操纵他们"①。操纵的主要形式有两种："一种是掌权者可以通过用作隐蔽暗示的符号通信，对权力对象行使秘密控制，以限制或有选择地决定权力对象的信息供应；一种是不露声色地反复灌输某些积极或消极态度"②。由此可以看出，操纵也成为榜文建构封建国家权力的形式之一。封建权力主要借助于榜文的文本和制度两方面实现操纵。就文本而言，榜文由皇帝、中央机构及地方各级官府根据政务需要拟制、发布或转发，是封建权力运行的实体化体现；就制度而言，榜文的拟写、审核和发布制度作为封建国家权力或幽或明的体现，直接塑造了榜文的权力功能。榜文内容的来源、拟制、发布（包括榜文形制及刊布空间）等一系列制度无一不是在以皇帝、中央机构和地方官府为代表的封建国家权力的操纵、掌控中形成的，是国家权力意志的体现。哪些公文的内容可以榜文的形式呈现，榜文由哪一部门负责下发，具体采取何种形式，在什么地方发布等，都是在封建国家权力（皇帝及各级官府）的操纵下完成的。

榜文构建封建国家权力的形式之二是说服。丹尼斯·朗认为，说服也是一种权力形式，比起其他权力形式，说服更像自发的公平交易。他将说服定义为："如果 A 向 B 提出论据、呼吁或劝告，B 根据自己的价值观和目标独立地估量其内容之后，接受 A 的意见作为自己行为的依据，那么 A 就已经成功地说服了 B。"③对于官方榜文而言，说服内含于文本内容的书写和地方父老等对榜文文义的讲解中。榜文文本中多明白晓畅的语言、循循善诱的说理以及惯常出现的"各仰知悉""想宜知悉"等套语；加之地方官员邀请乡长、保正、长上和父老等人对榜文的内容向民众进行宣讲、解说，在民众识字率低、接受信息能力和途径有限的宋代，榜文书写的通俗易懂及其文义讲解的潜移默化、深入人心的说服策略均指向构建封建国家权力的努力。

榜文构建封建国家权力的形式之三是权威。美国著名社会学家彼得·布劳（Peter M. Blau）认为，"合法的权力是权威"。"权威的显著特征是：被下级集体所承认和实

---

① 丹尼斯·朗.权力论［M］.陆震纶，郑明哲，译.北京：中国社会科学出版社，2001：33.

② 丹尼斯·朗.权力论［M］.陆震纶，郑明哲，译.北京：中国社会科学出版社，2001：35.

③ 丹尼斯·朗.权力论［M］.陆震纶，郑明哲，译.北京：中国社会科学出版社，2001：37.

行的社会规范强制它的个体成员服从一个上级的命令。"①官方榜文具有源于封建国家统治权威的"天生"合法性，因此可以以合法权威的形式建构封建国家权力。"合法权威是一种权力关系，其中掌权者拥有公认的发布命令权力，而权力对象有公认的服从义务……合法权威以共同规范为先决条件。这些规范并不规定权威发布命令的内容——而是规定一定范围内的服从，不管内容如何。"②封建国家权力的合法权威同样也借助榜文的文本和相关制度得以实现。敕榜、中央机构及地方官府榜文虽行政级别有高低，但都是富含权威信息资源的公文，是合法权威的文本体现；有关榜文的制度体现了维护社会规则制定者的利益，也是封建国家权力借以强化其合法权威的又一强有力工具。封建国家通过榜文的拟写、转发和传播等制度的构建，推动政务的实施，宣扬封建政权的威严，使得社会民众的观念不断向国家主导的意识形态靠拢，并在此过程中强化其合法性权威。

法国著名哲学家雅克·德里达（Jacques Derrida）曾经说过："没有不需要通过档案进行控制的政治权力。"③照此逻辑，我们似也可以说："没有不需要通过公文进行控制的政治权力"。总之，宋代的封建国家权力赋予榜文存在的正当性、合理性，而榜文的拟写、转发和传播等制度化规定又在一定程度上强化了封建国家权力。于是，作为公文的宋代榜文与封建国家权力两者之间互相建构、相得益彰。

---

①彼德·布劳.社会生活中的交换与权力［M］.孙非，张黎勤，译.北京：华夏出版社，1988：231.

②丹尼斯·朗.权力论［M］.陆震纶，郑明哲，译.北京：中国社会科学出版社，2001：56.

③ERIC K. Archival Temples, Archival Prisons: Modes of Power and Protection［J］. Archival Science, 2002（2）：226.